Materialien zur rechtswissenschaftlichen
Medien- und Informationsforschung

Herausgegeben von
Prof. Dr. Martin Eifert
Prof. Dr. Wolfgang Hoffmann-Riem
Prof. Dr. Jens-Peter Schneider

Band 77

Wolfgang Hoffmann-Riem (Hrsg.)

Big Data –
Regulative Herausforderungen

Nomos

Die Deutsche Nationalbibliothek verzeichnet diese Publikation in
der Deutschen Nationalbibliografie; detaillierte bibliografische
Daten sind im Internet über http://dnb.d-nb.de abrufbar.

ISBN 978-3-8487-4782-5 (Print)
ISBN 978-3-8452-9039-3 (ePDF)

1. Auflage 2018
© Nomos Verlagsgesellschaft, Baden-Baden 2018. Gedruckt in Deuschland. Alle Rechte, auch die des Nachdrucks von Auszügen, der fotomechanischen Wiedergabe und der Übersetzung, vorbehalten. Gedruckt auf alterungsbeständigem Papier.

Vorwort

Die zurzeit in schnellem Tempo verlaufende digitale Transformation von Gesellschaft, Wirtschaft und Kultur erfasst aktuell oder zumindest potentiell alle Lebensbereiche, jeweils verbunden mit Chancen der Veränderung und zugleich der Verbesserung von Lebensbedingungen, aber auch mit Risiken für das Wohl der Einzelnen und den Erhalt einer gerechten Gesellschaftsordnung. Die digitale Transformation betrifft eine Vielzahl von Erscheinungen und beruht auf vielen technologischen und sozialen Innovationen. Eine besonders wichtige wird in diesem Buch näher betrachtet: Big Data.

Der Begriff verweist auf die Größe und Vielfalt der bei dem Einsatz digitaler Techniken anfallenden Daten sowie auf die diversen Möglichkeiten ihrer Zusammenführung und ihrer Auswertung sowie Nutzung durch private und hoheitliche Stellen in sehr unterschiedlichen Kontexten. Beispielhaft erwähnt seien ihre Verwertung für die Entwicklung neuartiger Geschäftsmodelle, die digitale Begleitung und Veränderung alltäglichen Handelns (etwa im „Internet der Dinge"), die (auch verdeckte) Beeinflussung von Einstellungen, die Steuerung von individuellem und kollektivem Verhalten, die Erfassung von Entwicklungstrends, neue Arten der Produktion und Distribution, veränderte Möglichkeiten staatlicher Aufgabenerfüllung, autonomes Kfz-Fahren, aber auch die Entstehung neuer Formen von Illegalität, darunter der (Cyber-)Kriminalität.

Ob und wie Chancen der Digitalisierung genutzt und Risiken minimiert werden, ist gestaltbar. Gestaltende Akteure sind wirtschaftliche Unternehmen, die vielen Nutzer, individuelle Innovatoren, interessenwahrnehmende Verbände, aber auch Hacker. Für die Schaffung eines Rahmens zur Sicherung von Individual- und Gemeinwohl aber ist der Staat zuständig. Dabei kann er neben anderem das Steuerungsmedium Recht einsetzen.

Die Nationale Akademie der Wissenschaften Leopoldina hat eine Experten-Arbeitsgruppe „Big Data – Datenschutz und Privatsphäre" mit dem Ziel eingesetzt, einen Teil der Fragen zu bearbeiten und eine Stellungnahme mit Vorschlägen für eine nachhaltige und den modernen Bedürfnissen und Anforderungen insbesondere an Privatheit gerecht werdende Datennutzung zu erarbeiten. Den Beratungen wurden neben der allgemein zugänglichen Literatur auch Stellungnahmen einzelner Experten zu wichti-

Vorwort

gen Teilfragen zugrunde gelegt. Im Laufe der Beratungen entstand die Anregung, eine kleine Gruppe mit der Ausarbeitung einzelner für das Thema Big Data besonders relevanter juristischer Aspekte zu betrauen. Mit der Auswahl der Teilnehmer und der Leitung wurde ich beauftragt. Die Mitglieder dieser Gruppe haben zu ausgewählten Themenfeldern die in diesem Band abgedruckten Texte verfasst.

An mehreren Beiträgen wird deutlich, dass das im Zentrum vieler öffentlicher Diskussionen stehende deutsche und EU-Datenschutzrecht als regulativer Rahmen für den Umgang mit Big Data zu kurz greift, da es auf den Schutz personenbezogener Daten begrenzt ist. Es ist insbesondere nicht auf die darüber hinaus reichenden Probleme der Big-Data-Analytik und der Anwendung ihrer Ergebnisse für Einwirkungen auf individuelles und kollektives Verhalten und auf die Veränderung und Gestaltung der durch Big Data beeinflussten Strukturen und Institutionen abgestimmt. Hier, aber auch in anderen Hinsichten, sind Modifikationen bei der Auslegung und Anwendung vorhandenen Rechts sowie ausdrückliche Rechtsänderungen angezeigt.

Ziel der Beiträge dieses Bandes ist es, Einblicke in aktuelle Entwicklungen zu verschaffen und Anregungen für den künftigen rechtlichen Umgang mit Big Data zu geben. Zugleich sind die Beiträge als Aufforderung an die an Diskussionen und Entscheidungen über zukünftige Gestaltungen Beteiligten zu verstehen, die Herausforderungen anzunehmen und dort – wo angezeigt – Möglichkeiten für regulative Vorkehrungen zu entwickeln und diese umzusetzen.

Teil I skizziert übergreifend wichtige Aspekte des Problems und formuliert Ansätze für regulative Antworten. Teil II enthält kürzere Beiträge zu Beispielsfeldern. Die Beiträge geben jeweils die persönliche Meinung der Autoren wieder. Vollständigkeit konnte und sollte mit Rücksicht auf die Vielfalt und Vielgestaltigkeit der Probleme nicht angestrebt werden.[1]

Wolfgang Hoffmann-Riem

---

[1] Wie umfangreich das Themenfeld ist, illustriert – als ein Beispiel unter mehreren – der von Jürgen Taeger herausgegebene, 856 Seiten umfassende Tagungsband *Big Data & Co. Neue Herausforderungen für das Informationsrecht*, 2014, Edewecht: Oldenburger Verlag für Wirtschaft, Informatik und Recht.

Inhalt

Teil I: Zur Einführung in das Problemfeld

Rechtliche Rahmenbedingungen für und regulative
Herausforderungen durch Big Data   11
Wolfgang Hoffmann-Riem

Teil II: Beiträge zu Beispielsfeldern

Erosion traditioneller Prinzipien des Datenschutzrechts durch
Big Data   81
Gerrit Hornung

Die Regulierung der prädiktiven Analytik:
eine juristisch-verhaltenswissenschaftliche Skizze   99
Yoan Hermstrüwer

Big Data, Internet und das Völkerrecht   117
Andreas von Arnauld

Zugang zu staatlicher Information in Zeiten von Big Data   125
Tobias Mast

Predictive Analytics aus der Perspektive von Menschenwürde und
Autonomie   135
Stephan Dreyer

Rechts(durch)setzung durch Informationsintermediäre: Big Data als
Entscheidungs- und Handlungsressource   145
Markus Oermann

Verfälschung von Datenbeständen durch Social Bots   157
Kevin Dankert

Inhalt

Big Data und Sicherheitsrecht   167
Mathias Bäcker

Big Data und Kriminalität   173
Jan C. Joerden

Big Data und Strafverfolgung   179
Tobias Singelnstein

Big Data und Zivilrecht   187
Thomas Hoeren

Autoren   195

Stichwortregister   197

Teil I:
Zur Einführung in das Problemfeld

Rechtliche Rahmenbedingungen für und regulative Herausforderungen durch Big Data

Wolfgang Hoffmann-Riem

1.	Die digitale Transformation als Gegenstand auch des Rechts	12
2.	Algorithmen	14
3.	Daten	16
4.	Big Data und Big-Data-Analytik	19
	4.1 Big Data	19
	4.2 Big-Data-Analytik	20
5.	Zur wachsenden gesellschaftlichen Bedeutung von Algorithmen	21
6.	Schutz durch Freiheitsrechte	25
	6.1 Freiheitsschutz	25
	6.2 Insbesondere: Horizontalwirkung des Freiheitsschutzes und Auftrag zur Ausgestaltung der Möglichkeit der Freiheitsausübung	27
	6.3 Insbesondere: Grundrechtsinnovationen	31
7.	Probleme bei der Durchsetzung wirksamen rechtlichen Schutzes	35
	7.1 Konvergenzen und Entgrenzungen	36
	7.2 Vermachtung	38
	7.3 Befugnis zur Erhebung und Verarbeitung von Daten, insbesondere personenbezogenen	40
	7.3.1 Allgemeine Anforderungen an die Rechtmäßigkeit der Datenerhebung und -verarbeitung	41
	7.3.2 Abbedingung der Anwendbarkeit von Recht durch Allgemeine Geschäftsbedingungen	42
	7.3.3 Maßgeblichkeit datenschutzrechtlicher Grundprinzipien	45
	7.3.4 Kombination personenbezogener Daten mit anderen	46
	7.4 Transparenzdefizite	47
	7.5 Insbesondere: Hoheitliche Überwachung	49
8.	Zwischenfazit: Notwendigkeit der Überprüfung überkommenen Rechts	50
9.	Ansätze für Lösungsmöglichkeiten	53
	9.1 Neubestimmung des Begriffs personenbezogener Daten	55
	9.2 Verbesserung des Schutzes im Recht der Einwilligung in Datenverarbeitungen durch Dritte	56
	9.3 Anwendbarkeit und Neukonzeption datenschutzrechtlicher Prinzipien	58
	9.4 Ausbau von Transparenz	60
	9.5 Ausbau systemischen Schutzes	61
	9.6 Ausbau hoheitlicher Aufsicht	63
	9.7 Ausbau gerichtlichen Schutzes	64
	9.8 Begrenzung von Disparitäten in der Machtverteilung	65
	9.9 Folgenabschätzungen	65
	9.10 Vorkehrungen zur Verbesserung der Cybersicherheit	66
	9.11 Selbst- und Co-Regulierung	68
	9.12 Best Practices, Benchmarking u.a.	71
	9.13 Schutz gegenüber hoheitlicher Überwachung	71
10.	Verbund mit sonstigem Regulierungsrecht und Entwicklung geeigneter Governancestrukturen	72
11.	Anhang: Zur Illustration – Daten, die Facebook für Zwecke Zielgruppengerechter Werbung sammelt	76

1. Die digitale Transformation als Gegenstand auch des Rechts

Der Begriff der Digitalisierung kennzeichnet eine spezifische, digitale Daten verarbeitende Informationstechnik. In ihren Kontext gehören auch digitale Infrastrukturen (Soft- und Hardware) und besondere Anwendungen (wie etwa Apps auf Smartphones). Angestoßen werden neuartige Aktivitäten und darauf aufbauende Wandlungs- und Anpassungsprozesse in grundsätzlich allen Teilen der Gesellschaft.[1] Die Digitalisierung ermöglicht eine Vielzahl und Vielfalt neuer Geschäftsmodelle und deren Nutzung zur Wertschöpfung. Gesprochen wird von der digitalen Transformation,[2] die die Wirtschaft, Gesellschaft, Kultur und vieles andere betrifft. Die historische Bedeutung dieser Transformation dürfte langfristig hinter der der Erfindung des Buchdrucks oder der Industrialisierung nach fast unbestrittener Meinung nicht zurückbleiben.

Betroffen sind aktiv handelnde, aber auch in diese Transformation passiv einbezogene Individuen (Einzelpersonen, Wissenschaftlerinnen und Wissenschaftler, Arbeitnehmerinnen und Arbeitnehmer), wirtschaftliche Unternehmen, Verbände und andere Gemeinschaften, ferner auch staatliche oder zwischenstaatliche Hoheitsträger. In vielen Bereichen kommt es zu innovativen Entwicklungen, häufig unter Überlagerung oder auch Zer-

---

[1] Eine Darstellung und Gegenüberstellung von Trends und Herausforderungen sowie der möglichen Chancen und erwartbaren Risiken versuchen die Bundesministerien für Wirtschaft und Energie, für Arbeit und Soziales sowie der Justiz und des Verbraucherschutzes in der gemeinsamen Publikation *Digitalpolitik. Für Wirtschaft, Arbeit und Verbraucher. Trends – Chancen – Herausforderungen*, Juni 2017, Berlin. S. im Übrigen statt vieler die Beiträge in dem Themenheft „Digitale Transformation, Chancen und Risken" von e&i Elektrotechnik und Informationstechnik 7/2017. Als Beispiel einer optimistischen Sicht s. Mayer-Schönberger, V. & Range, T. (2017). *Das Digital: Markt, Wertschöpfung und Gerechtigkeit im Datenkapitalismus*. Berlin: Econ. Am Ende heißt es: „Dank Datenreichtum wird unsere Zukunft nicht bloß persönlicher, effizienter und nachhaltiger sein, sondern vor allem gemeinschaftlich – und tief menschlich", 266.

[2] S. statt vieler Cole, T. (2015). *Digitale Transformation*. München: Vahlen; Keese, C. (2016). *Silicon Germany: Wie wir die digitale Transformation schaffen*. München: Albrecht Knaus; Stengel, O., van Looy, A. & Wallaschkowski, St. (Hrsg.). (2017). *Digitalzeitalter – Digitalgesellschaft: Das Ende des Industriezeitalters und der Beginn einer neuen Epoche*. Wiesbaden: Springer.; Pfliegl, R.& Seibt, C. (2017). Die digitale Transformation findet statt! *e&i Elektrotechnik und Informationstechnik* 2017, 7, 333–339; Rolf, A. *Die Digitalisierung verstehen. Wissen, wie alles zusammenhängt*. (2018). Metropolis Verlag.

störung traditioneller Vorgehensweisen (Disruptive Innovation).[3] Wichtig werden neue Schlüsselqualifikationen wie Software Engineering, IT-Sicherheit, Cloud Computing oder Data Analytics. In vielen Sektoren entstehen neue Möglichkeiten der Problembewältigung, etwa in der medizinischen Diagnostik und Therapie, in der Genetik, im Arbeitsleben (Computerisierung, Robotereinsatz), bei der Steuerung von Verkehrssystemen oder der Überwachung öffentlicher Räume, in der Meteorologie oder auch bei der algorithmenbasierten Beeinflussung von Vorgängen am Finanzmarkt. Parallel dazu verändern sich die Methoden und entstehen neue Einsichten in den jeweils betroffenen Wissenschaftsbereichen.

Die digitale Transformation entwickelt sich zunächst auf der Basis überkommener Strukturen, darunter auch der bisherigen Ordnung von Staat, Wirtschaft und Gesellschaft. Sie findet eine im Laufe der historischen Entwicklung ausgebaute Rechtsordnung vor: so das nationale öffentliche Recht, Zivilrecht und Strafrecht einschließlich der vielen Sondergebiete wie z.B. Medizinrecht oder Finanzmarktrecht. Angesichts der Globalisierung der Entwicklungen sind auch das Europarecht, das transnationale Recht und das Völkerrecht betroffen. Soweit die Rechtsordnung Kompetenzen und Aufträge zur Gestaltung der gesellschaftlichen Ordnung enthält (s.u. 6), beziehen sie sich auch auf den jetzt wichtigen Prozess und die Ergebnisse der digitalen Transformation.

Die Neuerungen provozieren Antworten auf die Frage, ob und wieweit die überkommenen rechtlichen Regeln dazu taugen, der veränderten Problemlage gerecht zu werden und die in der Rechts- und Gesellschaftsordnung bisher verankerten oder gar wichtige neue Zielwerte unter den veränderten Bedingungen optimal zu verwirklichen. Zu bedeutsamen Zielvorgaben gehören der Schutz individueller Freiheit, die Wahrung rechtsstaatlicher Grundsätze, die Funktionsfähigkeit der demokratischen Ordnung, aber auch die weitere wirtschaftliche und technologische Entwicklung sowie die Ermöglichung der dafür erforderlichen Innovationen. Eine zentrale Frage lautet: Lassen sich neben gesamtgesellschaftlichen und individuellen Chancen der Nutzung der Digitalisierung sowie auch angesichts der damit zugleich verbundenen Risiken Gemeinwohlziele wie individuelle und kollektive Selbstbestimmung, Persönlichkeitsschutz, Chancengerechtigkeit, Folgenverantwortung, Sicherheit, Schutz vor unbewusster Steue-

---

3 Prägend für diesen Begriff Christensen, T. M. (2011). *The Innovator's Dilemma. Warum etablierte Unternehmen den Wettbewerb um bahnbrechende Innovationen verlieren.* München: Vahlen.

rung sowie vor Diskriminierung u.Ä. erreichen? Wieweit können mithilfe des Rechts Chancen gesichert, aber Risiken möglichst minimiert werden? Wieweit bedarf es veränderter oder gar grundsätzlich neuer Konzepte und Instrumente rechtlicher Regulierung, eventuell sogar neuer Governancemodi?[4] Neben die traditionell viel genutzten Governancemodi Markt, Hierarchie, Verhandlung und Netzwerk kann die algorithmisch basierte Steuerung von Verhalten als ein neuartiger Governancemodus hinzutreten. Dieser kann – wie die anderen Governancemodi auch – mit anderen Governancemodi verkoppelt werden (Governancemix).

Ein wichtiges Teilelement der Digitalisierung ist die Generierung, Auswertung und Anwendung von Big Data. Auf die damit verbundenen Möglichkeiten und Probleme konzentriert sich dieser Beitrag. In den im Teil II anschließenden Beiträgen werden ausgewählte Problemfelder behandelt.

2. Algorithmen

Unverzichtbar für den Umgang mit digitalen Daten sind Algorithmen.[5] Algorithmen sind – allgemein gesprochen – Regeln, die bestimmte Aufgaben in definierten Einzelschritten lösen sollen. Solche Algorithmen gibt es auch außerhalb der Digitalisierung, etwa seit Langem zur technischen Steuerung von Maschinen. Um sie im Computer nutzen zu können, müssen Algorithmen allerdings in einer digitalen – maschinell verarbeitbaren – Sprache geschrieben werden; die jeweils gestellte Aufgabe wird nach einem standardisierten Muster mithilfe vordefinierter Einzelschritte abgearbeitet. Meist sind die einzelnen Algorithmen Teile komplexer digitaler Entscheidungssysteme.

Gegenwärtig wachsen und verändern sich die Einsatz- und Leistungsmöglichkeiten von Algorithmen in schneller Folge. Zugleich werden die

---

4 Auf Governanceforschung kann hier nicht näher eingegangen werden. Verwiesen sei stattdessen allgemein auf Schuppert, G. F. (Hrsg.). (2005). *Governance-Forschung. Vergewisserung über Stand und Entwicklungslinien.* Baden-Baden: Nomos; Ders. (2011). *Governance und Rechtsetzung. Grundfragen einer modernen Regulierungswissenschaft.* Baden-Baden: Nomos; Hoffmann-Riem, W. (2011). *Die Governance-Perspektive in der rechtswissenschaftlichen Innovationsforschung.* Baden-Baden: Nomos.
5 Als allgemein verständliche Einführung in die Eigenschaften und Möglichkeiten von Algorithmen s. Drösser, C. (2016). *Total berechenbar? Wenn Algorithmen für uns entscheiden.* München: Carl Hanser.

Rechtliche Rahmenbedingungen und regulative Herausforderungen

Rechenkapazitäten und Analysemöglichkeiten der Computer ausgebaut. Entwickelt wurden auch lernende Systeme. „Maschinelles Lernen" dient dazu, Muster zu erkennen, Bilder zu bewerten, Sprache in Texte zu übersetzen u.Ä. Zunehmend sind lernende algorithmenbasierte Systeme in der Lage, auch den Sinn von Datenkommunikation zu erfassen; ebenfalls können sie sich neuen Problemsituationen eigenständig anpassen. Intensiv wird – so insbesondere unter Nutzung der künstlichen Intelligenz[6] – auch daran gearbeitet, dass solche Systeme ihre eigenen Programme weiterschreiben und in der Lage sind, sich unabhängig von der menschlichen Programmierung zu entwickeln. Man spricht hier von „Deep Learning".[7]

Damit verbunden sind viele neue Nutzungsmöglichkeiten, aber auch Risiken mangelnder menschlicher Beherrschbarkeit der selbstgesteuerten algorithmischen Weiterentwicklung von Programmen. Hier kann selbst den Programmiererinnen und Programmierern die Durchschaubarkeit der Vorgänge abhandenkommen und damit auch die Möglichkeit der gezielten Gegensteuerung bei drohenden Fehlentwicklungen oder gar Katastrophen.

Noch ist nicht zu übersehen, wohin dies alles führen wird. Erwartbar sind jedenfalls weitere große Fortschritte insbesondere bei der Anwendung der künstlichen Intelligenz und dabei auch der Nutzung neuronaler Netze und es ist jedenfalls nicht ausgeschlossen, dass noch vieles jetzt Unerwartetes möglich werden wird.

---

6 S. etwa Reichwald, J. & Pfisterer, D. (2016). Autonomie und Intelligenz im Internet der Dinge. *Computer und Recht*, 208–212, 210. Zur allgemein verständlichen Einführung in Probleme künstlicher Intelligenz s. Russell, S. J. & Norvig, P. (2012). *Künstliche Intelligenz: Ein moderner Ansatz*. München u.a.: Pearson Higher Education; Stiemerling, O. (2015). „Künstliche Intelligenz" – Automatisierung geistiger Arbeit, Big Data und das Internet der Dinge. Eine technische Perspektive. *Computer und Recht,* 762–765; Jakobs, J. (2016). *Vernetzte Gesellschaft. Vernetzte Bedrohungen. Wie uns die künstliche Intelligenz herausfordert*. Berlin: Cividale.
7 Goodfellow, I., Bengio, Y. & Courville, A. (2016). *Deep learning.* Cambridge/London: MIT Press; Müller-Hengstenberg, C. D. & Kirn, S. (2014). Intelligente (Software-)Agenten: Eine neue Herausforderung unseres Rechtssystems? *MultiMedia und Recht,* 307–313; Stalder, F. (2016). *Kultur der Digitalität*. Berlin: Suhrkamp, 177 ff.

3. Daten

Die Digitalisierung erfordert die Verarbeitung analoger Daten zu digitalen – in einer binären Sprache gefassten – Daten. Dies ermöglicht u.a. die maschinelle Verarbeitung, die automatisierte Datenübermittlung sowie die Weitergabe der Informationen an Mensch und Maschinen.

Als Daten[8] werden in der informationstheoretischen Literatur Zeichen oder Symbole für Mitteilungen verstanden, die formalisierbar und (beliebig) reproduzierbar sowie mithilfe dafür geeigneter technischer Medien leicht transportierbar sind. Daten kommt als solchen kein Sinngehalt zu. Sie können aber Träger von Informationen sein, und zwar von „kodierter Information". Sinn wird ihnen zugeschrieben, wenn sie in einen Vorgang der Informationsmitteilung durch einen Absender und der Informationserzeugung durch den Empfänger eingehen, also Gegenstand von Kommunikation als Verständigungshandeln werden.

Anzumerken ist allerdings, dass der Datenbegriff im sog. Datenschutzrecht als Recht des Persönlichkeitsschutzes anders definiert wird, nämlich inhaltsbezogen als Informationen, und zwar als Informationen bestimmter Art. So formuliert beispielsweise § 3 Abs. 1 Bundesdatenschutzgesetz (BDSG): „Personenbezogene Daten sind Einzelangaben über persönliche oder sachliche Verhältnisse einer bestimmten oder bestimmbaren natürlichen Person (Betroffener)." Big-Data-Verwendungen sind allerdings nicht auf personenbezogene Daten beschränkt. Die rechtlichen Probleme sind dennoch auch hier aus der Perspektive von Daten als Träger von kodierter Information zu behandeln.

Digitale Daten werden in öffentlichen Diskussionen häufig als eine Art Rohöl der modernen Gesellschaft bezeichnet.[9] Damit wird nicht nur auf deren große wirtschaftliche Bedeutung und die Vielfalt der Nutzungsmöglichkeiten sowohl von Öl als auch von Daten angespielt, sondern auch auf die von der Verfügbarkeit dieser „Rohstoffe" ausgehenden massiven tech-

---

8 Zum Folgenden s. etwa Vesting, T. (2012). Die Bedeutung von Information und Kommunikation für die verwaltungsrechtliche Systembildung. In W. Hoffmann-Riem, E. Schmidt-Aßmann & A. Voßkuhle (Hrsg.), *Grundlagen des Verwaltungsrechts. Band II: Informationsordnung, Verwaltungsverfahren, Handlungsformen* (2. Aufl.). München: C. H. Beck.

9 Beispiele für die Nutzung dieser Metapher finden sich bei Spitz, M. (2017). *Daten. Das Öl des 21. Jahrhunderts? Nachhaltigkeit im digitalen Zeitalter.* Hamburg: Hoffmann und Campe, 9–13.

nologischen, ökonomischen, politischen, gesellschaftlichen u.ä. Möglichkeiten und damit meist verknüpft auf die Veränderungen in verschiedenen gesellschaftlichen Bereichen.[10] Die mit der Nutzung dieser Produktionsfaktoren verbundenen Fragen können hier allerdings nicht in allgemeiner Weise aufgegriffen werden. Der nachfolgende metaphorische Vergleich von Rohöl und digitalen Daten soll aber zur Illustration von Besonderheiten von Daten als Produkt oder Produktionsfaktor und seiner Verwendungsmöglichkeiten genutzt werden, die für die Wirtschaft und Gesellschaft Möglichkeiten schaffen, die es so vorher nicht gegeben hat.

Die folgenden sechs Thesen betonen vor allem die Unterschiede zwischen Rohöl und digitalen Daten.

- Anders als Erdöl oder Erdgas können Daten in Sekundenschnelle produziert werden und der Vorrat an digitalen Daten ist in der Informationsgesellschaft grundsätzlich nicht begrenzt. Insbesondere wird bei der Datenverarbeitung nicht auf einen „Schatz" zurückgegriffen, der in unendlicher Vorzeit gebildet worden ist. Vielmehr wird der Vorrat an Daten täglich weltweit erweitert – und zwar einerseits durch jene, die die Vorteile der Digitalisierung nutzen und dabei immer neue Daten produzieren, aber auch dadurch, dass Daten ohne oder gegen den Willen Betroffener erhoben werden.
- Daten verbergen sich nicht in tiefen Schichten des Gesteins und bedürfen keiner komplizierten oder gar gefahrträchtigen Bohrungen. Sie gibt es praktisch überall und sie lassen sich technisch leicht erfassen und speichern. Weltweit gibt es eine Vielzahl kleiner und großer „Tanks" für Daten – vom einzelnen Computer über die Datenbanken diverser Unternehmen und staatlicher Instanzen bis hin zu den Großrechnern der Cloudanbieter. Die meisten Tanks dieser Art werden von Tag zu Tag voller und der Wert auch vieler der schon vorhandenen Datenschätze steigt durch Nachfüllen und durch neue Methoden der Auswertung. Gleiches gilt für den Wert der nachgefüllten Daten im Kontext der schon vorhandenen.
- Rohdaten müssen ähnlich wie Rohöl verarbeitet werden, um nutzbar zu sein. Überall gibt es kleine, aber auch große „Raffinerien" für Daten,

---

10 Näher zum Vergleich der Bedeutung von Rohöl und Daten in verschiedenen gesellschaftlichen Bereichen Spitz, M. (Fn. 9). Spitz fragt insbesondere (aber keineswegs nur), ob und wieweit die durch das Erdöl ausgelösten Prozesse – etwa der Vermachtung – Anlässe bieten, Lehren für den Umgang mit Daten zu ziehen.

darunter auch solche in der Hand besonders mächtiger, nämlich globaler Player wie Google oder Facebook oder spezieller Daten-Cloud-Unternehmen, aber auch staatlicher Instanzen wie der US-amerikanischen National Security Agency (NSA) oder anderer Geheimdienste. Die Verarbeitung der Daten schafft weiteres Wissen, das Macht vermittelt, nicht nur in ökonomischen Märkten, sondern zumindest potentiell in fast allen Bereichen gesellschaftlichen Handelns.

- So wie beim Rohöl durch Veredelung höherwertige Produkte entstehen können, so ermöglichen neuartige Techniken, etwa der Einsatz hochentwickelter Formen der künstlichen Intelligenz, neuartige „veredelte" Produkte mit neuem Mehrwert. Dabei können dieselben Daten – anders als Öl – unterschiedlichen „Veredelungen" zugeführt werden. Auch das „veredelte" Produkt kann als Rohstoff für weitere datenbezogene „Veredelungen" genutzt werden.
- Der Gebrauch von Daten – auch ihre legale und illegale Erhebung und Verarbeitung durch private Dritte oder staatliche Geheimdienste – bedeutet anders als bei Öl, Gas oder Benzin nicht ihren Verbrauch (sog. Nichttrivialität im Konsum). Durch Verarbeitung kann der Wert der Datenschätze sogar steigen und sie können zu vielen weiteren Zwecken genutzt werden. Im Laufe der Zeit können gewisse Daten allerdings ihre Aktualität bzw. Nutzbarkeit verlieren, gegebenenfalls in Zukunft im Kontext anderer Verwendungen aber doch wieder wichtig werden.
- Digitale Daten sind infolge ihrer Entstofflichung anders als Rohöl mit gewöhnlichen Augen nicht sichtbar, der Fluss und die Nutzung der Daten sind daher nicht oder nur mit besonderem technischen Aufwand für Dritte erkennbar. Ähnlich unsichtbar kann auch der mit der Verarbeitung und Nutzung zu gewinnende Mehrwert sein. Dies erleichtert es den Unternehmen, diesen Mehrwert und gegebenenfalls damit zu erzielende Gewinne zu verheimlichen, etwa vor Steuerbehörden.

Die so illustrierten Besonderheiten digitaler Daten und des Umgangs mit ihnen sind Anknüpfungspunkte für ihre besondere ökonomische, aber auch politische, kulturelle, ökologische und soziale Bedeutung in vielen Bereichen des gesellschaftlichen Lebens. Auch ermöglichen sie Innovationen und sind Mitursache für Strukturveränderungen, darunter auch für die Vermachtung vieler durch Digitalisierung geprägter Bereiche. Beobachtbar sind zugleich erhebliche Asymmetrien in den Möglichkeiten der Nutzung der Datenschätze, etwa bei der Klärung der Frage, ob für die Benutzbarkeit von Daten eine angemessene Gegenleistung erbracht wird, ob alle bzw. welche Interessenten Zugang zu den Daten haben und ob durch die Datenverwendung die unterschiedlichen Interessen der Gesellschaftsmitglieder fair berücksichtigt werden.

4. Big Data und Big-Data-Analytik

Im Folgenden wird der Blick auf Big Data konzentriert. Zum Verständnis der weiteren Ausführungen ist es wichtig, die Erscheinungen von Big Data und der Nutzung von Big-Data-Analytik zu kennzeichnen. Denn für die Möglichkeit des Umgangs mit Big Data und für die damit verbundene digital fundierte Wertschöpfung ist die Kombination und Vernetzung von Daten als Big Data und deren Verarbeitung durch Big-Data-Analytik besonders attraktiv.

4.1 Big Data

Der Begriff Big Data[11] verweist auf Möglichkeiten des Zugriffs auf gewaltige Mengen von digitalen Daten („High Volume"), und zwar unterschiedlicher Art und Qualität, sowie verschiedene Möglichkeiten der Erhebung, Speicherung und des Zugriffs („High Variety"), ferner auf die hohe Geschwindigkeit ihrer Verarbeitung („High Velocity"). Möglich werden neue und höchst leistungsfähige Formen der Datenprozessierung, der Überprüfung ihrer Stimmigkeit und auch der Qualitätssicherung („Veracity").[12] Ferner sind Big Data Gegenstand und Basis neuer Geschäftsmodelle und

---

11 Zu Big Data s. statt vieler Taeger, J. (2014). *Big Data & Co: Neue Herausforderungen für das Informationsrecht. Tagungsband Herbstakademie 2014*. Edewecht: Oldenburger Verlag für Wirtschaft, Informatik und Recht; Executive Office of the President. (2014). *Big Data: Seizing Opportunities, Preserving Values*. Washington D.C.: The White House; Mayer-Schöneberger, V. & Cukier, K. (2013). *Big Data: A Revolution That Will Transform How We Live, Work and Think*. London: Murray.

12 Dabei gibt es allerdings verschiedene Probleme. Zu ihnen gehört die Frage der hinreichenden Qualität der zu verarbeitenden Daten und der Art ihrer Verarbeitung als Big Data. Sind die zur Auswertung einbezogenen Daten unrichtig oder inkonsistent oder werden untaugliche Methoden der Datenanalyse eingesetzt, entstehen Qualitätsprobleme. Zu Qualitätsmängeln führt auch die Verwechslung von Kausalität und Korrelation oder die Bildung von Scheinkorrelationen „spurious correlations". Zu dem bisher in der öffentlichen Diskussion vielfach vernachlässigten

von Möglichkeiten diverser Wertschöpfungen („Value"). Dies sind die fünf „V" zur Kennzeichnung von Big Data.

Beispiele für ihre Anwendung sind: elektronische Kommunikation (etwa mit dem Smartphone); Interaktion und Kommunikation in Social Media; vernetzte Techniken (Smart Home, Smart Meter); elektronische Überwachung; Einsatz von Kredit- oder Kundenkarten; Smart Mobility u.a.

4.2 Big-Data-Analytik

Für die Datenauswertung und den Ausbau der Möglichkeiten der Datennutzung insbesondere unter Zuhilfenahme künstlicher Intelligenz ist die Big-Data-Analytik (häufig nur als englischsprachiger Begriff verwendet: Big Data Analytics) von besonderer Bedeutung. Insofern kommen für je unterschiedliche Zwecke unterschiedliche analytische Vorgehensweisen zum Einsatz:

(1) Die deskriptive Analytik dient dazu, das Material für Zwecke der Auswertung zu sichten und aufzubereiten. Ein Beispielsfeld ist die Nutzung von Big Data für „Data Mining"[13] und für die Registrierung und Systematisierung der Daten (insbesondere Priorisierung, Klassifizierung und Filterung).

(2) Die prädiktive Analytik ist darauf gerichtet – noch weitgehend losgelöst von einem Verstehensprozess –, Indikatoren für einen möglichen Kausalzusammenhang zu identifizieren, allerdings (jedenfalls bisher meist nur) in Gestalt statistisch signifikanter Korrelationen;[14] auf dieser Basis sollen Ereignisse mit einer bestimmten Wahrscheinlichkeit vorhergesagt werden. Dadurch sollen Einsichten in das Verhalten von Menschen gewonnen und beispielsweise sich entwickelnde Trends und Verhaltensmuster erkannt werden, etwa um zukünftiges Verhalten

---

Qualitätsproblem vgl. Hoeren, T. (2016). Thesen zum Verhältnis von Big Data und Datenqualität. *MultiMedia und Recht,* 8–11.

13 Dazu s. statt vieler Petersohn, H. (2005). *Data Mining: Verfahren, Prozesse, Anwendungsarchitektur.* München/Wien: Oldenbourg; Hofstetter, Y. (2016). *Sie wissen alles: Wie Big Data in unser Leben eindringt und warum wir um unsere Freiheit kämpfen müssen.* München: Penguin, S. 88–89; Radlanski, P. (2016). *Das Konzept der Einwilligung in der datenschutzrechtlichen Realität.* Tübingen: Mohr Siebeck, S. 25–28.

14 Näher dazu Mayer-Schönberger, V. & Cukier, K. (Fn. 11).

vorhersagen und darauf aufbauend, so in Gestalt des Automated Decision Making (ADM), Entscheidungen treffen zu können. Beispielsfelder sind die Erfassung der sog. „Predictive Consumer Interests" oder das „Predictive Policing"[15] (zu Problemen prädiktiver Analytik s. Hornung, Hermstrüwer, Dreyer und Singelnstein i.d.B.).

(3) Die präskriptive Analytik zielt auf Handlungsempfehlungen, um das deskriptiv erfasste und das prädiktive Wissen zur Erreichung bestimmter Ziele einzusetzen, etwa zur personalisierten Selektion bei der Preisgestaltung oder für Strategien und Taktiken zwecks Beeinflussung von Einstellungen und Verhalten, dabei auch der öffentlichen Meinungsbildung sowie der Einwirkung auf gesellschaftliche Entwicklungen.

Diese Analytik geht weit über die im traditionellen Datenschutzrecht im Fokus stehende Erhebung, Speicherung und Verwendung von personenbezogenen Daten hinaus. Sie zielt auf die vor allem durch den Einsatz künstlicher Intelligenz ermöglichte Ausweitung und Nutzung des durch Daten aller Art generierbaren Wissens in einer Vielzahl von Anwendungsfeldern, darunter die gezielte Steuerung von Verhalten.

5. Zur wachsenden gesellschaftlichen Bedeutung von Algorithmen

Die Bedeutung von Daten und des Einsatzes von Algorithmen, darunter auch deren Verwendung im Kontext von Big Data, nimmt rasant zu. Eine Forschergruppe unter Leitung des Züricher Wissenschaftlers Michael Latzer[16] hat einzelne Aspekte u.a. (hier in deutscher Übersetzung) wie folgt illustriert: „Algorithmen verändern die Wahrnehmung der Welt, wirken sich auf unser Verhalten aus, indem sie Entscheidungen beeinflussen, und sind eine wichtige Quelle der sozialen Ordnung. Ein großer Teil unserer täglichen Aktivitäten im Allgemeinen und unser Medienkonsum im Besonderen sind zunehmend durch Algorithmen geprägt, die hinter den Kulissen arbeiten. Algorithmen werden verwendet, um unser Verhalten und

---

15 Dazu s. Rademacher, T. (2017). Predictive Policing im deutschen Polizeirecht. *Archiv des öffentlichen Rechts*, 142, 366–416.
16 Latzer, M., Hollnbuchner, K., Just, N. & Saurwein, F. (2016). The economics of algorithmic selection of the Internet. In J. M. Bauer & M. Latzer (Hrsg.), *Handbook on the Economics of the Internet* (395 ff.). Cheltenham, UK/Northhamptom, USA: Edward Elgar Publishing.

unsere Interessen zu beobachten sowie unsere zukünftigen Bedürfnisse und unser zukünftiges Handeln vorauszusagen. Sie lenken unser Handeln und bestimmen damit u.a. den wirtschaftlichen Erfolg von Produkten und Dienstleistungen, aber auch unser kulturelles und politisches Verhalten."

Beispiele für den unverzichtbaren Einsatz von Algorithmen sind das Internet der Dinge, die Nutzung von Apps als Alltagshilfen oder zur Gesundheitsüberwachung mithilfe „smarter" (Gebrauchs)Gegenstände oder die vielfältigen Vernetzungen in der Produktion, Distribution und Nutzung von Produkten. Das tägliche Leben ist vielfach weder on- noch offline, sondern beides, so dass sich eine neue Art von Welt – die Onlife-Welt – zu bilden beginnt.[17] Computersysteme können die Menschen von Entscheidungsnotwendigkeiten weitgehend freistellen, also menschliche Entscheidungen ersetzen. Dies kann einen Gewinn an Lebensqualität durch Entscheidungsentlastung und Kostenersparnis bedeuten, aber auch einen Verlust insofern, als der Betroffene keine oder keine wirklich praktizierbare Gelegenheit zur willentlichen Intervention hat und deshalb zum Objekt unbewusster Steuerung werden kann und in vielem schon geworden ist. Für die Allgegenwart einer digitalisierten Welt, die für die Menschen mit- und vorausdenkt, wird der Begriff „Umgebungsintelligenz" (Ambient Intelligence)[18] genutzt.

Der Einsatz von Algorithmen betrifft selbstverständlich auch die Erfüllung staatlicher Aufgaben. Beispielhaft erwähnt seien Nutzungen im E-Government[19] und in der Rechtspflege (Letzteres auch unter dem Stich-

---

17 Dazu s. Hildebrandt, M. (2015). *Smart technologies and the end(s) of law: Novel entanglements of law and technology.* Cheltenham, UK/Northhampton, USA: Edward Elgar Publishing, 41 ff., 77 ff., 263.

18 Dazu s. statt vieler Hofstetter, Y. (2016). *Das Ende der Demokratie: Wie die künstliche Intelligenz die Politik übernimmt und uns entmündigt.* München: C. Bertelsmann, S. 28 und passim.

19 Dazu s. Bundesregierung. (2014). *Digitale Verwaltung.* Bundestagsdrucksache (BT-Drucks.) 18/3074; Senat der Freien und Hansestadt Hamburg. (2016). *Digital First – Chancen der Digitalisierung für eine bürgerfreundliche und moderne Verwaltung nutzen – Erweiterung der Strategie Digitale Verwaltung.* Senatsdrucksache 2016/03060 vom 11.10.2016; s.a. das im Jahre 2020 in Kraft tretende E-Government-Gesetz (EGovG) und dazu Roßnagel, A. (2013). Auf dem Wege zur elektronischen Verwaltung. Das E-Government-Gesetz. *Neue Juristische Wochenschrift,* 2710–2716. Allgemein zum Electronic Government vgl. Eifert, M. (2006). *Electronic government: Das Recht der elektronischen Verwaltung.* Baden-Baden: Nomos; s. Köhl, S. (2014). Engel, E. (Hrsg.) (2015). IT-Governace in Staat und

wort „Legal Technology"[20]) – etwa automatisierte Rechtsdienstleistungen, digitales Vertragsmanagement oder digitale Streitbeilegungsverfahren – oder bei der staatlichen Überwachung,[21] etwa durch die Polizei oder Spähaktionen von Geheimdiensten.

Von hoher gesellschaftlicher Bedeutung ist auch die Verhaltenssteuerung, etwa durch Informationsintermediäre – wie Google oder Facebook.[22] Mit ihren Diensten können sie – etwa durch personalisierte On-

---

Kommunen. Vernetzung, Zusammenarbeit und die Steuerung von Veränderungsprozessen in der öffentlichen Informationstechnik. Berlin: Ed. Sigma; Köhl, S,; Lenk, K., Löbel, Schuppan, Viehstädt, A.-K. *Stein-Hardenberg 2.0: Architektur einer vernetzten Verwaltung mit E-Government.* Berlin: Ed. Sigma; Berlit, U. (2015). Elektronische Verwaltungsakte und verwaltungsgerichtliche Kontrolle. *Neue Zeitschrift für Verwaltungsrecht, 4,* 197–200. Siegel, T.(2017). Automatisierung des Verwaltungsverfahrens – zugleich eine Anmerkung zu §§ 35a, 24 I 3; 41, IIa VwVfG. *Deutsches Verwaltungsblatt,* 24–28. Im Juli 2017 wurde im Übrigen Art. 91c GG um Abs. 5 erweitert, der eine Regelung des Zugangs zu den den Bund und die Länder übergreifenden informationstechnischen Systemen vorsieht.

20 S. etwa Raabe, O. & Wacker, R. (2012). *Recht ex machina: Formalisierung des Rechts im Internet der Dienste.* Berlin: Springer Vieweg; Frese, Y. (2015). Recht im zweiten Maschinenzeitalter. *Neue Juristische Wochenschrift,* 2090–2092; s.a. die Beiträge von Kaulartz, M., Kuhlmann, N. & Schmittmann, J. M. (2016). In J. Taeger (Hrsg.), *Smart World – Smart Law? Weltweite Netze mit regionaler Regulierung* (1023 ff.). Edewecht: Oldenburger Verlag für Wirtschaft, Informatik und Recht; Buchholtz, G. (2017). Legal Tech. Chancen und Risiken der digitalen Rechtsanwendung. *Juristische Schulung,* 955–960; Boehme-Neßler, V. (2017). Die Macht der Algorithmen und die Ohnmacht des Rechts. Wie die Digitalisierung das Recht relativiert. *Neue Juristische Wochenschrift, 42,* 3031–3037; Wagner, J. (2017). Legal Tech und Legal Robots in Unternehmen und den diese beratenden Kanzleien. *Betriebsberater,* 88–905; Klafki, A., Würkert, F. & Winter, T. (Hrsg.). (2017). *Digitalisierung und Recht: Tagung des Vereins Junge Wissenschaft im öffentlichen Recht an der Bucerius Law School am 26. November 2016.* Hamburg: Bucerius Law School Press; Hildebrandt, M. (2018, i.E.). Law as computation in the era of artificial legal intelligence. Speaking law to the power of statistics. *Toronto Law Journal.*

21 Dazu s. Bäcker, M. (2015). *Kriminalpräventionsrecht: eine rechtsetzungsorientierte Studie zum Polizeirecht, zum Strafrecht und zum Strafverfahrensrecht.* Tübingen: Mohr Siebeck; sowie ders. i.d.B.; Hoffmann-Riem, W. (2014). Freiheitsschutz in den globalen Kommunikationsinfrastrukturen. *JuristenZeitung,* 53 ff.

22 Dazu s. Schulz, W. & Dankert, K. (2016). *Die Macht der Informationsintermediäre: Erscheinungsformen, Strukturen und Regulierungsoptionen.* Bonn: Friedrich-Ebert-Stiftung; Hill, H. (2015). Scientific Regulation – automatische Verhaltenssteuerung durch Daten und Algorithmen. In H. Hill & U. Schliesky (Hrsg.), *Auf dem Weg zum Digitalen Staat – auch ein besserer Staat?* (258–287) Baden-Baden: Nomos; Hoffmann-Riem, W. (2017). Verhaltenssteuerung durch Algorithmen

line-Werbung – auf Konsumverhalten einwirken; sie können aber auch in der Gesellschaft anerkannte Werte mitprägen oder politisches Wahlverhalten beeinflussen.[23] Prädiktive Techniken werden beispielsweise auch für Entscheidungen über eine Kreditgewährung oder über die individuelle Bestimmung der Höhe von Tarifen der Kranken- oder Lebensversicherung oder der differenzierenden Preisgestaltung bei Onlinegeschäften und für vieles andere mehr eingesetzt.

Parallel zu den neuen Möglichkeiten steigen auch Gefahren, die aus Angriffen auf die Datenkommunikation oder die für sie genutzten Netz- und Informationssysteme entstehen. Hacking, Cyberspionage und Cybersabotage sind einzelne Stichworte. Durch den Ausbau der Digitalisierung und der Nutzung mobiler Systeme, durch vernetzte Einrichtungen wie das Smart Home oder die Smart Factory oder autonomes (auch Kfz-)Fahren, durch den Einsatz cyberphysischer Systeme für die Produktion (Industrie 4.0) und vieles anderes mehr gibt es Angriffsflächen unterschiedlicher Art. Big Data schaffen insofern allerdings nicht nur Anreize für Angriffe, sondern erlauben zugleich Möglichkeiten für deren Abwehr (s.u. 9.10).

Vom Big-Data-Einsatz sind viele Themenfelder betroffen. Diese sind zwar schon teilweise rechtlich geregelt. Es ist aber – wie schon eingangs erwähnt – zu fragen, ob das bisherige Instrumentarium noch ausreicht oder ob es im Interesse des Schutzes betroffener Interessen notwendig ist, die Rechtsordnung auf neue Lösungen umzupolen. Regulierungsmöglichkeiten und -notwendigkeiten müssen dabei bereichsspezifisch mit dem Blick auf die in den betroffenen Feldern jeweils gegebenen Chancen und Risiken sowie die dort geltenden Rahmenbedingungen analysiert werden. Einheitsantworten scheiden notwendigerweise aus. Eine solche gegenstandsspezifische Analyse kann und soll hier nicht umfassend geleistet werden, wohl aber sollen im Folgenden beispielhaft einzelne Probleme aufgeworfen und Lösungsmöglichkeiten diskutiert werden. In den späteren Beiträ-

---

– Eine Herausforderung für das Recht. *Archiv des öffentlichen Rechts (AöR)*, 1–42, 11 ff. Zu damit verbundenen Rechtsfragen s. Pille, J.-U. (2016). *Meinungsmacht sozialer Netzwerke*. Baden-Baden: Nomos; s.a. den Beitrag von Oermann, M. i.d.B.

23 Zur Meinungsbildung mithilfe von Algorithmen s. statt vieler Zweig, K. A., Deussen, O. & Krafft, T. D. (2017). Algorithmen und Meinungsbildung. *Informatik-Spektrum, 40 (4)*, 318–326.

gen des Bandes werden entsprechende Fragen an Einzelbeispielen weiter vertieft.

6. Schutz durch Freiheitsrechte

Die Nutzung der Möglichkeiten der Digitalisierung ist in freiheitlichen Demokratien grundsätzlich allen eröffnet. Rechtliche Grundlagen dafür enthalten Staatsprinzipien wie die Rechtsstaatlichkeit und vor allem der Schutz durch Freiheitsrechte. Um diese nutzen zu können, reicht ihre normative Verankerung allein nicht; es muss auch Möglichkeiten geben, sie real wahrzunehmen. Zum Freiheitsschutz gehört daher auch die Sicherung der realen Voraussetzungen des Freiheitsgebrauchs. Dies setzt ergänzend außerhalb der Rechtsordnung Rahmenbedingungen für die praktische Realisierung von Freiheiten voraus. So nutzen grundrechtliche Garantien wenig, wenn die ökonomische, technologische, kulturelle u.ä. Realität durch Privilegien und Vermachtung geprägt ist. Speziell im Hinblick auf Freiheitsschutz im Bereich der Digitalisierung ist daher zu klären, ob und wieweit die Chancen zur Wahrnehmung der Möglichkeiten gerecht verteilt sind. In ähnlicher Weise muss der Schutz vor Risiken grundsätzlich auch allen real zugutekommen.

Wegen ihres hohen Rangs sind die Freiheitsrechte von grundlegender Bedeutung sowohl für die Nutzung der mit der Digitalisierung verbundenen Chancen als auch zur Aktivierung von Schutz vor Risiken.

6.1 Freiheitsschutz

Freiheitsrechte sind insbesondere im Grundgesetz (GG), aber auch in der EU-Grundrechtecharta und der Europäischen Menschenrechtskonvention sowie in völkerrechtlichen Abkommen wie den UN-Menschenrechtspakten normiert.[24] Sie sind im hier behandelten Themenfeld nicht auf bestimmte Entstehungsformen von Daten und Methoden ihrer Verarbeitung beschränkt. Daher beziehen sich die seit Längerem bestehenden Garantien – soweit Kommunikation betroffen ist – auf jede Form solcher Kommunikation, also auch auf die digitale, dabei ebenfalls auf Informationen, die

---

24 S. zu Letzteren von Arnauld, A. i.d.B.

gar nicht an Dritte kommuniziert werden sollen, sondern für den Verbleib auf dem eigenen Rechner bestimmt sind. Maßgebend sind die Menschen- und Freiheitsrechte auch speziell für die Generierung, Analyse und Nutzung von Big Data. Freiheitsrechte sind auch Maßstab für die rechtliche Beurteilung speziell des Umgangs mit der algorithmischen Selektion und Steuerung von Verhalten oder der im IT-Bereich eingesetzten Geschäftsmodelle. Der Schutz der Menschenwürde, der Gleichheitssatz, die Kommunikationsfreiheit, der Persönlichkeitsschutz, die Berufsfreiheit, die Religionsfreiheit oder die Gewährleistung des Eigentums gelten übergreifend und sind nicht etwa auf den Einsatz herkömmlicher Technologien begrenzt. Dementsprechend besteht auch kein Anlass, alle Normierungen des Freiheits- und Menschenrechtsschutzes um die Formel zu erweitern, dass sie auch digitale Kommunikation, die Nutzung digitaler Infrastrukturen und von Big Data sowie Big-Data-Analytik oder speziell den Einsatz von Instrumenten digitaler Verhaltenssteuerung erfassen.

Auch bedarf keiner besonderen rechtlichen Anordnung, dass die im Grundgesetz und in den europäischen Grundrechtsverbürgungen enthaltenen Ermächtigungen zu Beschränkungen der Freiheit ebenfalls im Bereich digitaler Kommunikation genutzt werden können und gegebenenfalls müssen, um Betroffene zu schützen oder allgemeiner: um Risiken abzuwehren, die mit der digitalen Transformation verbunden sind. Allerdings muss gefragt werden, ob und wieweit die Schutzbereiche der Grundrechte sowie die Beschränkungsvorbehalte und deren Nutzung etwa in Gesetzen den neuen Möglichkeiten der Digitalisierung gerecht werden oder der Modifikation bedürfen.

Dabei erweist es sich im Grundsatz als hilfreich, dass Grundrechtsnormen, auch wenn sie auf eine lange Tradition zurückblicken, im Laufe der Zeit dynamisch in dem Sinne ausgelegt werden, dass ihre Prämissen auch angesichts veränderter Realitäten bedeutsam bleiben.[25] Dafür wird geprüft, wieweit die den Grundrechtsnormen zugrunde liegenden empirischen und präskriptiven Prämissen angesichts von Veränderungen – hier des technischen, sozialen oder ökonomischen Umfeldes – weiterhin maßgebend sind und wieweit Prämissenänderungen zu Anpassungen des

---

25 S. etwa Eisenberger, I. (2016). *Innovation im Recht*. Wien: Verlag Österreich. Ferner s.u. 6.3.

Grundrechtsschutzes führen können oder gar müssen.[26] Es ist aber keineswegs gesichert, dass solche Möglichkeiten einer flexiblen Reaktion in der Rechtsordnung auf neue Entwicklungen den fundamentalen Umbrüchen voll gewachsen sind, wie sie durch die digitale Transformation der Gesellschaft gegenwärtig bewirkt werden. Ist dies nicht der Fall, besteht Änderungsbedarf in der Rechtsordnung.

6.2 Insbesondere: Horizontalwirkung des Freiheitsschutzes und Auftrag zur Ausgestaltung der Möglichkeit der Freiheitsausübung

Grundrechte sind in der Neuzeit in erster Linie als Abwehrrechte der Grundrechtsträger gegen Eingriffe des Staates konzipiert worden. Diese Bedeutung ist selbstverständlich weiterhin auch für digitalisierte Kommunikation wichtig. Daneben tritt aber die Frage, ob Grundrechte auch in der Beziehung Privater untereinander bedeutsam und wirksam sind.

Die digitale Transformation mit ihren weitreichenden Möglichkeiten – auch etwa der Überwachung und Steuerung menschlichen Verhaltens – erfolgt gegenwärtig in wesentlichen Hinsichten durch Privatunternehmen, die erheblichen Einfluss auf die Freiheitsräume anderer Privater und die tatsächlichen Voraussetzungen für Freiheitsgebrauch ausüben können und dies angesichts ihrer eigenen (legitimerweise gegebenenfalls einseitigen) Interessen auch tun.[27] Dabei verfügen einige Akteure (so die großen Informationsintermediäre) über Macht (auch) zur Beeinträchtigung von Grundrechten anderer, die der Macht staatlicher Träger funktional vergleichbar ist.

Die Erstreckung grundrechtlichen Schutzes in die Beziehungen Privater untereinander[28] und damit auch zugunsten der durch privaten Machtge-

---

26 Zur Bedeutung empirischer und normativer Prämissen und zum Umgang mit ihren Änderungen s. etwa Hoffmann-Riem, W. (2016). *Innovation und Recht, Recht und Innovation: Recht im Ensemble seiner Kontexte.* Tübingen: Mohr Siebeck, 108–130 und passim.
27 Zur Praxis s. statt vieler Christl, W. (2014). *Kommerzielle digitale Überwachung im Alltag, Studie im Auftrag der österreichischen Bundesarbeitskammer.* Wien: Cracked Labs, Institut für Kritische Digitale Kultur.
28 Zur Reichweite der Grundrechtsbindung vgl. die – allerdings in anderen Kontexten getroffene – Formulierung in Entscheidungen des Bundesverfassungsgerichts (BVerfGE) 128, 226 (248): „Private (können) im Wege der mittelbaren Drittwirkung von Grundrechten freilich unbeschadet ihrer eigenen Grundrechte auch ähn-

brauch in ihrer Freiheit eventuell beschränkten Dritten ist für die Realisierung von Freiheit dann besonders wichtig, wenn die Verantwortung für die Sicherung von Gemeinwohl weitgehend dem ökonomischen Markt und damit gegebenenfalls relativ machtstarken Unternehmen überlassen worden ist. Das ist etwa im Bereich der Telekommunikationsinfrastrukturen und -dienste der Fall. Aber auch abgesehen von solchen konkreten Rahmenbedingungen ist vorliegend von besonderer Bedeutung, dass die digitale Transformation die gesamte Gesellschaft erfasst, also auch solche Bereiche, die unter regulatorischen Aspekten bisher noch relativ unverändert geblieben sind, so dass es gegebenenfalls einer auf die neue Lage abgestimmten Ausgestaltung des Freiheitsbereichs bedarf.

Aus rechtlicher Sicht wird die seit Langem grundsätzliche Frage bedeutsam: Inwieweit enthalten die betreffenden Freiheits- und Grundrechte neben ihrem subjektiv-rechtlichen Gehalt zum Schutz Einzelner auch objektiv-rechtliche Aufträge an Träger von Hoheitsgewalt zur Gewährleistung des spezifischen Freiheitsschutzes nicht nur in der Richtung der Abwehr staatlicher Eingriffe, sondern ebenfalls in der Horizontalwirkung der Beziehungen zwischen Privaten oder im Hinblick auf die Entwicklung und gegebenenfalls Ausgestaltung der gesellschaftlichen Ordnung der Freiheitsverwirklichung auch unter veränderten Bedingungen?[29]

Im deutschen Verfassungsrecht ist seit vielen Jahrzehnten anerkannt, dass Grundrechtsnormen neben der Funktion als Abwehrrechte gegen den Staat objektiv-rechtlich fundierte Aufträge an den Staat zur näheren Ausgestaltung der Möglichkeit des Freiheitsgebrauchs und zum Freiheitsschutz auch gegenüber Gefährdungen durch Private enthalten (sog. Dritt- oder Horizontalwirkung der Grundrechte).[30] Diese Aufträge richten sich an alle Träger von Hoheitsgewalt im Rahmen ihrer jeweiligen Aufgabenfelder und dabei auch an den Gesetzgeber, der in der Rechtsordnung Vorkehrungen für wirksamen grundrechtlichen Schutz auch in der Horizontalwirkung schaffen darf und gegebenenfalls muss.

---

lich oder auch genauso weit wie der Staat durch die Grundrechte in Pflicht genommen werden, insbesondere, wenn sie in tatsächlicher Hinsicht in eine vergleichbare Pflichten- oder Garantenstellung hineinwachsen wie traditionell der Staat." Ebenso BVerfG. (2015). *Neue Juristische Wochenschrift*, 2485 (2486).
29 S. dazu statt vieler Hoffmann-Riem, W. (Fn. 26), 538 ff., 680 ff.
30 Grundlegend ist die Entscheidung des Bundesverfassungsgerichts, BVerfGE 7, 198, 203 ff. Übergreifend zur sog. Dritt- oder Horizontalwirkung statt vieler Papier, H.-J. (2006). Drittwirkung. In D. Merten & H.-J. Papier (Hrsg.), *Grundrechte in Deutschland: Allgemeine Lehren I* (Heidelberg: Müller, 1331–1362.

Objektiv-rechtliche Gehalte von Grund- und Menschenrechten und Ansätze auch für deren Horizontalwirkung finden sich nicht nur in den deutschen Grundrechtsnormen, sondern werden zunehmend auch in ausländischen Rechtsordnungen,[31] im Bereich der EU-Grundrechtecharta sowie teilweise im Vertrag über die Arbeitsweise der Europäischen Union (AEUV) sowie in der Europäischen Menschenrechtskonvention, aber auch in einzelnen völkerrechtlichen Abkommen anerkannt.[32]

Aktuelle (wenn auch thematisch enge) Beispiele eines auf Freiheitsgewährleistung ausgerichteten Rechts sind die im Jahre 2016 geschaffene, ab 25. Mai 2018 geltende Datenschutz-Grundverordnung (DSGVO) sowie das im Jahre 2017 neu gefasste, ab dem selben Zeitpunkt geltende Bundesdatenschutzgesetz – im Folgenden: BDSG (neu).[33] Hinzu tritt (bisher) die E-Privacy-Richtlinie,[34] die allerdings durch die gegenwärtig in der EU-internen Abstimmung befindliche, vermutlich aber erst Anfang 2019

---

31 Hier sei nur auf das Beispiel Österreich verwiesen, s. etwa Heißl, W. (2017). *Grundrechtskollisionen am Beispiel von Persönlichkeitseingriffen sowie Überwachungen und Ermittlungen im Internet.* Wien: Verlag Österreich, 34–38 und passim.

32 S. dazu Marauhn, T. (2015). Sicherung grund- und menschenrechtlicher Standards gegenüber neuen Gefährdungen durch private und ausländische Akteure. In *Veröffentlichungen der Vereinigung der Deutschen Staatsrechtslehrer* (Bd. 74, 373–403). Berlin: De Gruyter; Fischer-Lescano, A. (2014). Der Kampf um die Internetverfassung: Rechtsfragen des Schutzes globaler Kommunikationsstrukturen vor Überwachungsmaßnahmen. *JuristenZeitung,* 965–974; Schliesky, U., Hoffmann, C., Luch, A. & Borchers, K. C. (2014). *Schutzpflichten und Drittwirkung im Internet: Das Grundgesetz im digitalen Zeitalter.* Baden-Baden: Nomos; Marsch, N. (2018, i.E.). *Das europäische Datenschutzgrundrecht. Grundlagen – Dimensionen – Verflechtungen.* Tübingen: Mohr.

33 Zu diesen neuen Rechtsgrundlagen s. einerseits Verordnung (EU) 2016/679 des Europäischen Parlaments und des Rates vom 27. April 2016 zum Schutz natürlicher Personen bei der Verarbeitung personenbezogener Daten, zum freien Datenverkehr und zur Aufhebung der Richtlinie 95/46/EG (Datenschutz-Grundverordnung), ABl L 119 vom 09.05.2016, S. 1 ff., und andererseits das neue Bundesdatenschutzgesetz: BDSG (neu), s. *Bundesgesetzblatt (BGBl.) I Nr. 44.* Inhaltlich sind sie im Zusammenhang zu behandeln. Dies dürfte nicht zuletzt wegen der Kompliziertheit der Konstruktionen und vieler detailreicher und abwägungsoffener Vorgaben sowie vieler Öffnungsklauseln zu erheblichen praktischen Schwierigkeiten im zukünftigen Datenschutz führen. Zu Letzterem s. etwa Roßnagel, A. (2017). Gesetzgebung im Rahmen der Datenschutz-Grundverordnung. *Datenschutz und Datensicherheit,* 277 ff.

34 RiL 2009/136/EG.

in Kraft tretende e-Privacy-Verordnung³⁵ abgelöst werden soll. Diese Verordnung soll allerdings nicht alle Bereiche des Datenschutzes erfassen. Sie ist als Sonderregelung auf das Handeln der Anbieter von elektronischen Kommunikationsdiensten bezogen und betrifft daher Kommunikationsvorgänge wie Telefonate, Internetzugang, Instant-Messaging-Dienste, E-Mails, Internet-Telefonie oder Personal Messaging. Auch sie ist – wie die anderen datenschutzrechtlichen Regeln – auf den Schutz personenbezogener Daten ausgerichtet und damit gegenständlich begrenzt. Allerdings beschränkt sich der Anwendungsbereich der E-Privacy-Regelungen nicht auf die Daten natürlicher Personen, sondern bezieht auch juristische Personen in ihren Schutzbereich mit ein.³⁶ Es gibt noch eine Reihe weiterer Regelungen. So galten im deutschen Recht bisher die datenschutzrechtlichen Regeln des Telemediengesetzes und des Telekommunikationsgesetzes, die infolge der Datenschutz-Grundverordnung und nach dem erwartbaren Inkrafttreten der ePrivacy-Verordnung allerdings zum Teil verdrängt werden bzw. erheblich modifiziert werden müssen.

Den Besonderheiten von Big Data und den durch sie geprägten Anwendungen tragen diese Normen nur begrenzt Rechnung.³⁷ Es bleibt eine noch zu bewältigende Aufgabe, die Grund- und Freiheitsrechte (nicht nur die datenschutzrechtlichen) auf die neuen Potentiale – also auch auf die innovativen Möglichkeiten – bei der Nutzung von Big Data abzustimmen, da-

---

35 Eine Gegenüberstellung des von der EU-Kommission erarbeiteten Entwurfs und des Beschlusses des Europäischen Parlaments findet sich in http://www.europarl.europa.eu/sides/getDoc.do?type=REPORT&reference=A8-2017-0324&language=EN. Der EU-Rat hat am 5. Dez. 2017 einen Änderungstext zum Vorschlag der Kommission veröffentlicht, s. Interinstitutional File 2017/0003 (COD).
36 S. Art. 1 Abs. 1 des Entwurfs der ePrivacy-Verordnung und aus den Erwägungsgründen etwa die Einleitung von Nr. 3: „Elektronische Kommunikationsdaten können zudem Informationen über juristische Personen wie Geschäftsgeheimnisse oder andere sensible Informationen offenlegen, die einen wirtschaftlichen Wert haben. Deshalb sollten die Bestimmungen dieser Verordnung sowohl für natürliche als auch für juristische Personen gelten." Im Ergebnis ähnlich bereits Art. 1 Abs. 2 S. 2 der RiL 95/46/EG. Werden „Geschäftsgeheimnisse" und „andere sensible Informationen [...], die einen wirtschaftlichen Wert haben", als personenbezogene behandelt, so kann dieser Begriff – anders als üblicherweise in Deutschland – nicht (auch) unter Rückgriff auf die Garantie der Menschenwürde (Art. 1 Abs. 1 GG) konkretisiert werden.
37 Dazu s. Hornung, G. & Herfurth, C. (2017). Datenschutz bei Big Data. Rechtliche und politische Implikationen. In C. König, J. Schröder & E. Wiegand (Hrsg.), *Big Data – Chancen, Risiken, Entwicklungstendenzen* (S. 149–184). Wiesbaden: Springer VS; sowie Hornung, G. i.d.B.

bei aber auch den durch Big Data zugleich ermöglichten Gefährdungen von Rechtsgütern Rechnung zu tragen. Dies mag zum Teil durch entsprechende Auslegung schon jetzt erlassener Normen (wie der DSGVO) oder – soweit dies nicht genügt – durch Novellierungen alter oder durch neu zu schaffende Normen geschehen (Anregungen dazu s.u. 9).

Angesichts der Bedeutung der Digitalisierung in fast allen gesellschaftlichen Bereichen stellen sich beim Einsatz von Algorithmen in je unterschiedlichen Feldern viele unterschiedliche Fragen, also nicht nur speziell mit dem Blick auf Big Data begrenzte, sondern übergreifend und vielfach vernetzt auch andere Fragen nach der Notwendigkeit neuer rechtlicher Regelungen. Dies betrifft etwa den Grundsatz der Netzneutralität,[38] das Recht auf Anonymisierung persönlicher Kommunikation[39] und den Schutz gegen Deanonymisierung, die Neubestimmung des Verhältnisses zwischen Privat- und Öffentlichkeitsbereich, aber auch diverse Anwendungen in den unterschiedlichen gesellschaftlichen Bereichen. Zu bewältigen ist bei der digitalen Transformation vor allem die Aufgabe der Gewährleistung von individueller und kollektiver Autonomie.[40]

6.3 Insbesondere: Grundrechtsinnovationen

Dass es Möglichkeiten bei der Interpretation und Anwendung von Verfassungsnormen, darunter insbesondere Grundrechtsnormen, gibt, auf gesellschaftliche Änderungen und damit verbundene Freiheitsgefährdungen innovativ zu reagieren, lässt sich exemplarisch schon an der Rechtsprechung des Bundesverfassungsgerichts (BVerfG) beobachten. So hat es durch die

---

38 Dazu s. statt vieler Werkmeister, C. & Hermstrüwer Y. (2015), Ausnahmen vom Grundsatz der Netzneutralität - Wer darf auf die Überholspur im Internet? Warum das europäische Recht der Netzneutralität noch keine Rechtssicherheit schafft. *Computer und Recht*, 570–576 m. w. Hinw. Die amerikanische Federal Communications Commission hat diesen Grundsatz im Dez. 2017 aufgegeben. S. dazu, Dietz, G. (2017), Ende der Netzneutralität. Die Abschaffung der Demokratie, *SPIEGEL ONLINE* vom 7.12.2017.
39 Zur Problematik der Verschlüsselung s. statt vieler Petrlic, R. & Manny, K. (2017). Wie sicher ist der Zugriff auf Websites im Internet? *Datenschutz und Datensicherheit,* 88–92.
40 Allgemein zur Bedeutung von Autonomie s. Bumke, C. & Röthel, A. (Hrsg.). (2016). *Autonomie im Recht*. Tübingen: Mohr Siebeck. S. dort etwa Eifert, M., Autonomie und Sozialität: Schwierigkeiten rechtlicher Konzeptionalisierung ihres Wechselspiels am Beispiel der informationellen Selbstbestimmung, 365–384.

Anerkennung objektiv-rechtlicher Grundrechtsgehalte die Schutzrichtung von Grundrechten in dem oben erwähnten Sinne erweitert.[41] Seitdem gelten die meisten Grundrechte in Deutschland auch in der Horizontalwirkung zwischen nichtstaatlichen Akteuren, soweit dies durch Gesetze bzw. die Auslegung bestehender Gesetze vermittelt und näher konkretisiert wird.

Das Bundesverfassungsgericht hat sich auch bei der Auslegung und Anwendung einzelner Grundrechte innovativ verhalten.[42] So hat es die Garantie der allgemeinen Handlungsfreiheit (Art. 2 Abs. 1 GG) nicht nur im Sinne der Garantie der freien Entfaltung der Persönlichkeit gedeutet, sondern zusätzlich als ein selbstständiges Grundrecht, das verbliebene Lücken füllt, indem es immer dann heranzuziehen ist, wenn ein bestimmter Lebensbereich nicht durch eines der besonders verbürgten Grundrechte erfasst ist.[43] Im vorliegenden Zusammenhang ist besonders wichtig die Anerkennung des „Allgemeinen Persönlichkeitsrechts" auf der Grundlage einer Zusammenschau des Schutzes der freien Entfaltung der Persönlichkeit (Art. 2 Abs. 1 GG) mit dem Schutz der Menschenwürde (Art. 1 Abs. 1 GG).[44] Diese Konstruktion wurde später auch als Grundlage des „Grundrechts auf informationelle Selbstbestimmung" genutzt.[45] Von diesem Grundrecht ist insbesondere die Befugnis des Einzelnen erfasst, grundsätzlich selbst über die Preisgabe und Verwendung seiner persönlichen Daten zu bestimmen.[46] Diese Grundrechtsverbürgung wurde die Grundlage der näheren Ausgestaltung des modernen Datenschutzrechts in Deutschland, insbesondere auch in Reaktion auf neue technologische Entwicklungen.[47] Sie hat zugleich auf die Entwicklung in anderen Rechtsordnungen ausgestrahlt, darunter auch auf das Recht der EU.

Da sich allerdings herausstellte, dass mit diesem Grundrecht immer noch Schutzlücken verblieben, hat das Bundesverfassungsgericht im Jahre 2008 aus Anlass der Überprüfung eines Gesetzes zur Ermöglichung von staatlichen Online-Durchsuchungen bzw. der Quellen-Telekommunikati-

---

41 S. etwa Fn. 30.
42 Zu Grundrechtsinnovationen s. Hornung, G. (2015). *Grundrechtsinnovationen*. Tübingen: Mohr Siebeck; Hoffmann-Riem, W. (Fn. 26), §§ 34, 35.
43 BVerfGE 6, 32, 37.
44 S. etwa BVerfGE 34, 238, 245 f.
45 BVerfGE 65, 1.
46 BVerfGE 65, 1, 41 ff.
47 Zum Wechselspiel zwischen technologischen Veränderungen und grundrechtlichen Reaktionen s. Hoffmann-Riem, W. (Fn. 26), § 35.

onsüberwachung – verbunden mit der Möglichkeit der Verbringung von Viren (sog. Malware) in Computer zum Zwecke ihrer Ausspähung und gegebenenfalls Manipulation – eine neue Grundrechtskonkretisierung formuliert. Diese hat es als „Grundrecht auf Gewährleistung der Vertraulichkeit und Integrität informationstechnischer Systeme" bezeichnet.[48] Häufig wird hier abgekürzt vom IT-Grundrecht (manchmal auch, m.E. aber inhaltlich zu eng, vom Computergrundrecht) gesprochen.

Das Gericht war davon ausgegangen, dass durch die neuen Technologien die empirischen Prämissen des tradierten Grundrechtsschutzes verändert worden waren und das vorrangig am Schutz vor Eingriffen in konkret-individuelle Persönlichkeitsschutzgüter ausgerichtete Grundrecht auf informationelle Selbstbestimmung in der Folge nicht mehr hinreichend war. Bei der Nutzung neuer, komplexer werdender und die Analysemöglichkeiten erweiternder informationstechnischer Systeme muss der Freiheitsschutz nach Auffassung des BVerfG auch auf der Systemebene greifen und dabei unabhängig von konkreten Einzeleingriffen in die Kommunikation insbesondere auf die Gewährleistung der Integrität und Vertraulichkeit informationstechnischer Systeme selbst erstreckt werden. Auf diese Weise sollen die technische und die soziale Funktionsfähigkeit von informationstechnischen Systemen als Voraussetzung ihrer autonomen Nutzung für unterschiedliche Zwecke gesichert werden. Im Jahre 2016 hat das Gericht ergänzend in einer Entscheidung über die Verfassungsmäßigkeit des Gesetzes über das Bundeskriminalamt[49] festgestellt, dass zu den geschützten informationstechnischen Systemen nicht nur von den Betroffenen eigengenutzte Computer zählen, sondern auch die durch Vernetzung mit fremden Computern arbeitenden informationstechnischen Systeme, etwa bei der Nutzung der sog. „Clouds".[50] Dabei hat es ausdrücklich betont, dass Daten, die auf externen Servern in einem berechtigten Vertrauen auf Vertraulichkeit ausgelagert sind, vom Schutz erfasst sind.

---

48 BVerfGE 120, 274, 313; 141, 220, 264 f.; 220 ff., 268 ff., 303 ff. Aus der reichhaltigen Literatur zu diesem Grundrecht s. statt vieler Hauser, M. (2015). *Das IT-Grundrecht. Schnittfelder und Auswirkung.* Berlin: Duncker & Humblot; Wehage, J.-C. (2013). *Das Grundrecht auf Gewährleistung der Vertraulichkeit und Integrität informationstechnischer Systeme und seine Auswirkungen auf das bürgerliche Recht.* Göttingen: Universitätsverlag.
49 BVerfGE 141, 220, 303 ff.
50 BVerfGE 141, 220, 304.

Diese erwähnten Grundrechtsverbürgungen gelten nicht als „neue", gewissermaßen frei vom Gericht erfundene Grundrechte, sondern als Konkretisierungen und zugleich den Sinn des überkommenen Grundrechtsschutzes auch angesichts neuer technologischer Möglichkeiten wahrende Weiterentwicklungen einer Freiheitsverbürgung, die im Grundsatz schon in Art. 1 und 2 GG enthalten ist. Wie diese Grundrechtsnormen auch enthält das aus ihnen abgeleitete Grundrecht auf Gewährleistung der Vertraulichkeit und Integrität informationstechnischer Systeme sowohl subjektiv-rechtliche als auch objektiv-rechtliche Schutzdimensionen.[51] Obwohl der grundrechtliche Gewährleistungsgehalt vom BVerfG im Zuge einer vom Beschwerdeführer auf den Schutz personenbezogener Daten gerichteten Entscheidung konkretisiert worden ist, hat die Grundrechtsgewährleistung reflexhaft auch Auswirkungen auf den Schutz nicht personenbezogener Daten: Ist das informationstechnische System von einem rechtlichen Schutzwall gegenüber Eingriffen wie der Installation von Malware oder anderer Arten der Manipulation der Software geschützt, so wirkt sich das als Reflex begrenzend auch auf die Möglichkeit des Zugriffs auf die im System verfügbaren nicht personenbezogenen Daten aus.[52]

Ebenfalls mit einer innovativen – den Freiheitsschutz ausdehnenden – Konstruktion hat der Europäische Gerichtshof (EuGH) in seiner Google-Entscheidung eine dort als Ausprägung von Art. 8 der EU-Grundrechtecharta behandelte (seitdem vielfach als „Grundrecht auf Vergessenwerden" bezeichnete) neue Grundrechtskonkretisierung begründet.[53] Art. 8 ist das Recht auf den Schutz personenbezogener Daten.

Auch in anderen Zusammenhängen kann sich die Frage stellen, ob Freiheitsschutz angesichts technischer, sozialer oder wirtschaftlicher Veränderungen allein mit den herkömmlichen rechtlichen Instrumenten gesichert werden kann oder ob es neuer Schutzvorkehrungen bedarf. Erforderlich sind insbesondere ein über den tradierten Grundrechtsschutz hinausreichender Schutz kollektiver Freiheitsräume und ein den Umgang mit Machtasymmetrien einbeziehender Schutz, insbesondere Autonomie-

---

51 S. Hoffmann-Riem, W. (Fn. 26), S. 575–576.
52 Davon abgesehen ist darauf zu verweisen, dass der Begriff der personenbezogenen Daten im Bereich von Big Data ohnehin einer Ausweitung bedarf (s.u. 9.1) – mit der Folge, dass der Schutzbereich des IT-Grundrechts entsprechend auszuweiten ist.
53 EuGH. Urteil v. 13.05.2014, Rs. C-131/12 (Google Spain), Europäische GRUND-RECHTE-Zeitschrift (EuGRZ) 2014, 320 ff.

schutz, der Grundrechtsträger. Soweit ein solcher Schutz nicht allein aus Grundrechten ableitbar ist, kommen ergänzend die Staatszielbestimmungen, insbesondere das Demokratie-, Rechtsstaats- und Sozialstaatsprinzip, als Orientierungen hinzu.

Entscheidungen wie die erwähnten des BVerfG verweisen auf die Bedeutung von Antworten auf die Frage, ob und wieweit technische Veränderungen – gegenwärtig die digitale Transformation – einerseits zu neuen, grundsätzlich förderungswürdigen Nutzungschancen führen können, aber auch zu neuen Risiken, die mit den herkömmlichen rechtlichen Instrumenten des Freiheitsschutzes selbst bei dynamischer Auslegung nicht oder nicht mehr angemessen bewältigt werden können. Anlass für solche Überlegungen bieten gegenwärtig beispielsweise automatisierte Verfahren für Eingriffe in Rechtsgüter oder allgemeiner für rechtlich verbindliche Entscheidungen (s. Art. 22 DSGVO, § 35a VwVfG),[54] der Einsatz der Robotik, die ferngesteuerte Nutzung von Tele-Diagnostik und -Therapie, aber auch die automatisierte oder sogar autonome Steuerung von Kraftfahrzeugen. Zu den schon angesprochenen Problemfeldern gehören – neben anderen – die vielen Möglichkeiten zur Verschmelzung der physischen und virtuellen Welt („Onlife") und zur (den Betroffenen häufig) unbewussten Steuerung von Verhalten.[55] Problematisch kann dabei insbesondere die Art des Einsatzes künstlicher Intelligenz sein, insbesondere soweit algorithmische Systeme als lernende Einrichtungen sich selbst programmieren – mit vielfach nicht mehr von Menschen voll überschaubaren und eventuell nicht mehr beeinflussbaren Konsequenzen (s. schon o. 3).

7. Probleme bei der Durchsetzung wirksamen rechtlichen Schutzes

Recht ist selbstverständlich nur eines von mehreren möglichen Mitteln zur Einwirkung auf die Entwicklung. Aber auch in Zeiten der Digitalisierung kann auf die Wirkungskraft von Recht nicht verzichtet werden. Neue Herausforderungen stellen sich aufgrund der Besonderheiten der Technologie

---

54 Zu einem Beispielsfeld s. Martini, M. & Nink, D. (2017). Wenn Maschinen entscheiden ... Persönlichkeitsschutz in vollautomatisierten Verwaltungsverfahren. *Neue Zeitschrift für Verwaltungsrecht, 10,* 681–682. Vgl. auch Ernst, C. (2017). Algorithmische Entscheidungsfindung und personenbezogene Daten. *JuristenZeitung.*21, 1026–1036.
55 Zur Onlife-Welt s.o. Fn. 17.

und ihres Einsatzes in unterschiedlichen Betätigungsfeldern und bei deren Nutzung für je spezifische Zwecke im Rahmen je spezifischer Geschäftsmodelle. Auf Gründe für Schwierigkeiten erfolgreicher Regulierung und damit auf Anlässe für besondere Herausforderungen wird im Folgenden, allerdings nur beispielhaft, eingegangen. Die damit angesprochenen Probleme betreffen auch den Umgang mit Big Data, sind aber mitnichten darauf begrenzt.

7.1 Konvergenzen und Entgrenzungen

Die digitalen Technologien und die für ihre Nutzung verfügbaren Infrastrukturen sowie die über sie abgewickelten Dienste werden zum Teil in räumlich begrenzter (etwa regionaler oder nationaler) Weise eingesetzt, vielfach aber auch transnational und global vernetzt.[56] Dies gilt auch für viele der mit digitalisierter Technik erbrachten Dienste.

Zu berücksichtigen sind neben diesen (und anderen) Entgrenzungen vielfältige Konvergenzen,[57] die es ebenfalls erschweren, den richtigen Anknüpfungspunkt für regulative Interventionen zu finden. So verschwimmen im IT-Bereich die Grenzen zwischen Hardware, Software und Orgware, zwischen Anbietern und Nachfragern sowie zwischen Dienstleistungen und ihrem Transport unter Nutzung der IT-Infrastrukturen. Private und öffentliche Kommunikation werden verstärkt miteinander vermengt. Herkömmliche Vorstellungen über Privatheit und Öffentlichkeit erodieren, die Notwendigkeit von spezifischem Privatheitsschutz wird sogar zum Teil – so durch Anhängerinnen und Anhänger der sog. Post-privacy-Bewegung – bezweifelt.[58]

---

56 Zu Erscheinungsformen der Entterritorialisierung sowie auch möglicher Reterritorialisierung und der damit (insbesondere im öffentlichen Recht) verbundenen Probleme s. Cornils, M. (2017). Entterritorialisierung im Kommunikationsrecht. In *Veröffentlichungen der Vereinigung der Deutschen Staatsrechtslehrer* (Bd. 76, 391–442). Berlin: De Gruyter; zum Befund von Entgrenzungen s.a. – statt vieler – Vesting, T. (2017). Digitale Entgrenzung. In B. Lomfeld (Hrsg.), *Die Fälle der Gesellschaft. Eine neue Praxis soziologischer Jurisprudenz*. Tübingen: Mohr Siebeck; s.a. von Arnauld, A. i.d.B.
57 Zu ihnen s. statt vieler (am Beispiel des Internets) Pille, J.-U. (Fn. 22), 55–58.
58 Dazu s. statt vieler Heller, C. (2011). *Post-privacy: Prima leben ohne Privatsphäre*. München: Beck. Kritisch zu einer solchen Position Schaar, P. (2007). *Das Ende der Privatsphäre*. München: Bertelsmann. Differenzierend Klar, M. (2013). Privat-

Vor allem Erscheinungen der Entgrenzung können zu erheblichen offenen Flanken im Rechtsschutz führen, soweit – wie üblich – das Recht an Grenzsetzungen anknüpft, etwa regional (sei es national oder etwa EU-weit), und soweit es zudem gegenständlich begrenzt ist. Verfügbar ist grundsätzlich zwar auch transnational oder global geltendes Recht wie etwa Völkerrecht. Dessen räumlicher Anwendungsbereich mag weit sein, er ist aber gegenständlich nur auf einzelne Sektoren – beispielsweise das Welthandelsrecht und Einzelfragen des Urheberrechts – bezogen[59] und in der Verbindlichkeit und Sanktionierbarkeit vielfach begrenzt.

Völkerrecht erfasst bisher keinesfalls alle hier maßgeblichen Herausforderungen und ist vor allem im vorliegend behandelten Regelungsfeld zurzeit relativ funktionsarm. Territoriale, darunter auch nationale Anknüpfungspunkte rechtlicher Regulierung sind gegenüber transnationalen oder globalen Aktivitäten von IT-Unternehmen zwar auch, aber nicht stets gegeben. Zu begrüßen – aber keineswegs hinreichend – ist es, dass Art. 3 DSGVO[60] den räumlichen Anwendungsbereich des europäischen Datenschutzrechts ausweitet und dabei daran anknüpft, wieweit die Verarbeitung personenbezogener Daten „im Rahmen der Tätigkeiten einer Niederlassung eines Verantwortlichen oder eines Auftragsverarbeiters in der Union erfolgt, unabhängig davon, ob die Verarbeitung in der Union stattfindet".[61]

Allerdings stößt hoheitliche Regulierung meist auf erheblichen Widerstand der IT-Unternehmen, die versuchen, Regulierung möglichst zu verhindern oder zu verwässern. Auch verfügen sie über Möglichkeiten, ge-

---

sphäre und Datenschutz in Zeiten technischen und legislativen Umbruchs. *Die öffentliche Verwaltung (DÖV)*, 103–113; Boehme-Neßler, V. (2015). Zwei Welten? Big Data und Datenschutz. Entwicklungslinien des Datenschutzes in der digitalen Gesellschaft. *Archiv für Urheber- und Medienrecht, 19,* 24–27. Zur Problematik s.a. die Beiträge in Hill, H. & Schliesky, U. (Hrsg.) (2014). *Die Neubestimmung der Privatheit.* Baden-Baden: Nomos.

59 S. dazu statt vieler Drexl, J. (2016). Regulierung der Cyberwelt – aus dem Blickwinkel des internationalen Wirtschaftsrechts. In N. Dethloff, G. Nolte & A. Reinisch (Hrsg.), *Freiheit und Regulierung in der Cyberwelt* (95 ff). Heidelberg: Müller.
60 S. ferner Art. 3 des Entwurfs der e-Privacy-Verordnung (s.o. Fn. 35).
61 Näher dazu Klar, M. (2017). Kommentierung zu Art. 3. In J. Kühling & B. Buchner (Hrsg.), *Datenschutz-Grundverordnung: Kommentar* (97–123). München: Beck. Mit der durch die DSGVO erfolgte Erweiterung des räumlichen Anwendungsbereichs europäischen Datenschutzrechts (Art. 3 DSGVO) sind Verbesserungen erfolgt. Eine entsprechende Ausweitung hatte der EuGH schon in der Google-Entscheidung (Fn. 53) vorgenommen.

schaffenen Regeln auszuweichen, etwa durch eine darauf ausgerichtete Wahl des Unternehmenssitzes oder dessen Aufsplitterung, durch Verlagerung von Tätigkeitsschwerpunkten auf andere Unternehmensteile eines Konzerns, durch Intransparenz ihrer geschäftlichen Vorgehensweisen oder durch für Dritte schwer erkennbare Technikgestaltung. Auch Letztere unterliegt regelmäßig keiner öffentlichen Kontrolle und damit Nachvollziehbarkeit. Beim Handeln im Rahmen von Selbstgestaltung und Selbstregulierung und damit weitgehend durch Maßnahmen, die allein durch eigenbestimmte Vorgaben geprägt sind, wird von vielen Unternehmen, so etwa den einflussreichen Informationsintermediären, Transparenz möglichst vermieden, die Nachvollziehbarkeit der Vorgehensweisen für Dritte weitgehend ausgeschlossen und Chancen effektiver Außenkontrolle – etwa zur Aufdeckung einseitiger Selektivitäten oder zur Sicherung der Zurechenbarkeit und Verantwortlichkeit – werden dadurch unterbunden.

7.2 Vermachtung

Die grenzüberschreitenden Möglichkeiten der digitalen Transformation haben den Aufbau globaler Machtpositionen und deren Konzentration bei einigen wenigen Konzernen erleichtert. Dies gilt namentlich für die sog. „Big Five" (Facebook, Google, Microsoft, Amazon, Apple).[62] Diese haben es geschafft, in wichtigen Teilmärkten globale Oligopole zu bilden und weitere Marktsegmente – auch crossmedial – zu besetzen.

Erklärungen für den Erfolg der Bemühungen um überragende Marktmacht finden sich u.a. in der Netzwerk- und Internetökonomie.[63] Insofern ist auf Besonderheiten von Informationsgütern – etwa die „Nichtrivalität beim Konsum" von Daten – sowie auf direkte und indirekte Netzeffekte zu verweisen. Wichtig ist auch die Mehrseitigkeit der Märkte. Gemeint ist die Möglichkeit, Tätigkeiten unterschiedlicher Akteure mit unterschiedlichen Betätigungsfeldern intelligent zu verknüpfen. Angesichts der hohen – auch durch Vorkehrungen zur Steuervermeidung gesteigerten – Gewinnmargen haben die machtvollen Unternehmen zudem gute Möglichkeiten,

---

62 Es gibt aber weitere machtstarke Akteure, seit einigen Jahren etwa die insbesondere auf elektronischen Handel spezialisierte chinesische Alibaba-Group.
63 Zu ihr s. statt vieler Peters, R. (2010). *Internet-Ökonomie*. Berlin/Heidelberg: Springer; Clement, R. & Schreiber, D. (2016). *Internet-Ökonomie: Grundlagen und Fallbeispiele der vernetzten Wirtschaft*. Berlin/Heidelberg: Springer Gabler.

in benachbarte und weiter entfernte Marktsegmente vorzudringen, erfolgreiche und insbesondere innovative Unternehmen aufzukaufen, deren Know-how und Patente zu nutzen und auf diese und weitere Weisen ihre jeweiligen Marktpositionen zu verstärken.[64] Derartige Konglomerateffekte können zu Marktverschließungen, also zur Unterbindung von Wettbewerb, genutzt werden. Auch andere der oben (2) erwähnten besonderen Eigenschaften von Daten verstärken die Möglichkeit zur Akkumulation von Marktmacht, so die Ubiquität der Verfügbarkeit von Daten und die vielfältigen Möglichkeiten der Produktveredelung. Soweit aufgrund solcher und weiterer Faktoren Konzentrationsprozesse gesteigert und Möglichkeiten von gegenläufiger Intervention abgewehrt werden, versagt der ökonomische Markt als Mittel der Machtbegrenzung.

Das üblicherweise als Machtbegrenzungsrecht eingesetzte Kartellrecht ist im IT-Bereich zur Gegensteuerung nur begrenzt verfügbar. Es gibt kein global wirkendes und wirksames Kartellrecht und das nationale sowie EU-weite Kartellrecht haben sich im IT-Bereich angesichts von dessen Besonderheiten als nur begrenzt effektiv erwiesen. Beispielsweise blieben viele Aufkäufe von bzw. Fusionen mit Start-ups oder innovativen mittelständischen Unternehmen durch die „Big Five" außerhalb der Reichweite des Kartellrechts, dies etwa, wenn – wie regelmäßig bei den üblichen Aufkäufen – die für die Fusionskontrolle erheblichen Aufgreifkriterien nicht erreicht wurden.[65]

Das Kartellrecht ist aber selbst dort, wo es anwendbar ist, seinem Grundanliegen nach in den IT-Bereichen nur beschränkt zur Regulierung einschließlich der Machtbegrenzung einsetzbar.[66] Es ist ein Recht zur Sicherung der Funktionsfähigkeit von ökonomischen Märkten und zur Unterbindung des Missbrauchs von Marktmacht; es nutzt dafür wettbewerbs-

---

64 Plastisch dazu Rolf, A. & Sagawe, A. (2015). *Des Googles Kern und andere Spinnennetze. Die Architektur der digitalen Gesellschaft*. Konstanz/München: UVK.
65 Durch eine 9. Novelle zum Gesetz gegen Wettbewerbsbeschränkungen (GWB) sind allerdings mit dem Blick auf Folgen der Digitalisierung der Schutz vor dem Missbrauch von Marktmacht verbessert und die Fusionskontrolle verschärft worden. So sieht § 18 Abs. 2a, 3 GWB i.d.F. vom 1. Juni 2016 vor, dass der Annahme eines Marktes nicht die Unentgeltlichkeit der Erbringung einer Leistung entgegensteht. Darüber hinaus werden die für mehrseitige Märkte und Netzwerke maßgebenden Kriterien zur Bewertung der Marktstellung erweitert. Dies sind allerdings nur erste Ansätze einer verbesserten Kartellrechtskontrolle.
66 Zu begrenzten Möglichkeiten dazu s. Höppner, T. (2016). Medienkartellrecht – die aktuelle Fallpraxis. Kommunikation & Recht, 59–62.

rechtliche Vorkehrungen und ist insofern ein Mittel zur Begrenzung ökonomischen Machteinsatzes. Nicht aber ist es ein Recht speziell zur Begrenzung sonstiger (etwa politischer, kultureller, sozialer u.a.) Macht. Die Durchsetzung von Gemeinwohlzielen wie Autonomieschutz (etwa Manipulationsfreiheit), Zugangschancengerechtigkeit, Verhinderung von Diskriminierung oder einer auf die Abbildung und Förderung der gesellschaftlichen Pluralität ausgerichteten öffentlichen Meinungsbildung sind nicht spezielle Ziele von Kartellrecht und ihre Erreichung ist auch nicht automatisch über kartellrechtliche Vorkehrungen gesichert. Allerdings kann ein funktionsfähiger Markt zu ihrer Verwirklichung mit beitragen – aber nur im Rahmen seiner Leistungsfähigkeit, die unter den Bedingungen der globalen digitalen Transformation begrenzt ist. Regulierung in diesem Feld setzt neue Konzepte und Instrumente zur Beschränkung von Macht, nicht nur wirtschaftlicher Marktmacht, und zur Schaffung verbesserter Möglichkeiten zur Durchsetzung von Gemeinwohlzielen voraus.

Die Bewältigung dieser Aufgabe erfordert ein Zusammenwirken der Instrumente des Wettbewerbsrechts mit denen des sonstigen Regulierungsrechts, das Rechtsgüterschutz in anderen Dimensionen ermöglicht oder jedenfalls ermöglichen kann (s.a. u. 10). Bei der Nutzung digitaler Techniken ist der je spezifischen Multipolarität und -dimensionalität der in der Rechtsordnung verankerten Ziele und Instrumente Rechnung zu tragen.[67]

7.3 Befugnis zur Erhebung und Verarbeitung von Daten, insbesondere personenbezogenen

Besondere Bedeutung wird allerdings weiterhin auch das Datenschutzrecht als Recht des Schutzes personenbezogener Daten und damit als Teilgebiet des rechtlichen Autonomieschutzes haben. Auf einige seiner Probleme und die Notwendigkeit der Neuvermessung seines Anwendungsfeldes sei im Folgenden eingegangen.

---

67 Hierzu vgl. auch Schneider, J.-P. (2017). Innovationsoffene Regulierung datenbasierter Dienste in der Informationsgesellschaft. Datenschutz, Regulierung, Wettbewerb. In E. Körber & J. Kühling (Hrsg.), *Regulierung – Wettbewerb – Innovation* (S. 113–141). Baden-Baden: Nomos. Schneider fordert insbesondere ein multifinales und multidimensionales Datenverkehrsrecht. Dabei müsse eine Beschränkung des Blicks auf den Datenschutz überwunden und weiteren Regelungszielen Rechnung getragen werden. Der Ansatz scheint mir zutreffend, der Begriff „Datenverkehrsrecht" aber ist m.E. zu eng. S.a. u. 10.

7.3.1 Allgemeine Anforderungen an die Rechtmäßigkeit der Datenerhebung und -verarbeitung

Das Datenschutzrecht ist ein tradierter – wenn auch inhaltlich begrenzter – Ansatz zum Rechtsgüterschutz und insofern auch zur Begrenzung des Machteinsatzes. Gegenstand ist die „Verarbeitung" (Art. 4 Nr. 2 DSGVO), also insbesondere die Erhebung, Speicherung und sonstige Nutzung, von personenbezogenen Daten. Insofern gilt grundsätzlich ein Verbot mit Erlaubnisvorbehalt. Das Verbot wird durchbrochen, wenn eine Rechtsvorschrift diese Tätigkeiten erlaubt oder der Betroffene eingewilligt hat. Eine solche Zweiteilung der Rechtmäßigkeit von Dateneingriffen in das Bestehen einer gesetzlichen Ermächtigung oder einer Einwilligung Betroffener ist seit Langem eine auch im deutschen Datenschutzrecht (§§ 4, 11 BDSG a.F. und § 12 Telemediengesetz) verankerte Einteilung. Art. 6 Abs. 1a DSGVO hat das Einwilligungserfordernis übernommen und Art. 6 Abs. 1b DSGVO sieht weitere Möglichkeiten der Datenverarbeitung vor. Ein weiteres Öffnungstor für die Rechtmäßigkeit der Verarbeitung ist es, wenn dies für die Erfüllung eines Vertrages, dessen Vertragspartei die betroffene Person ist, oder zur Durchführung vorvertraglicher Maßnahmen erforderlich ist, die auf Anfrage der betroffenen Personen erfolgen (Art. 6 Abs. 1b DSGVO).

Für die Verarbeitung personenbezogener Daten speziell durch eine öffentliche Stelle ist Voraussetzung, dass dies für die Erfüllung der in der Zuständigkeit des Verantwortlichen liegenden Aufgabe oder in Ausübung öffentlicher Gewalt, die dem Verantwortlichen übertragen wurde, erforderlich ist (§ 3 BDSG (neu)). In Grenzen kommt bei der Datenerhebung durch öffentliche Stellen auch die Einwilligung zum Einsatz.[68]

Diese Regelungen gelten auch für den Umgang mit personenbezogenen Daten im Bereich von Big Data. Sie erfassen aber nicht Big Data im Übrigen.[69]

---

68 S. dazu – bezogen auf die Datenverarbeitung bei Polizei und Justiz – Schwichtenberg, S. (2016). Die „kleine Schwester" der DSGVO: Die Richtlinie zur Datenverarbeitung bei Polizei und Justiz. *Datenschutz und Datensicherheit,* 605–607.
69 Zur besseren Zugänglichkeit von nicht personenbezogenen Datenbeständen und damit auch zur Förderung von Big-Data-Anwendungen im digitalen Binnenmarkt (nicht aber etwa zum Schutz vor Eingriffen durch Big-Data-Anwendungen) hat die Europäische Kommission am 13.09.2017 eine Verordnung für den freien Fluss von nicht personenbezogenen Daten in der Europäischen Union vorgeschlagen (COM (2017) 495 final).

7.3.2 Abbedingung der Anwendbarkeit von Recht durch Allgemeine Geschäftsbedingungen

Hier sei insbesondere auf das Erfordernis der Einwilligung als Mittel zur Ermöglichung der Datennutzung durch private Stellen eingegangen. Eine vorherige Einwilligung wird infolge der rechtlichen Vorgaben in der Praxis auch meist eingefordert, so etwa bei der Inanspruchnahme der sozialen Dienste des Internets. Die Einwilligung[70] kann als isolierte Maßnahme erfolgen, wird aber vielfach im Zuge der Zustimmung zu den von den Unternehmen einseitig aufgestellten Allgemeinen Geschäftsbedingungen (AGB) verlangt.

Die nach den AGB geforderten Einwilligungen gehen in ihrer inhaltlichen Reichweite häufig über die Freizeichnung von datenschutzrechtlichen Bindungen im Hinblick auf die für die Abwicklung der Dienste erforderlichen Daten hinaus. Die Unternehmen fordern nämlich meist eine Einwilligung auch zur Nutzung weitere Daten, zum Teil zum Abgreifen sämtlicher im informationstechnischen System der Nutzerinnen und Nutzer verfügbaren Daten. Ferner wird meist nicht danach unterschieden, ob die Einwilligung auch zur Preisgabe von personenbezogenen Daten Dritter, etwa der Kommunikationspartner, führt, also von Daten, über die der Einwilligende kein Verfügungsrecht hat. Insofern eröffnet die Einwilligung den die Daten erhebenden und auswertenden Unternehmen die praktische Möglichkeit zu Eingriffen in Persönlichkeitsrechte Dritter, ohne dass diese davon zwingend erfahren und sich rechtlich schützen können. Die Problemdimension erweitert sich angesichts neuer Interaktionsmöglichkeiten, etwa im Smart Home oder bei der Nutzung von Sprachassistenzsystemen wie Amazon Alexa. Hier ist nicht ausgeschlossen, dass Daten aller Nutzer einer Wohnung erhoben werden, auch soweit diese selbst keine Einwilligung erteilt haben.

Die Reichweite der Einwilligung geht im Übrigen häufig über datenschutzrechtliche Fragen hinaus. Sie werden vielmehr von Unternehmen auch dazu genutzt, die Geltung einer Reihe der für die Unternehmen sonst bestehenden rechtlichen Bindungen abzubedingen, etwa hinsichtlich der Reichweite des Urheberrechtsschutzes oder der Haftung, aber auch der Rechtsschutzmöglichkeiten, beispielsweise durch Bestimmung eines aus-

---

70 Zu Voraussetzungen der Einwilligung s. Art. 4 Nr. 11 DSGVO. Näher zur Rechtmäßigkeit s. statt vieler Buchner & Kühling in J. Kühling & B. Buchner (Fn. 61), Kommentierung zu Art. 7, Rn. 20 ff.

ländischen Gerichtsstandes[71] oder einer ausländischen Rechtsordnung als allein maßgebend für Rechtsstreitigkeiten.

Ohne Abgabe der geforderten Einwilligung ist den Nutzerinnen und Nutzern der Zugang zu den Diensten versperrt, auch wenn solche Dienste für sie aus beruflicher oder persönlicher Sicht unverzichtbar sind. Also bleibt ihnen angesichts des häufigen Fehlens von Konkurrenzangeboten vergleichbarer Qualität vielfach keine Alternative als die Einwilligung zu erteilen. Hier ist die Freiwilligkeit ihrer Abgabe eine Fiktion.

Die Rechtsordnung normiert zwar nähere Anforderungen allgemein an AGB (s. etwa §§ 305 ff. Bürgerliches Gesetzbuch [BGB]) und enthält auch rechtliche Möglichkeiten einer AGB-Kontrolle. Diese Normen sind aber in keiner Weise auf die Besonderheiten des Einsatzes von AGB im Rahmen IT-spezifischer Geschäftsmodelle oder speziell auf den Einsatz von Big Data abgestimmt, erst recht nicht auf Sonderprobleme der Erstellung und Nutzung von AGB durch Unternehmen mit globaler Oligopolstellung. Die typischerweise im IT-Bereich eingesetzten AGB ermöglichen den Nutzerinnen und Nutzern vielfach zwar gewisse, aber doch nur marginale Eingrenzungen der Reichweite der Einwilligung. Auch ist die Nutzung dieser Möglichkeit zum Teil technisch aufwendig. Eine Alternative zur Nutzung der Dienste ohne die Ermächtigung zum weitreichenden Verzicht auf Rechte – etwa die Möglichkeit zur Untersagung der Nutzung der für die Abwicklung des konkreten Kommunikationsvorgangs nicht erforderlichen Daten – wird fast nie gewährt. Es bleibt abzuwarten, wie weit das in Art. 7 Abs. 4 DSGVO enthaltene Koppelungsverbot[72] ausreicht, um das Interesse der Nutzerinnen und Nutzer zu schützen, in die Erhebung und Verarbeitung von Daten einwilligen zu müssen, die keinen inhaltlichen Bezug zu der beabsichtigten Nutzung haben. Das würde – zumindest – die strikte Durchsetzung dieses Koppelungsverbots und die restriktive Auslegung seiner Ausnahmemöglichkeiten voraussetzen. Hilfreich wäre auch die Normierung eines Rechts der Nutzer, den Zugriff auf die Dienste gegen ein finanzielles, im Ausmaß faires Entgelt zu erhalten, ohne in eine weitreichende Datennutzung als Gegenleistung einwilligen zu müssen.

---

71 Der kanadische Supreme Court hat im Jahre 2017 eine entsprechende Regelung für den Bereich kanadischen Rechts für ungültig erklärt.
72 Zum Koppelungsverbot s. Buchner & Kühling in J. Kühling & B. Buchner (Fn. 61), Rn. 52 f. zu Art. 7. In z. T. anderer Ausgestaltung war es in § 28 Abs. 3b BDSG (a.F.) und § 95 Abs. 5 Telekommunikationsgesetz enthalten. Auf Einzelheiten sei hier nicht eingegangen, s. auch u. Fn. 107.

Möglichkeiten der Datenerhebung und anschließenden Verarbeitung durch die Unternehmen gibt es viele. Hier sei nur auf eine für die Erfassung von Big Data wichtige Erhebungsmethode verwiesen, das sog. Online-Tracking. Gemeint ist die elektronische Beobachtung (Aufzeichnung und Auswertung) des digitalen Verhaltens einer Person. Quellen für Tracking sind Kommunikationsinhalte, aber auch Metadaten (etwa HTTP-Protokolle, IP-Adressen). Tracking[73] wird insbesondere als Vorbereitung des Profiling[74] und des Targeting eingesetzt.[75] Letzteres ermöglicht eine insbesondere zu Zwecken der Informationssteuerung auf Zielgruppen ausgerichtete Ansprache, etwa eine „maßgeschneiderte" Werbebotschaft.[76] Dies kann durch das datenerhebende Unternehmen selbst erfolgen oder durch ein anderes Unternehmen, das die Daten zur eigenen Verwendung erworben hat. Ein Beispiel für die Art und Vielfalt personenbezogener Merkmale, die von einem Informationsintermediär (hier Facebook) erhoben werden, findet sich im Anhang dieses Beitrags

In der Folge der Auswertung der Daten können auch Möglichkeiten zur personenbezogenen Filterung der weiteren an die Nutzerinnen und Nutzer gegebenen Informationen eröffnet werden und dadurch ebenfalls solche zur mittelbaren Einflussnahme auf ihre persönlichen Erfahrungen, Einstellungen und Verhaltensweisen. Die so erfassten Daten werden vielfach mit anderen Datenbeständen verbunden (aggregiert) und sie werden auch für

---

[73] Art. 8 des Entwurfs der e-Privacy-Verordnung sieht vor, dem Tracking über Cookies dadurch Grenzen zu setzen, dass auch insoweit ein Verbot mit Erlaubnisvorbehalt gilt und für eine Einwilligung die Opt-in-Lösung vorgeschrieben wird (anders als noch nach gegenwärtigem deutschen Recht in § 15 Abs. 3 TKG: Opt-out. Diese Konstruktion wird weithin als europarechtswidrig angesehen), s. dazu Boehme-Neßler, V. (Fn. 58), 56–60. Die vom EU-Parlament beschlossene Fassung von Art. 8 des Entwurfs sieht gegenüber der Kommissionsfassung eine Reihe weiterer Konkretisierungen vor.

[74] Eine Definition des Profiling befindet sich in Art. 4 Nr. 4 der DSGVO. Sie lautet: Profiling ist „jede Art der automatisierten Verarbeitung personenbezogener Daten, die darin besteht, dass diese personenbezogenen Daten verwendet werden, um bestimmte persönliche Aspekte, die sich auf eine natürliche Person beziehen, zu bewerten, insbesondere um Aspekte bezüglich Arbeitsleitung, wirtschaftliche Lage, Gesundheit, persönliche Vorlieben, Interessen, Zuverlässigkeit, Verhalten, Aufenthaltsort oder Ortswechsel dieser natürlichen Person zu analysieren oder vorherzusagen".

[75] Als Beispiele für die Kriterien, nach denen Nutzerverhalten ausgewertet wird, s. die Auflistung der von Facebook genutzten Merkmale (u. 11).

[76] Näher Klever, A. (2009). *Behavioural Targeting. An Online Analysis for Efficient Media Planning?* Hamburg: Diplomica.

Zwecke der Big-Data-Analytik und -Anwendung in weiteren Gegenstandsbereichen genutzt. Auch werden die Daten häufig an andere Unternehmen weitergegeben – darunter auch an spezielle Datenbroker, die sie gegebenenfalls zusammen mit anderen Daten vermarkten –, eventuell ebenfalls an staatliche Stellen. Dies erfolgt hinsichtlich Big Data weitgehend außerhalb des Anwendungsbereichs traditionellen Datenschutzrechts, ohne dass es andere darauf bezogene Regeln gibt, mit deren Hilfe die staatliche Aufgabe zur Gewährleistung von Schutz (s. o. 6.2), etwa hinsichtlich kollektiver Rechtsgüter, erfüllt wird.

7.3.3 Maßgeblichkeit datenschutzrechtlicher Grundprinzipien

Die traditionell jedenfalls im Recht zum Schutz personenbezogener Daten enthaltenen Prinzipien, aktuell jedenfalls die der Zweckbindung und Datenminimierung (so Art. 5 Abs. 1 DSGVO), können insbesondere für Big-Data-Anwendungen ein Hindernis sein: Für aggregiert gewonnene Daten ist typisch, dass sie für diverse Zwecke eingesetzt werden sollen und dass sich nicht von vornherein – so für den Betroffenen zum Zeitpunkt der Einwilligung – erkennen lässt, welche Informationen erzeugt werden sollen und welche Aussagekraft diese haben werden. Auch stehen die Zwecke der späteren Datenverwendung meist noch nicht fest, so dass die Forderung nach der Zweckbestimmtheit (Art. 6 Abs. 1a i.V.m. Art. 5 Abs. 1b DSGVO) praktisch folgenlos bleibt.[77] Big-Data-Analytik ist im Übrigen grundsätzlich umso erfolgreicher, je mehr Daten unterschiedlicher Art verfügbar sind, die auf unterschiedliche Weise ausgewertet und deren Ergebnisse in unterschiedlichen Kontexten verwendet werden können. Das steht auch im Widerspruch zu dem Grundsatz der Datenminimierung.

Eine strikte Anwendung überkommener Datenschutzprinzipien würde die Datenaggregation bei Big-Data-Anwendungen und damit verbundene Innovationen allerdings erheblich erschweren und damit die mit Big Data verbundenen Chancen behindern oder gar vereiteln. Dies allein rechtfertigt

---

77 Näher zu diesen und weiteren Problemen s. die Beiträge von Hornung und Hermstrüwer i.d.B. S.a. Europäischer Datenschutzbeauftragter. (Hrsg.). (2015). *Bewältigung der Herausforderungen in Verbindung mit Big Data. Ein Ruf nach Transparenz, Benutzerkontrolle, eingebautem Datenschutz und Rechenschaftspflicht.* Abgerufen von https://edps.europa.eu/sites/edp/files/publication/15-11-19_big_data_de.pdf.

es jedoch nicht, auf die Geltungskraft von Schutzprinzipien zu verzichten. Denn dies würde einseitig die Interessenverfolgung der Datenverarbeiter begünstigen und könnte zum Verzicht auf Möglichkeiten der Abwehr von Gefährdungen des Rechtsschutzes Betroffener in für diese häufig unübersehbaren Bereichen führen. Insofern gibt es in der Folge von Big-Data-Nutzungen ein grundsätzliches Konfliktpotential, für dessen Bewältigung das bisherige Recht – auch die DSGVO und das BDSG (neu) – keine darauf abgestimmten Lösungen anbietet.

Angesichts der schon mehrfach erwähnten, im EU-Recht und im nationalen Verfassungsrecht enthaltenen Gewährleistungs- und Schutzaufträge sind gesetzlich abgesicherte Schutzziele und -instrumente im IT-Bereich unverzichtbar. Ohne Ersatz durch Vorgaben, die funktional einen mit dem des Datenschutzrechts vergleichbaren Rechtsschutz sichern, ist es nicht gerechtfertigt, die Geltung der erwähnten Prinzipien im Hinblick auf Big-Data-Anwendungen auszuschließen, etwa allein mit der Begründung, sie setzten der Datenaggregation und damit der Nutzung der Big-Data-Potentiale Grenzen. Hier bedarf es vielmehr weiterer Ansätze zur Schaffung eines Ausgleichs der Interessen der Big-Data-Anwender und derjenigen, die von Big-Data-Anwendungen nachteilig betroffen werden können (s.u. 9.3).

7.3.4 Kombination personenbezogener Daten mit anderen

Ein Regelungsproblem entsteht auch daraus, dass die bisherigen Rechtsgrundlagen nur den Schutz personenbezogener Daten bestimmter Personen erfassen. Für Big-Data-Anwendungen werden aber auch andere (nicht personenbezogene) Daten verwendet und personenbezogene Daten werden mit diesen, vielfach aber auch mit personenbezogenen Daten anderer Personen kombiniert. Auch insoweit können sich weitere Fragen des Persönlichkeitsschutzes stellen. Werden Daten einer Person mit Daten weiterer Personen sowie sonstigen Daten im Zuge von Big-Data-Analytik – etwa zum Zwecke der Bildung von Personengruppen mit vergleichbaren Charakteristika – genutzt und die Zuordnung zu dieser Gruppe etwa für personalisierte Selektion und Verhaltensbeeinflussung eingesetzt, kann die Verwertung der anderen Daten mittelbar Personenbezug haben. Probleme des angemessenen Schutzes von rechtlich erheblichen Interessen bei der Nutzung diverser Daten im Zuge von Big-Data-Anwendungen können sich aber auch jenseits des Persönlichkeitsschutzes ergeben, etwa hinsichtlich kollektiver Rechtsgüter.

7.4 Transparenzdefizite

Angesichts der gesellschaftlichen und individuellen Bedeutung der Digitalisierung unter Einschluss von Big Data sind Vorkehrungen für die Kontrolle der Einhaltung rechtlicher Vorgaben und zur Korrektur bei möglichen Fehlentwicklungen wichtig. Das aber setzt neben der Anwendbarkeit rechtlicher Vorgaben voraus, dass hinreichende Informationen über das zu beeinflussende Regelungsfeld verfügbar sind, nicht nur über die Bestände von Daten bei hoheitlichen oder privaten Akteuren, sondern auch über die Art ihrer Generierung und Nutzung.[78] Zur Kontrolle der Beachtung von Recht und anderer Sicherungen sind Informationen wichtig, sei es für hoheitliche Kontrollinstanzen, für die Öffentlichkeitskontrolle als Träger demokratischer Mitwirkung oder für private Akteure, die sich individuell um gerichtlichen Rechtsschutz bemühen.

An der gebotenen Transparenz fehlt es bisher jedoch in vielerlei Hinsicht beim Einsatz digitaler Techniken, der Entwicklung neuer Dienste und der Handhabung der eingesetzten Geschäftsmodelle. Die digitale Transformation hat zwar neue Räume und Methoden zur Generierung, Erfassung und Verwertung von Informationen geschaffen. Zugänge zu den dabei genutzten Vorgehensweisen und den erarbeiteten Ergebnissen sind aber nur begrenzt rechtlich gesichert.

Abschnitt 2 der DSGVO und §§ 32 ff. BDSG (neu)[79] sehen immerhin gewisse, zum Teil sehr detaillierte Pflichten zur Information von (individuell) betroffenen Personen und Auskunftsrechte für diese vor.[80] Das betrifft die Erhebung und Verarbeitung, auch die Verarbeitung zu anderen Zwecken als bei der Erhebung, und die Übermittlung personenbezogener Daten.[81] Erfasst sind allerdings nur Informationen über gezielt gewonnene

---

78 Zu den Informationsmöglichkeiten hinsichtlich staatlicher Informationsbestände s. Mast, T. i.d.B.
79 S.a. §§ 55 ff. BDSG (neu) – in Umsetzung der Richtlinie (EU) 2016/680.
80 Zu den Grenzen der praktischen Wirksamkeit solcher Informationen s. Hermstrüwer, Y. i.d.B.
81 Art. 13–15 DSGVO i.V.m. Nrn. 60 ff. der Erwägungsgründe. Für Einzelheiten sei verwiesen auf die Kommentierungen in Kühling, J. & Buchner, B. (Fn. 61) sowie

personenbezogene Daten, nicht aber etwa über alle bei der Nutzung von Informationstechnologien oder durch Big-Data-Analytik anfallenden und verwendeten oder durch sie neu generierten Daten. Auch die den unabhängigen Datenschutzbehörden (dazu s. Kapitel VI der DSGVO) eingeräumten Überwachungsaufgaben und -befugnisse (Art. 57–58) sind auf personenbezogenen Datenschutz begrenzt.

Speziell im Hinblick auf den Einsatz von Algorithmen sind regelmäßig keine Informationen darüber zugänglich, wie die genutzten Algorithmen – etwa als Mittel der Technosteuerung von Verhalten[82] und damit der Autonomiebeschränkung – im Einzelfall konzipiert sind, etwa: Nach welchen Maximen erfolgt die Programmierung, welche Kriterien werden zugrunde gelegt oder gar, welche Informationen werden als Input eingegeben, wenn die Algorithmen zur Selektion und Steuerung in konkreten Fällen – etwa beim Targeting oder Profiling (s.o. 7.3.2) oder beim Scoring,[83] – eingesetzt werden? Immerhin fordern Art. 13 Abs. 2f., 14 Abs. 2g DSGVO – aber ausdrücklich nur für einen Teilbereich, nämlich eine automatisierte Entscheidungsfindung einschließlich Profiling (allerdings mit dem Zusatz „zumindest in diesen Fällen")[84] – als Teil des Auskunftsrechts an die betroffenen Personen gerichtete „aussagekräftige Informationen über die involvierte Logik[85] sowie die Tragweite und die angestrebten Wirkungen einer derartigen Verarbeitung". Was mit der „involvierten Logik" konkret gemeint ist, bleibt offen. In der Literatur wird dies im Sinne der „Methoden und Kriterien" umschrieben[86], ohne dies aber näher zu spezifizieren.

---

in Paal, B. P. & Pauly, D. A. (2017). *Datenschutz-Grundverordnung.* München: Beck.
82 Dazu vgl. Hoffmann-Riem, W. (Fn. 22).
83 Scoring bezeichnet die Verwendung eines Wahrscheinlichkeitswerts über ein bestimmtes zukünftiges Verhalten einer natürlichen Person; es wird zur Beurteilung der Kreditwürdigkeit oder – allgemeiner – als Grundlage der Entscheidung über die Begründung, Durchführung oder Beendigung eines Vertragsverhältnisses genutzt. Zu Anforderungen an einen solchen Wahrscheinlichkeitswert s. § 13 BDSG (neu).
84 Dies deutet darauf hin, dass die Regelung nur einen Mindeststandard beschreibt. Zu der Frage, ob auch Scoring erfasst ist, s. Taeger, J. (2016). Scoring in Deutschland nach der EU-Datenschutzgrundlagenverordnung. *Zeitschrift für Rechtspolitik (ZRP),* 72, 75.
85 Nach Paal, B. P. & Pauly, D. A. (Fn. 81), Rn. 31 zu Art. 13 müssen nur die Grundannahmen der Algorithmus-Logik mitgeteilt werden, nicht etwa die Algorithmen selbst.
86 So Bäcker, M. in J. Kühling & B. Buchner (Fn. 61), Rn. 27 zu Art. 15.

Auch anderes ist noch ungeklärt, so auch, wieweit die bisher rechtlich begründeten Informationspflichten und Auskunftsrechte sowie Überwachungsmöglichkeiten in den Bereich der Big-Data-Anwendungen hineinwirken. Bisher jedenfalls ist auch im Bereich von Big-Data-Anwendungen jedenfalls den Betroffenen regelmäßig nicht bekannt, welche Daten die Unternehmen konkret nutzen, welche sie wie mit anderen Daten verknüpfen und damit weiteren Nutzungsmöglichkeiten zuführen oder welche Daten sie in andere Geschäftsbereiche des Konzerns, an fremde Unternehmen zu deren Big-Data-Nutzung oder an Datenbroker weitergeben. Auch ist regelmäßig weder der Öffentlichkeit noch den Einrichtungen zur Kontrolle der Einhaltung von Recht – etwa den Datenschutzbehörden – im Einzelnen bekannt, in welcher Weise und mit welchen Zielen Unternehmen Big Data und darauf bezogene Big-Data-Analytik (als deskriptive, prädiktive und präskriptive Analytik) konkret nutzen. Auch den für Normgebung zuständigen hoheitlichen Instanzen sind solche Informationen weitgehend unzugänglich.

7.5 Insbesondere: Hoheitliche Überwachung

Schutzaufgaben und Transparenzdefizite bestehen auch insoweit, als Daten und Big-Data-Analytik für die hoheitliche Überwachung eingesetzt werden, etwa die durch Geheimdienste, Verfassungsschutzbehörden, aber auch durch die Polizei (dazu s.a. Bäcker und Singelnstein i.d.B.). Für diesen Problembereich ist nicht die DSGVO einschlägig, sondern die „Richtlinie des Europäischen Parlaments und des Rates zum Schutz natürlicher Personen bei der Verarbeitung personenbezogener Daten durch die zuständigen Behörden zum Zwecke der Verhütung, Ermittlung, Aufdeckung oder Verfolgung von Straftaten oder der Strafvollstreckung sowie zum freien Datenverkehr".[87] Diese – nicht unmittelbar geltende, sondern durch den nationalen Gesetzgeber ausfüllungsbedürftige – Richtlinie ist durch Teil 3 BDSG (neu) im deutschen Recht umgesetzt worden. Auf die in diesen Rechtsgrundlagen geregelte, einer eigenständigen Bearbeitung bedürftige Problemlage sei hier nicht eingegangen.[88]

---

87 S. Richtlinie (EU) 2016/680 vom 27. April 2016, ABl L 119 vom 9. Mai 2016, 89 ff.
88 Zum Inhalt der Richtlinie s. statt vieler Schwichtenberg, S. (Fn. 68), 605–609.

Nur allgemein sei angemerkt: Auch diese Richtlinie und ihre Umsetzung im BDSG (neu) klammern die besonderen Regelungsprobleme bei Big Data aus, obwohl Big Data auch proaktiv und reaktiv für die Erfüllung hier betroffener Aufgaben, etwa der hoheitlichen Überwachung zwecks Gefahrenvorsorge oder Strafverfolgung, eingesetzt wird (s. Singelnstein und Joerden i.d.B.).

Auch die oben (7.4) erwähnten Probleme mangelnder Transparenz und Verantwortlichkeit stellen sich hier. Hoheitliche Überwachung ist zwar im Interesse ihrer Effektivität legitimerweise vielfach auf Geheimhaltung angewiesen. Das befreit sie aber nicht von rechtlichen Bindungen.[89] Damit diese eingehalten werden, sind – nicht zuletzt auch aufgrund in der Vergangenheit vielfach zutage getretenen Missbrauchs – wirksame Vorkehrungen der Kontrolle durch Gerichte, Parlamente und die Öffentlichkeit wichtig. Soweit die gerichtliche Kontrolle begrenzt ist und/oder einer besonderen Kontrolleinrichtung übertragen wird (so gemäß Art. 10 Abs. 2 Satz 2 GG), muss für hinreichende Transparenz – zumindest einer solchen Einrichtung gegenüber – gesorgt werden. Dies gilt auch für Big-Data-Anwendungen.

8. Zwischenfazit: Notwendigkeit der Überprüfung überkommenen Rechts

Die mit dem Zugriff auf Daten und deren Verarbeitung verbundene Macht unter Einschluss der Macht zur Beeinflussung von Verhalten und der damit eröffneten Möglichkeit zur Beeinträchtigung von Freiheitsrechten, aber auch der Einflussnahme auf gesellschaftliche Entwicklungen kann in demokratischen Rechtsstaaten nicht als unkontrollierte hingenommen werden. Die nicht zuletzt in den Grund- und Menschenrechten, aber auch in den Staatszielbestimmungen verankerten Schutz- und Gestaltungsaufträge des Staates legitimieren und fordern rechtliche Schutzvorkehrungen, so zum Schutz der Autonomie potentiell nachteilig Betroffener und ihrer sonstigen Freiheitsrechte, aber auch im Interesse der Funktionsfähigkeit gesellschaftlicher Prozesse sowie digital gesteuerter Infrastrukturen und der Verwirklichung von sonstigen Gemeinwohlzwecken. Recht ist ein zur Vorsorge für und Gewährung von Schutz grundsätzlich geeignetes und bestimmtes Mittel.

---

89 S. dazu statt vieler Bäcker, M. sowie Hoffmann-Riem, W. (jeweils Fn. 21).

Auch wenn die Digitalisierung und speziell Big Data keinen Anlass schaffen, die gesamte Rechtsordnung in Frage zu stellen, bleibt doch zu klären, ob und wieweit Änderungsbedarfe ausgelöst werden. Darüber wird viel diskutiert. Als Beispiel solcher Klärungsversuche sei hier nur auf die Verhandlungen des 71. Deutschen Juristentages 2016 verwiesen. So hat die Abteilung Zivilrecht unter dem Thema „Digitale Wirtschaft – analoges Recht – braucht das BGB ein Update?" einen wesentlichen Teil des bürgerlichen Rechts auf den Prüfstand gestellt.[90] Die Abteilung Arbeits- und Sozialrecht hat als Thema gewählt: „Digitalisierung der Arbeitswelt – Herausforderungen und Regelungsbedarf".[91] In den Gutachten, Referaten und Diskussionsbeiträgen wurde vielfach versucht, die bestehenden Regeln so auszulegen, dass sie möglichst bestehen bleiben und gegebenenfalls durch veränderte Auslegung auch neuen Anforderungen gerecht werden. Es sind auch Vorschläge für Veränderungen formuliert worden. Durchgängig waren die Anregungen behutsam und keineswegs auf alle regelungsbedürftigen Problemfelder bezogen.

Anregungen für regulative Neuansätze finden sich auch in anderen – allerdings (nur) aus spezifischen Blickwinkeln erstellten – Dokumenten. Erwähnt sei beispielhaft das Gutachten des Sachverständigenrats für Verbraucherfragen: „Verbraucherrecht 2.0".[92] Ferner sei auf das Sondergutachten der Monopolkommission zu den durch digitale Märkte bedingten Herausforderungen verwiesen.[93]

---

90 Gutachten dazu von Faust, F. (2016). Digitale Wirtschaft – analoges Recht: Braucht das BGB ein Update? In *Verhandlungen des 71. Deutschen Juristentages Essen* (Band I, Gutachten, Teil A). München: Beck; s. ferner die während des Juristentages gehaltenen Referate von Bartsch, M., Hummelmeier, H. & Obergfell, E. I., Band II/1 Sitzungsberichte – Referate und Beschlüsse K; s.a. den Beitrag von Hoeren, T. i.d.B. S. aus der Literatur auch – statt vieler – Dix, A. (2017). Daten als Bezahlung – Zum Verhältnis zwischen Zivilrecht und Datenschutzrecht. *Zeitschrift für Europäisches Privatrecht,* 1–5.
91 Gutachten dazu von Krause, R. (2016). Digitalisierung der Arbeitswelt – Herausforderungen und Regelungsbedarf. In *Verhandlungen des 71. Deutschen Juristentages Essen* (Band I, Gutachten, Teil B). München: Beck; s. ferner die während des Juristentages gehaltenen Referate von Seifert, A., Thüsing, G., Barth, V. & Kremer, T., Band II/1 Sitzungsberichte – Referate und Beschlüsse L.
92 Sachverständigenrat für Verbraucherfragen. (2016). *Verbraucherrecht 2.0. Verbraucher in der digitalen Welt.* Berlin.
93 Monopolkommission. (2015). *Wettbewerbspolitik: Herausforderung digitale Märkte, Sondergutachten 68.* O.O.

Hinsichtlich der Aufgabe zur Anpassung der Rechtsordnung an die fortschreitende Digitalisierung und den Einsatz von Big-Data-Analytik und ihrer Ergebnisse sei allerdings noch einmal betont (s. schon o. 6.1): Soweit es um den Schutz von Freiheits- und Menschenrechten geht, besteht zwar kein Bedarf, sämtliche vorhandenen Normierungen um die Formel zu erweitern, dass sie auch digitale Kommunikation, die Nutzung digitaler Infrastrukturen, den Einsatz von Big Data oder von Instrumenten digitaler Verhaltenssteuerung erfassen. Ebenfalls bedarf keiner besonderen Anordnung, dass die im Grundgesetz und in den europäischen Grundrechtsverbürgungen schon enthaltenen Ermächtigungen auch im IT-Bereich zu Beschränkungen von Freiheitsrechten genutzt werden können und gegebenenfalls müssen, um Risiken abzuwehren, die mit der digitalen Transformation und insbesondere dem Big-Data-Einsatz verbunden sind. Dennoch bleibt erheblicher Bedarf für die Überprüfung des Rechts auf seine fortwährende Tauglichkeit und gegebenenfalls auf Notwendigkeiten der Modifikation der überkommenen Rechtsordnung.

Die Anlässe der Überprüfung vorhandenen Rechts sind keineswegs auf die technologischen Aspekte der digitalen Transformation begrenzt. Denn parallel zu ihr verändert sich auch die soziale Ordnung und die Bedingungen für das individuelle und gesellschaftliche Leben werden neu bestimmt.[94] So kann der Einsatz digitaler Algorithmen – wie schon unter 5. erwähnt – die Wahrnehmung von Realgeschehen verändern, zur Beeinflussung von Einstellungen, Werten und Verhalten sowie zur Einwirkung auf gesellschaftspolitische Entscheidungsprozesse genutzt werden u.a.[95] Von besonderem Belang für die Anforderungen an umfassenden Rechtsschutz beim Einsatz von Big Data sind die Fortschritte bei der Entwicklung der künstlichen Intelligenz. Hervorzuheben ist auch die zurzeit nicht nur in Deutschland mit Nachdruck vorangetriebene Schaffung cyberphysi-

---

[94] Grundlegend dazu auch unter Einordnung in die historische Entwicklung Stalder, F. (Fn. 7).

[95] Insofern war es für viele ein Signal, als Ende 2017 mehrere frühere hohe Funktionsträger von Facebook sich kritisch mit den Facebookstrategien einschließlich der Methoden der Nutzerbindung äußerten; die Selbstkritik betraf auch die Ausnutzung „der Verletzlichkeit der menschlichen Psyche" und führte zum Ausdruck der Sorge, das Vorgehen habe mitgeholfen, „das gesellschaftliche Gefüge auseinanderzureißen." S. dazu Kreye, A., Wenn Facebooks Schöpfer vor Facebook warnen, SZ de. digital: http://www.sueddeutsche.de/digital/soziale-medien-wenn-facebooks-schoepfer-vor-facebook-warnen-1.3793266.

Rechtliche Rahmenbedingungen und regulative Herausforderungen

scher Systeme in den Bereichen Produktion und Distribution.[96] Neue Anforderungen an rechtliche Regelungen werden ferner durch neue Formen der Vernetzung – etwa im Smart Home[97] – sowie durch neue Möglichkeiten der Mobilität geschaffen, etwa das Smartphone, das Cloud-Computing oder automatisch bzw. autonom fahrende Automobile, nicht zuletzt, weil dabei eine Fülle von Daten anfällt sowie verarbeitet und verwertet wird. Zu erwähnen sind ferner neue Formen kommunikativer Beeinflussung (etwa durch Social Bots[98] oder Fake News[99]). Auch gibt es sensible Anwendungsfelder, wie etwa in der medizinischen Diagnostik. Zu reagieren ist u.a. auf gesteigerte und differenziertere Möglichkeiten staatlicher und privater Überwachung, aber ebenfalls der Spionage und der Sabotage, die auch unter Nutzung von Big Data erfolgen.

9. Ansätze für Lösungsmöglichkeiten

Im Folgenden werden Anregungen für den rechtlichen Umgang mit ausgewählten Problemen beim Einsatz von Big Data formuliert. Ergänzend wird auf die weiteren Beiträge in diesem Band und auf die einschlägige Literatur verwiesen.[100] [101] Vorschläge müssen auch dem oben (6., insbesondere

---

96 Zu den damit – insbesondere im Bereich des Datenschutzes – verbundenen Regelungsnotwendigkeiten s. Hornung, G. & Hofmann, K. (2017). *Industrie 4.0. und das Recht: Drei zentrale Herausforderungen*. München: acatech.
97 Dazu statt vieler Skistems, H. (2016). *Smart Homes. Rechtsprobleme intelligenter Haussysteme unter besonderer Beachtung des Grundrechts auf Gewährleistung der Vertraulichkeit und Integrität informationstechnischer Systeme*. Baden-Baden: Nomos.
98 Dazu s. Dankert, K. i.d.B. s. auch Minkler, J (2016), Social Bots im Meinungskampf. *Zeitschrift für Urheber- und Medienrecht,*. 216–222; ders. (2017).Social-Bots: Gesetzgeberische Maßnahmen auf dem Prüfstand, *Zeitschrift für Innovations- und Technikrecht*, 199–207.Milker schlägt u.a. Kennzeinungspflichten für Social Bots vor (205).
99 Dazu s. Oermann, M. i.d.B. S. dazu auch das am 1. Jan. 2018 in Kraft getretene – sehr umstrittene – Netzwerkdurchsetzungsgesetz.
100 Dazu s. statt vieler auch Koops, B. J. (2008). Criteria for Normative Technology. In R. Brownsword & K. Yeung (Hrsg.), *Regulating technologies: Legal futures, regulatory frames and technological fixes* (S. 167 ff.). Oxford: Hart Publishing; Saurwein, F., Just, N. & Latzer, M. (2015). Governance of algorithms: Options and limitations. *info, 17 (6)*, 35–49; Martini, M. (2014). Big Data als Herausforderung für den Persönlichkeitsschutz und das Datenschutzrecht. *Deutsches Ver-*

6.2) geschilderten Umstand Rechnung tragen, dass den Grundrechten und den für die EU und die Mitgliedstaaten rechtlich maßgebenden Zielbestimmungen Schutz- und Gewährleistungsaufträge zu entnehmen sind, deren Erfüllung einer entsprechenden Ausgestaltung der Rechtsordnung bedarf.

Sowohl das tradierte Datenschutzrecht als auch die DSGVO und das BDSG (neu) sowie die als Entwurf vorliegende e-Privacy-Verordnung enthalten grundsätzlich weiterhin brauchbare Ansätze zum Schutz nachteilig Betroffener, die allerdings auf den Schutz personenbezogener Daten – und dies nur in einigen Gefährdungsfeldern – beschränkt sind. Erneut ist zu betonen, dass Datenschutzrecht kein umfassendes Autonomieschutzrecht ist. Auch ist es nicht auf den Umgang mit nicht personenbezogenen Daten und daraus eventuell resultierenden Eingriffen und erst recht nicht speziell auf den Schutz kollektiver Gemeinwohlgüter oder gar auf Schutz vor Missbrauch von Macht – publizistischer, politischer, ökonomischer u.a. Macht – mithilfe digitaler Technologien ausgerichtet (s.o. 7).

Angesichts der zunehmenden Menge und Heterogenität verarbeitbarer Datenbestände und der vielfältigen Verknüpfungs- und Verarbeitungsmög-

---

waltungsblatt, 1481–1489; Crawford, K. & Schultz, J. (2014). Big Data and Due Process: Toward a Framework to Redress Predictive Privacy Harms. *Boston College Law Review*, 55, 93–128; s. ferner die Beiträge von Schrader, K., Klein, D., Telle, S. & Kalouta, G. (2016). In J. Taeger (Hrsg.), *Smart World – Smart Law? Weltweite Netze mit regionaler Regulierung.* Edewecht: Oldenburger Verlag für Wirtschaft, Informatik und Recht; Council of Europe. *Draft Guidelines on the Protection of Individuals with Regard to the Processing of Personal Data in a World of Big Data.* T-PD-BUR, 12 Rev 4, vom 07.11.2016; Pille, J.-U. (Fn. 22); Di Fabio, U. (2016). *Grundrechtsgeltung in digitalen Systemen.* München: Beck (zusammenfassend S. 93–95). S. auch Gutachten des Sachverständigenrats für Verbraucherfragen (Fn.92); Andersson, L. F., Alaja, A., Buhr, D., Fink, Ph. & Stöber, N. (2017). *Policies for Innovation in Times of Digitalization. A comparative report on innovation policies in Finland, Sweden and Germany.* Bonn: Friedrich-Ebert-Stiftung.

101 Christl, W. & Spiekermann, S. (2016). *Networks of control: A report on corporate surveillance, digital tracking, big data & privacy.* Wien: facultas, S. 139 ff. erwägen insbesondere die Übertragung der im US-amerikanischen Recht enthaltenen Grundsätze des due process of law auf Freiheitsbeeinträchtigungen durch private IT-Unternehmen. Im deutschen Rechtskreis bestände eine Parallele darin, die für hoheitliche Eingriffe in die einschlägigen Grundrechte entwickelten rechtsstaatlichen Anforderungen auf Freiheitsbeeinträchtigungen zu erstrecken, die von Privaten ausgehen, deren Eingriffsmacht der von Hoheitsträgern funktional vergleichbar ist.

Rechtliche Rahmenbedingungen und regulative Herausforderungen

lichkeiten sind Regelungsprobleme im Hinblick auf unterschiedliche Problemfelder zu bewältigen. Erwähnt wurden schon beispielhaft die Einwirkung von Big Data auf Verhalten, auf die Entwicklung soziokultureller Orientierungen, auf gesamtgesellschaftliche Entwicklungen sowie auf die Bewältigung konkreter Aufgaben wie etwa die Steuerung von Infrastrukturen oder von Produktionsprozessen. Hier bedarf es rechtlicher Konzepte und Vorkehrungen, die Schutz von Rechtsgütern einbeziehen, die über den Schutz personenbezogener Daten hinausreichen.

9.1 Neubestimmung des Begriffs personenbezogener Daten

Aber auch soweit das Datenschutzrecht grundsätzlich im Big-Data-Bereich anwendbar bleiben kann, können Modifikationen erforderlich werden, die zum Teil durch veränderte Auslegung, zum Teil durch gesetzliche Neuregelungen erfolgen können.

Ein wichtiges Thema dabei ist die Neubestimmung des Begriffs personenbezogener Daten. Als solche gelten bisher Daten, die sich auf eine identifizierte oder identifizierbare natürliche Person beziehen. Die Identifizierbarkeit wird – so in Art. 4 Nr. 1 der DSGVO – anhand bestimmter (enger) Kriterien definiert. Als identifizierbar wird eine natürliche Person angesehen, „die direkt oder indirekt, insbesondere mittels Zuordnung zu einer Kennung wie einem Namen, zu einer Kenn-Nummer, zu Standortdaten, zu einer Online-Kennung oder zu einem oder mehreren besonderen Merkmalen, die Ausdruck der physischen, physiologischen, genetischen, psychischen, wirtschaftlichen, kulturellen oder sozialen Identität dieser natürlichen Personen sind, identifiziert werden kann".[102]

Als personenbezogen müssen darüber hinaus aber auch Daten eingeordnet werden, die entstehen, wenn jemand – etwa im Zuge der Big-Data-Analytik – einer Personengruppe (einem Cluster) zugeordnet wird, deren „Mitgliedern" allgemein und ohne Herleitung aus Daten speziell der konkret betroffenen Person bestimmte Eigenschaften zugeschrieben werden (etwa betreffend die Gesundheit, Finanzkraft oder sexuelle Orientierung), an die aktuell oder potentiell belastende Folgen für die dieser Gruppe zugeordneten Personen geknüpft werden (können).[103]

---

102 S. auch die ergänzenden Hinweise in Erwägungsgrund 26 der DSGVO.
103 Dazu vgl. Christl, W. & Spiekermann, S. (Fn.), 143.

55

Auch kann nicht mehr daran festgehalten werden, dass der Personenbezug stets schon durch Anonymisierung von Daten entfällt.[104] Die gegenwärtig erfolgende Ausweitung der Leistungskraft der Techniken zur Deanonymisierung gibt Anlass, eine anfängliche Anonymisierung allein nicht als hinreichend anzusehen, soweit Möglichkeiten der Deanonymisierung bestehen, erst recht, wenn davon Gebrauch gemacht werden soll oder wird.[105] Gefordert ist daher eine Erstreckung des Begriffs der Personenbezogenheit auch auf zunächst anonymisierte, aber deanonymisierbare oder später deanonymisierte Daten.

Auch beim Umgang mit aggregierten Daten ist es nicht ausgeschlossen, dass Rückschlüsse auf konkrete Personen möglich sind.[106]

Die daher gebotene Ausweitung des Begriffs personenbezogener Daten kommt dem individualrechtlichen Datenschutz auch im Bereich von Big Data zugute, ohne aber sämtliche mit Big Data verbundenen Problemfelder erfassen zu können.

9.2 Verbesserung des Schutzes im Recht der Einwilligung in Datenverarbeitungen durch Dritte

Problematisch sind die Voraussetzungen für die Rechtmäßigkeit der Verarbeitung von (personenbezogenen) Daten (etwa Art. 6 DSGVO, s. dazu o. 7.3.1). Hier sei erneut nur auf das Tatbestandsmerkmal der Einwilligung als Voraussetzung der Rechtmäßigkeit eingegangen. Auch der Entwurf der e-Privacy-Verordnung bestimmt die Einwilligung zum wichtigen Kriterium der Rechtmäßigkeit der Datenverarbeitung. Die oben (7.3.2) beschriebenen Defizite der Einwilligung bestehen also auch hier. Eine freiwillig erteilte Einwilligung ist zwar ein grundsätzlich sachgerechter Ansatz, da die Autonomie der betroffenen Personen respektiert und ihnen damit eine

---

104 Näher dazu Glas, P. (2017). *Die rechtsstaatliche Bearbeitung von Personendaten in der Schweiz. Regelungs- und Begründungsstrategien des Datenschutzrechts mit Hinweisen zu den Bereichen Polizei, Staatsschutz, Sozialhilfe und elektronische Informationsverarbeitung.* Zürich/Sankt Gallen: Dike, 11–117.
105 Zu dieser Problematik vgl. Roßnagel, A. (2013). Big Data – Small Privacy. Konzeptionelle Herausforderungen für das Datenschutzrecht. *Zeitschrift für Datenschutz*, 562 ff; Boehme-Neßler, V. (2016). Das Ende der Anonymität. Wie Big Data das Datenschutzrecht verändert. *Datenschutz und Datensicherheit*, 419, 421 f.
106 Dazu s. Glas, P. (Fn. 104), 117–118.

Rechtliche Rahmenbedingungen und regulative Herausforderungen

Entscheidung ermöglicht wird, wie weit sie eine Datenverarbeitung zulassen wollen. In der Praxis allerdings ist in vielen Fällen nicht nur an einer hinreichenden Informiertheit, sondern auch an der Freiwilligkeit einer solchen Einwilligung zu zweifeln (s.o. 7.3.1 sowie ferner Hermstrüwer i.d.B.). Letzteres ist insbesondere dann der Fall, wenn ohne die geforderte Einwilligung der Zugang zu Diensten oder sonstigen Leistungen versperrt wird, die für die Betroffenen aus beruflicher oder persönlicher Sicht unverzichtbar sind. Hier ist regelmäßig von fehlender Vertragsparität auszugehen, so dass rechtlich für einen Ausgleich gesorgt werden muss. So sollte gesichert werden, dass die Verweigerung der Einwilligung in die Verarbeitung solcher Daten, die für die Durchführung der Dienste nicht unverzichtbar sind, nicht zum Ausschluss von den angebotenen Diensten führen darf. Dem dient im Ansatz das – allerdings zu schwach ausgestaltete und deshalb dieses Ziel vermutlich nicht erreichende – Koppelungsverbot des Art. 7 Abs. 4 DSGVO.[107]

Ferner ist zu berücksichtigen, dass die Einwilligung vielfach nicht isoliert erteilt wird, sondern dass sie – wie es etwa bei der Inanspruchnahme sozialer Dienste im Internet vielfach der Fall ist – im Kontext darüber hinausreichender, einseitig aufgestellter, den Rechtsschutz der Nutzerinnen und Nutzer auch in anderen Hinsichten einschränkender Allgemeiner Geschäftsbedingungen verlangt wird (s.o. 7.3.1). Dies bedarf der gesetzlichen Korrektur.

Eine Möglichkeit zur Prüfung, ob die AGB inhaltlich Ausdruck fehlender Vertragsparität sind, wäre eine auf den IT-Bereich abgestimmte AGB-Kontrolle, gekoppelt eventuell mit Pflichten zur Beteiligung von Verbraucherschutzverbänden. Ergänzend kommt eine Pflicht zur Zertifizierung gesellschaftlich besonders wichtiger AGB durch öffentlich anerkannte (akkreditierte) Stellen und/oder spezielle behördliche Einrichtungen in Betracht.

In inhaltlicher Hinsicht müsste bei einer AGB-Kontrolle nicht nur darauf geachtet werden, dass die AGB von den Unternehmen nicht ohne Information der Betroffenen geändert werden dürfen, sondern auch, dass sie

---

107 Zum Koppelungsverbot des Art. 7 Abs. 4 DSGVO s.o. Fn. 72 sowie Dammann, U. (2016). Erfolge und Defizite der EU-Datenschutzgrundverordnung – Erwarteter Fortschritt, Schwächen und überraschende Innovationen. *Zeitschrift für Datenschutz*, 307 ff., 311. Die Regelung zum Koppelungsverbot geht nicht zuletzt deshalb nicht weit genug, weil sie in der Kopplung nur einen Anhaltspunkt für die Möglichkeit der Unfreiwilligkeit der Einwilligung sieht.

übersichtlich und leicht verständlich sowie inhaltlich auf alle erheblichen Schutzbedarfe bezogen werden. Dazu gehört es, auch auf die beabsichtigten Big-Data-Verwendungen und die Voraussetzungen ihrer Zulässigkeit einzugehen, und zwar nicht nur auf Verwendungen durch das handelnde Unternehmen selbst. Zu konkretisieren sind auch Schutzvorkehrungen bei der Weitergabe der Daten für andere Verwendungen oder an andere Akteure. Auszuweiten ist das in Art. 20 DSGVO schon angelegte Recht der Betroffenen auf Datenübertragbarkeit.

9.3 Anwendbarkeit und Neukonzeption datenschutzrechtlicher Prinzipien

Im Datenschutzrecht sind bestimmte Prinzipien für die Erhebung und Verwendung von personenbezogenen Daten normiert, so die der Datensparsamkeit bzw. Datenminimierung, der Erforderlichkeit und der Zweckbindung (s.o. 7.3.3). Ihre Implementierung und insbesondere Kontrolle fallen allerdings schon in den traditionellen Datenschutzbereichen schwer, nicht zuletzt bedingt durch die schon mehrfach erwähnte Intransparenz, aber auch die vielfältigen Entgrenzungen im IT-Feld (s.o. 7.1).

Es wurde schon erwähnt, dass diese Prinzipien nicht im Hinblick auf die Besonderheiten von Big Data entwickelt worden sind (s.o. 7.3). Das ist deshalb bedeutsam, weil ihre unveränderte Anwendung auf Big-Data-Verfahren diese erheblich erschweren würde. Big-Data-Anwendungen beruhen ja auf der Verfügbarkeit möglichst großer und vielfältiger Datenmengen; die Daten werden aus ihren bisherigen Kontexten gelöst und für neue Verwendungszwecke genutzt. Es verwundert daher nicht, dass die Maßgeblichkeit der datenschutzrechtlichen Prinzipien auch für Big-Data-Anwendungen insbesondere von betroffenen Unternehmen als hinderlich und innovationshemmend kritisiert wird.

Soweit die Anwendung der Prinzipien die Auswertung von Big Data erschwert oder begrenzt, ist dies für sich allein aber keine hinreichende Rechtfertigung, die mit solchen Prinzipien verfolgten Anliegen im Bereich von Big Data aufzugeben. Sie dienen dem Rechtsgüterschutz und dabei insbesondere der Beachtung des Verhältnismäßigkeitsgrundsatzes bei der Beeinträchtigung von rechtlich schutzwürdigen Interessen. Da der Verhältnismäßigkeitsgrundsatz allerdings nicht einseitig auf den Schutz der Interessen nachteilig von bestimmten Maßnahmen Betroffener zielt, sondern einen Ausgleich von unterschiedlichen Interessen, gegebenenfalls im Zuge einer Güterabwägung, ermöglichen soll, bestehen auch im Bereich der

Big-Data-Anwendungen Möglichkeiten, den verschiedenen Interessen Rechnung zu tragen. Dies bedarf gegebenenfalls einer Differenzierung bei der Bestimmung der inhaltlichen Konzeption und der Geltungsreichweite freiheitsschützender Prinzipien.

Zu berücksichtigen sind bei der Abwägung nicht nur individuelle Interessen der konkret Betroffenen im Zuge der Gewährleistung von Freiheitsschutz, sondern auch kollektiv bedeutsame Interessen, etwa der grundsätzliche Schutz vor einseitiger Selektion bei der Informationsverbreitung oder vor der Manipulation von persönlichen Einstellungen und Werthaltungen, die z.B. zwecks Verhaltenssteuerung oder Beeinflussung von gesellschaftlichen Trends oder der Stimmabgabe bei Wahlen erfolgen könnte.

Um Anknüpfungspunkte zur Beachtung von Prinzipien wie denen der Erforderlichkeit und Zweckbindung zu finden, kann es sich empfehlen oder gar unvermeidbar sein, für bestimmte Kategorien von Big-Data-Auswertungen vorzusehen, dass nur Daten genutzt werden dürfen, für die vor ihrer Verwendung oder Weitergabe verpflichtend Markierungen[108], Zweckbindungen, Löschungs- oder Sperrfristen vorgesehen werden, damit die Einhaltung der Prinzipien überprüft werden kann. Für die Weitergabe und -verwertung der Daten können Dokumentationspflichten vorgesehen werden. Solche Pflichten müssten auch auf die durch Big-Data-Anwendungen neu entstehenden Daten erstreckt werden. Angesichts der innovativen Möglichkeiten, die mit der weiteren Entwicklung der Digitalisierung verbunden sind, ist es eine lohnende Aufgabe, Möglichkeiten für die Realisierung solcher Vorgaben zu entwickeln, gegebenenfalls unterstützt durch hoheitliche Vorgaben des „Innovation Forcing".[109] Gelingt es den Big-Data-Verwendern nicht, die rechtlich erwarteten innovativen Lösungen zum Schutz Dritter zu entwickeln, müssen sie von den betroffenen Big-Data-Nutzungen absehen.

---

108 Zu technischen Überlegungen, Daten und Dokumente durch unveränderliche Markierungen zu schützen, vgl. Spyra, G. & Buchanan, W. J. (2016). *Protecting documents with sticky policies and identity-based encryption.* Abgerufen von https://www.researchgate.net/publication/312576424_Protecting_documents_with_sticky_policies_and_identity-based_encryption.
109 Zu dieser Kategorie rechtlicher Regulierung s. Hoffmann-Riem, W. (Fn. 26),. 430–432.

9.4 Ausbau von Transparenz

Für Datenschutz allgemein, aber auch für den Schutz rechtlich fundierter Interessen gegenüber Big-Data-Anwendungen ist die Sicherung hinreichender Transparenz unverzichtbar (s.o. 7.4). Objekte einer Forderung nach mehr Transparenz sind nicht nur allgemein die Verwendung von Daten, sondern auch die jeweils eingesetzten Algorithmen oder besser: die algorithmischen Systeme unter Einschluss von Vorkehrungen zum „Trainieren" solcher Systeme. Gegen deren Offenlegung wird allerdings der Schutz von Geschäftsgeheimnissen vorgebracht. Einen solchen Schutz hat der Bundesgerichtshof in einer Entscheidung zum Scoring durch die SCHUFA grundsätzlich anerkannt.[110] Zu berücksichtigen ist jedoch, dass der Schutz von geschäftlichen Geheimnissen kein Selbstzweck ist, sondern der Abstimmung auch mit dem Schutz anderer Betroffener als der Unternehmen und damit diverser Rechtsgüter bedarf. Hier besteht Anlass zu Differenzierungen, die gegebenenfalls vom Gesetzgeber vorgenommen werden müssen.

Eine allgemeine Pflicht zur Offenlegung von eingesetzten Algorithmen würde allerdings zu tief in die Autonomie der Unternehmen eingreifen und deren berechtigtes Interesse insbesondere daran beeinträchtigen, dass die Algorithmen Konkurrenten nicht zugänglich werden, die sie als Trittbrettfahrer nutzen könnten. Gerechtfertigt ist aber die Ermöglichung von Transparenz und Kontrolle jedenfalls hinsichtlich der Maximen und Kriterien solcher Algorithmen, deren Einsatz gewichtige, grundrechtlich insbesondere vor Diskriminierung, Stigmatisierung und Manipulation schützende Rechtsgüter beeinträchtigen kann.

Transparenz ist allerdings nicht nur für den Umgang mit den Daten selbst wichtig, sondern vor allem im Hinblick auf die Verwendung des mithilfe von Big Data generierbaren Wissens in freiheitssensiblen Anwendungsfeldern, etwa im Gesundheitssektor. Daher ist auch an Vorkehrungen zur Zertifizierung der durch Big Data geprägten Verwendungsmöglichkeit in noch zu bestimmenden sensiblen gesellschaftlichen Bereichen durch dafür akkreditierte Stellen zu denken. Insoweit müsste die in Art. 42, 43 DSGVO für den Schutz personenbezogener Daten vorgesehene Konstruktion ausgeweitet und modifiziert werden. Dies sollte ferner durch Verfah-

---

[110] Entscheidungen des Bundesgerichtshofes in Zivilsachen (BGHZ) 200, 38. Sehr zweifelhaft ist allerdings, ob diese Entscheidung den Vorgaben von Kap. III DSGVO gerecht wird.

ren des Monitoring der Einhaltung der Vorgaben ergänzt werden. Um Kontrollen effektiv durchführen zu können, sind auch hier Pflichten zur Protokollierung/Dokumentation des Einsatzes von Big Data für bestimmte Verwendungsweisen in Betracht zu ziehen. Beispielsfelder für Dokumentationspflichten betreffend verwendete Entscheidungskriterien wären der Big-Data-Einsatz im Zuge des Profiling oder Scoring,[111] etwa bei der Berechnung von Versicherungstarifen oder der Kreditgewährung.

Zusätzlich kann es wichtig sein, gewisse Datennutzungsverbote vorzusehen, insbesondere zur Verhinderung von Diskriminierungen anhand der Kriterien, die Art. 3 Abs. 3 GG sowie Art. 5 DSGVO als verfassungs- bzw. europarechtswidrig benennen (dazu s. Hermstrüwer i.d.B.).

9.5 Ausbau systemischen Schutzes

Angesichts der Unüberschaubarkeit der Bereiche, in denen Daten verwendet und durch Technologien wie Big-Data-Analytik aufbereitet und für Strategien auch zur Beeinflussung gesellschaftlicher Verhältnisse genutzt werden können, ist es verfehlt, den Schutz vor möglichen Rechtsgutverletzungen vorrangig als Aufgabe der je einzelnen Nutzerinnen und Nutzer anzusehen. Vielmehr bedarf es in erster Linie eines proaktiven, generalisiert und systemisch abgesicherten Schutzregimes.[112] Dabei erfordern Besonderheiten der Nutzung von Big Data die Ausdifferenzierung und Fortentwicklung der Möglichkeiten von Systemschutz über den bisher im Recht der personenbezogenen Daten schon vorgesehenen systemischen Schutz hinaus.

Systemischer Schutz kann durch Recht stimuliert werden, ist aber nicht notwendig rechtlicher Art. Vielmehr geht es – in proaktiver Richtung – vor allem um die Schaffung von zum Schutz geeigneten Entscheidungsarchitekturen und insbesondere um die Nutzung der Möglichkeiten der Technikgestaltung, etwa durch Standardvorgaben und rechtsschutzfreund-

---

111 Speziell dazu s. statt vieler Weichert, T. (2014). Scoring in Zeiten von Big Data. *Zeitschrift für Rechtspolitik,* 168–171.
112 Vgl. Spiecker gen. Döhmann, I. (2016). Zur Zukunft systemischer Digitalisierung – Erste Gedanken zur Haftungs- und Verantwortungszuschreibung bei informationstechnischen Systemen. *Computer und Recht,* 698–704.

liche Voreinstellungen. Art. 25 DSGVO[113] sowie § 67 BDSG (neu) schaffen dafür begrenzt neue Ansätze.[114] Es muss allerdings berücksichtigt werden, dass eine von den Unternehmen allein durchgeführte, nicht auch durch Dritte beeinflusste oder jedenfalls kontrollierte Technikgestaltung[115] für Erstere eine Versuchung darstellen könnte, effektiven Rechtsschutz eher zu unterlaufen als zu fördern.

Systemische Vorkehrungen können auch dazu beitragen, den Autonomieschutz der Nutzerinnen und Nutzer in die Zukunft zu erstrecken. Ein Mittel dazu wäre eine Verpflichtung der Datenverwerter, den Nutzerinnen und Nutzern standardisierte programmatische Schnittstellen zum weiteren Zugriff auf die und zur Verwaltung der eigenen personenbezogenen Daten zu ermöglichen.

Zu den systemischen Schutzvorkehrungen kann es auch gehören, die globale Vernetzung zu reduzieren und für besonders sensible Kommunikation dezentrale und in sich geschlossene Netze und Clouds einzurichten und in der Nutzbarkeit entsprechend zu beschränken. Dabei kann sich vor allem für besonders verletzungsanfällige Bereiche eine Lokalbindung der Datenauswertung und -verwendung empfehlen. Zu berücksichtigen – aber auch kritisch zu hinterfragen – ist allerdings, dass die EU Lokalisierungsgeboten jedenfalls im Hinblick auf nicht personenbezogene Daten weitgehend ablehnend gegenübersteht.[116]

---

113 Dazu s. Hartung, J. (2017). In J. Kühling & B. Buchner (Hrsg.), (Fn. 61), Rn. 14 ff., 24 ff. zu Art. 25.
114 Zum Konzept sowie Gestaltungsmöglichkeiten s. ENISA (European Union Agency for Network and Information Security); *Privacy by design in big data. An overview of privacy enhancing technologies in the era of big data analytics,* Dec. 17, 2015; Dies., *Privacy Enhancing Technologies: Evolution and State of the Art,* Brussels March 9, 2017
115 Zu Möglichkeiten der Erweiterung des Kreises beteiligter Akteure bis hin zu einem „partizipativen Design" bei der Technikgestaltung s. Ochs, C., Richter, Ph. & Uhlmann, M. (2016). Technikgestaltung demokratisieren – partizipatives Privacy by Design. *ZD-aktuell,* 05424.
116 So schlägt die Kommission für die Nutzung ausschließlich nicht personenbezogener Daten in einem Verordnungsentwurf (s.o. Fn. 69) eine Aufhebung bestehender Lokalisierungsgebote vor, um den freien Datenfluss im Interesse des gemeinsamen Marktes zu fördern.

9.6 Ausbau hoheitlicher Aufsicht

Da individualrechtlicher Schutz zur Abwehr von Gefährdungen durch Digitalisierung keineswegs ausreicht, ist auch für effektive hoheitliche Aufsicht der Einhaltung von Vorgaben zu sorgen. Dafür reichen die bisher eingerichteten Institutionen, etwa die Datenschutzbeauftragten, insoweit nicht, als es um mehr als den ihnen obliegenden Schutz personenbezogener Daten geht. In der öffentlichen Diskussion gibt es verschiedene Vorschläge. Dazu zählen neben der Ausweitung der Befugnisse der bisher für Datenschutz zuständigen Stellen die Schaffung eines „Digitalministers" auf Bundes- und Länderebene[117] und die Einrichtung einer spezialisierten Behörde – einer „Digitalagentur". Vorgeschlagen wurde der Ausbau der Aufgaben des Bundeskartellamtes über die Wettbewerbssicherung hinaus auch zur Überwachung digitaler Dienstleistungen.[118] Dabei soll es neben der Wahrnehmung von Überwachungskompetenzen hinaus tätig werden, etwa zur Finanzierung von Forschungen Dritter oder anderer Tätigkeiten zur Erweiterung der Expertise über Risiken im Zusammenhang mit digitalen Dienstleistungen und zur Entwicklung von tauglichen Ansätzen des Schutzes und der Risikovorsorge.

Die Notwendigkeit tauglicher Aufsichtsstrukturen kann hier nur betont werden. Überlegungen zur kompetenziellen und organisatorischen Umsetzung sowie zu Notwendigkeiten und Möglichkeiten der Verankerung auch im europäischen Mehrebenensystem sollen hier aber ausgeklammert bleiben.

---

117 S. etwa Djeffal, S. (18. September 2017). Deutschland braucht nicht ein Digitalministerium, sondern viele! *Süddeutsche Zeitung*. Abgerufen von http://www.sueddeutsche.de/digital/digitalisierung-deutschland-braucht-nicht-ein-digitalministerium-sondern-viele-1.3669617.

118 In diesem Sinne: Sachverständigenrat für Verbraucherfragen (Fn. 92), S. 69–77. Dort auch Hinweise auf ausländische Vorbilder, S. 71–74. Ich habe allerdings Zweifel, ob die auf Wettbewerbsschutz spezialisierte Kartellbehörde angesichts ihrer personellen Zusammensetzung und gewachsenen Behördenkultur optimal geeignet wäre, für Schutz auch insoweit zu sorgen, als er nicht mit Marktmacht begrenzenden Konzepten erreichbar ist. Zu begrüßen ist übrigens, dass das Bundeskartellamt schon im Rahmen seiner bisherigen Kompetenzen prüft, ob Facebook unter Nutzung seines überragenden Zugangs zu wettbewerbsrelevanten Daten Marktmacht in Gestalt eines Konditionsmissbrauchs eingesetzt hat. S. dazu die vom Bundeskartellamt veröffentlichten „Hintergrundinformationen zum Facebook-Verfahren des Bundeskartellamts" vom 19. Dez. 2017.

9.7 Ausbau gerichtlichen Schutzes

Vorzuhalten sind auch Möglichkeiten effektiver gerichtlicher Kontrolle. Diese lässt sich übrigens auch dort verwirklichen, wo es gerechtfertigt ist, Geschäftsgeheimnisse von Unternehmen anzuerkennen. Insoweit muss Gerichtsschutz für die vom Einsatz der Algorithmen nachteilig Betroffenen nicht notwendig entfallen, sondern kann durch Einführung von sog. In-camera-Verfahren vor Gericht[119] ermöglicht werden: Die Unternehmen werden gegenüber dem Gericht zur Offenlegung von sensiblen, insbesondere freiheitsgefährdend einsetzbaren, Algorithmen – gegebenenfalls nur der ihnen zugrunde liegenden Maximen und Kriterien sowie der als Input genutzten Informationen sowie des Einsatzes der Big-Data-Analytik – verpflichtet, ohne dass solche Angaben vom Gericht außer neutralen Sachverständigen weiteren Personen unter Einschluss der Gegenpartei zugänglich gemacht werden.

Darüber hinaus ist an Möglichkeiten veränderter Formen des Gerichtsschutzes zu denken. Ein Weg ist die Ausweitung des Einsatzes einer Verbandsklage, die in Art. 80 DSGVO im Hinblick auf Rechtsschutz nach Art. 77–79, 82 DSGVO sowie in § 2 Abs. 2 Nr. 11 i.V.m. § 3 Abs. 1 des Unterlassungsklagengesetzes (UKlaG) vorgesehen ist.[120] Sie könnte zu einer Algorithmen- oder gar Big-Data-Verbandsklage ausgebaut werden; die Festlegung der Reichweite und der Prüfungsmaßstäbe dürfte allerdings erhebliche Probleme aufwerfen.

Gerichtlicher Rechtsschutz kann auch durch die (in Deutschland diskutierte, aber noch nicht vorgesehene) Möglichkeit von Sammelklagen ausgeweitet werden.

Ferner können Möglichkeiten außergerichtlicher Streitbeilegungsverfahren verstärkt genutzt und durch hoheitliches Recht gefördert werden. Sie sollten zur Sicherung fairer Interessenberücksichtigung allerdings regulativ umhegt werden.

---

119 Dazu s.a. Martini, M. (Fn. 100).
120 Dazu s. Spindler, G. (2016). Verbandsklagen und Datenschutz – das neue Verbandsklagerecht. *Zeitschrift für Datenschutz,* 114–119; Halfmeier, A. (2016). Die neue Datenschutzverbandsklage. *Neue Juristische Wochenschrift,* 1126–1129.

Rechtliche Rahmenbedingungen und regulative Herausforderungen

9.8 Begrenzung von Disparitäten in der Machtverteilung

Zu den lösungsbedürftigen Problemen gehört nicht nur die Disparität der Machtverteilung im Verhältnis einzelner Nutzerinnen und Nutzer zu Unternehmen (s.o. 7.3.1), sondern auch die Disparität in der Verteilung von Marktmacht unterschiedlicher Unternehmen. Besorgniserregend ist der Grad der Oligopolisierung in besonders wichtigen IT-Teilmärkten. Zur Begrenzung der Machtballung und der Risiken von Machtmissbrauch bedarf es des Einsatzes und der Verbesserung des vorhandenen deutschen und europäischen Kartellrechts,[121] aber auch der Schaffung weiteren trans- und international wirksamen Kartellrechts.

Dringend erscheinen ebenfalls effektive, nicht auf Kartellrecht gegründete Maßnahmen einer erweiterten, nicht nur auf die Funktionsfähigkeit der Märkte, sondern auch auf die Sicherung anderer Gemeinwohlzwecke ausgerichteten Begrenzung von Machteinsatz. Ein Beispiel ist der – bisher nicht umgesetzte – Vorschlag des Europaparlaments zur Entflechtung zwischen Suchmaschinen und anderen kommerziellen Dienstleitungen,[122] um Risiken des Missbrauchs der Selektionsmacht von Suchmaschinen beim Zugang der Nutzerinnen und Nutzer zu Informationen und damit Möglichkeiten einseitig ausgerichteter Einflussnahmen der Suchmaschinenunternehmen auf Erfahrungen und Einstellungen oder allgemein die öffentliche Meinungsbildung zu reduzieren.

9.9 Folgenabschätzungen

Hinsichtlich des Schutzes personenbezogener Daten sieht das ab Mai 2018 geltende Datenschutzrecht in § 35 DSGVO – sowie für das von der DSGVO nicht erfasste Aufgabenfeld des § 45 BDSG (neu) in § 67 BDSG (neu) – eine Datenschutz-Folgenabschätzung vor. Sie betrifft allerdings nur den Schutz personenbezogener Daten, und zwar nur in dem im Datenschutzrecht vorgesehenen engen Schutzumfang. Auf die Besonderheiten

---

121 Allerdings stellen sich für die Kartellrechtstheorie, -praxis und -wissenschaft neue Herausforderungen. Dazu s. – statt vieler – Telle, S. (2017). Big Data und Kartellrecht. Relevanz datenbasierter Geschäftsmodelle im europäischen und deutschen Kartellrecht. *Innovations- und Technikrecht*, 3–17.
122 Europäisches Parlament. (2014). *Entschließung zur Stärkung der Verbraucherrechte im digitalen Binnenmarkt*. B8-0286/2014, Nr. 15–18.

von Big Data oder auf den Schutz der durch ihren Einsatz betroffenen Gemeinwohlbelange ist sie nicht ausgerichtet. Eine dies umfassende Ausdehnung des Anwendungsfeldes des Instituts der Folgenabschätzung ist dringend empfehlenswert.[123]

9.10 Vorkehrungen zur Verbesserung der Cybersicherheit

Die Entwicklung der Digitalisierung und insbesondere des Einsatzes von Big Data ist verkoppelt mit Risiken der Gefährdung der Cybersicherheit, etwa der Funktionsfähigkeit informationstechnischer Systeme.[124] Solche Gefahren können schon darin begründet sein, dass die eingesetzte Hard- und/oder Software Sicherheitslücken enthält.[125] Darüber hinaus sind Gefährdungen mit sog. Cyberattacken verbunden, nämlich gezielten Angriffen auf Computernetzwerke, die für bestimmte (etwa für die Versorgung wichtige) Infrastrukturen bedeutsam sind. Eine andere Dimension der Cybersicherheit ist angesprochen, wenn staatliche oder private Stellen Cyberattacken organisieren, um Desinformation zu betreiben oder auf Entscheidungsprozesse (etwa politische Wahlen) manipulierend einzuwirken.[126]

---

[123] Das gilt auch für die Frage, ob nach dem gegenwärtigen Stand der Technik als anonymisiert anzusehende Datenbestände in Zukunft die Herstellung eines Personenbezugs oder die Gewinnung von personenbezogenen Informationen erlauben. Eine solche permanente Risikobewertung ist auch erforderlich, falls der Vorschlag der Kommission für einen freien Fluss nicht personenbezogener Daten in der EU akzeptiert werden sollte (s.o. Fn. 69), vgl. Europäische Akademie für Informationsfreiheit und Datenschutz. (2017). *Stellungnahme zum Entwurf einer Verordnung des Europäischen Parlaments und des Rates über einen Rahmen für den freien Verkehr nicht personenbezogener Daten in der Europäischen Union* vom 23. 11. 2017.

[124] Vgl. statt vieler Samsel, H. (2017). Risiken der Informationstechnologie. In H. Pünder & A. Klafki (Hrsg.), *Risiko und Katastrophe als Herausforderung für die Verwaltung* (S. 121–137). Baden-Baden: Nomos.

[125] Solche Sicherheitslücken finden sich immer wieder in der Software. Wie die im Januar 2018 bekannt gewordene Sicherheitslücke in den milliardenfach genutzten Prozessoren des Oligopolisten Intel (aber auch in einigen von Konkurrenten, so AMD) zeigt, kann auch die Hardware Mängel enthalten, hier sogar solche, die nicht einfach durch Software-Updates korrigiert werden können. Dazu s. die Berichte in der Süddeutschen Zeitung v. 5.-7. Januar 2018, Nr. 4, S. 1, 27.

[126] Um dies zu erschweren, hat Brad Smith, der Präsident und Chief Legal Officer von Microsoft, eine internationale „Digital Geneva Convention" vorgeschlagen,

Cyberattacken beruhen auch auf der Nutzung von Big Data. Insofern ist allerdings die Nutzbarkeit von Big Data zweiseitig: Sie bieten auch einen Ansatzpunkt zur Verbesserung der IT-Sicherheit. So erlaubt Big-Data-Analytik schnelle, vielfach in Echtzeit erfolgende Vorkehrungen, um einen Angriff auf IT-Systeme oder einzelne Kommunikationsvorgänge zu erkennen, zu bekämpfen und mögliche Schäden zu begrenzen. Big-Data-Analytik ist insbesondere dazu in der Lage, Aktivitätsmuster, die eine Gefahr für das informationstechnische System darstellen, zu erfassen und bei der Wahrnehmung ungewöhnlicher Aktivitäten schnelle Reaktionen zu ermöglichen.

Betroffen von den Risiken für Cybersicherheit sind nicht nur Privatpersonen und Unternehmen, sondern auch staatliche Stellen. Dabei handelt es sich nicht nur um ein nationales, sondern auch und insbesondere um ein trans- und internationales Problem.

In der Rechtsordnung gibt es zunehmend Ansätze mit dem Ziel, die Cybersicherheit zu verbessern. So hat die EU, da der grenzüberschreitende Waren-, Dienstleistungs- und Personenverkehr von Cyberangriffen betroffen sein kann, den Mitgliedstaaten in Gestalt einer Richtlinie[127] besondere Pflichten in diesem Bereich auferlegt. Inhaltlich ist dabei der Mix unterschiedlicher Vorkehrungen bemerkenswert. Nach Art. 1 der Richtlinie sollen verschiedene Maßnahmen ergriffen werden, um ein hohes gemeinsames Sicherheitsniveau von Netz- und Informationssystemen in der Union zu erreichen. Hierfür werden vorgesehen:

- die Pflicht für alle Mitgliedstaaten, eine nationale Strategie für die Sicherheit von Netz- und Informationssystemen festzulegen;
- die Bildung einer Kooperationsgruppe, um die strategische Zusammenarbeit und den Informationsaustausch zwischen den Mitgliedstaaten zu unterstützen und zu erleichtern und Vertrauen zwischen ihnen aufzubauen;
- die Schaffung eines Netzwerks von Computer-Notfallteams, um zum Aufbau von Vertrauen zwischen den Mitgliedstaaten beizutragen und eine rasche und wirksame operative Zusammenarbeit zu fördern;

---

s. https://blogs.microsoft.com/on-the-issues/2017/02/14/need-digital-geneva-convention/.

127 Richtlinie (EU) 2016/1148 des Europäischen Parlaments und des Rates vom 6. Juli 2016 über Maßnahmen zur Gewährleistung eines hohen gemeinsamen Sicherheitsniveaus von Netz- und Informationssystemen in der EU.

- Sicherheitsanforderungen und Meldepflichten für die Betreiber wesentlicher Dienste und für Anbieter digitaler Dienste und schließlich
- die Pflicht der Mitgliedstaaten, nationale zuständige Behörden, zentrale Anlaufstellen und Computer-Notfallteams mit Aufgaben im Zusammenhang mit der Sicherheit von Netz- und Informationssystemen zu benennen.

In Umsetzung der Richtlinie hat der Bundesgesetzgeber das „Gesetz über das Bundesamt für Sicherheit in der Informationstechnik" (BSI-Gesetz) durch Novelle vom 23.06.2017 modifiziert.[128]

Hervorzuheben ist, dass diese Rechtsgrundlagen auch besondere Regeln für die Betreiber „wesentlicher Dienste" vorsehen, d.h. für öffentliche oder private Einrichtungen, die einen IT-Dienst bereitstellen, der für die Aufrechterhaltung kritischer gesellschaftlicher und/oder wirtschaftlicher Tätigkeiten unerlässlich ist und durch einen Sicherheitsvorfall ersichtlich gestört würde. Dies betrifft etwa die Sektoren Luftfahrt, Schienenverkehr, Schifffahrt und Straßenverkehr. Ihre Verletzbarkeit wird durch den Einsatz von Big Data deutlich gesteigert. Die Nutzung von Big Data erleichtert es aber zugleich – wie erwähnt –, dass geeignete Vorkehrungen zum Schutz der Sicherheit der Infrastrukturen getroffen werden. Darüber hinaus müssen Möglichkeiten zur Schaffung von technischen Vorkehrungen zur Erhöhung der Sicherheit fortentwickelt und eingesetzt und ihre Einhaltung kontrolliert werden (Security by Design).

Ob die geschilderten von der EU und der Bundesrepublik geschaffenen Vorkehrungen einschließlich der Befugnisse des Bundesamts für Sicherheit ausreichen, lässt sich gegenwärtig noch nicht übersehen. Hier erscheinen laufende Evaluationen und gegebenenfalls Nachbesserungen unverzichtbar. Ferner ist zu berücksichtigen, dass diese Maßnahmen nur einen Teilbereich von Cybersecurity betreffen, also zur Problembewältigung keineswegs ausreichen.

9.11 Selbst- und Co-Regulierung

Die bisher angesprochenen und weitere Schutzvorkehrungen können selbstverständlich nicht nur durch hoheitliche Maßnahmen, sondern auch im Zuge von Selbstregulierungen der IT-Wirtschaft oder Co-Regulierun-

---

128 *BGBl. I* 1885.

gen zwischen einerseits hoheitlichen und andererseits privaten (privatwirtschaftlichen) Akteuren vorgenommen werden.[129] Bisher aber gibt es nur begrenzte Ansätze für wirksamen Rechtsgüterschutz Dritter oder den Schutz von Gemeinwohlbelangen durch Selbstregulierungen der IT-Wirtschaft oder durch Co-Regulierungen.[130]

Dies gilt auch für Maßnahmen der Selbstregulierung zum Abbau der erwähnten Mängel an Transparenz und der verstärkten Ermöglichung von öffentlicher Verantwortung oder für sonstige Vorkehrungen zum Ausbau von Qualitätssicherungssystemen. Einseitig aufgestellte unverbindliche Grundsätze gewähren aber ebenso wie einseitig von Unternehmen aufgestellte Verhaltensrichtlinien nur sehr begrenzten Schutz ihrer Einhaltung. Insofern könnte die im Kapitalanlagenrecht entwickelte Figur der Prospekthaftung[131] Anregungen für eine Möglichkeit zur Stärkung der Beachtlichkeit der von den Unternehmen veröffentlichten Maximen des eigenen Handelns (wie sie etwa in den Facebook-Grundsätzen enthalten sind) geben.

---

129 Zu den Möglichkeiten der Selbstregulierung, allerdings vorrangig im Hinblick auf traditionelle Medien, s. Schulz, W. & Held, T. (2002). *Regulierte Selbstregulierung als Form modernen Regierens. Zu Fragen von Regulierung und Coregulierung.* Hamburg: Hans-Bredow-Institut für Medienforschung an der Universität Hamburg; s. ferner Latzer, M., Just, N., Saurwein, F. & Slominski, P. (2002). *Selbst- und Ko-Regulierung im Mediamatiksektor: Alternative Regulierungsformen zwischen Staat und Markt.* Wiesbaden: VS Verlag für Sozialwissenschaften; Hoffmann-Riem, W. (2016). Selbstregelung, Selbstregulierung und regulierte Selbstregulierung im digitalen Kontext. In M. Fehling & U. Schliesky (Hrsg.), *Neue Macht- und Verantwortungsstrukturen in der digitalen Welt* (27–51). Baden-Baden: Nomos. Zur Selbstregulierung speziell beim Datenschutz s. etwa Abel, R. B. (2003). Umsetzung der Selbstregulierung im Datenschutz – Probleme und Lösungen. *Recht der Datenverarbeitung,* 11–16; Bizer, J. (2001). Selbstregulierung des Datenschutzes. *Datenschutz und Datensicherheit, 25 (1),* 168 ff.; Schröder, M. (2012). Selbstregulierung im Datenschutzrecht. *Zeitschrift für Datenschutz,* 418–421.

130 Interessant – wenn auch auf audiovisuelle (AV-)Medien und nicht speziell auf Big Data bezogen – sind Regelungen, die in dem Vorschlag für eine Richtlinie des Europäischen Parlaments und des Rates zur Änderung der „Richtlinie 2010/13/EU zur Koordinierung bestimmter Rechts- und Verwaltungsvorschriften in Mitgliedsstaaten über die Bereitstellung audiovisueller Mediendienste im Hinblick auf sich verändernde Marktgegebenheiten" enthalten sind, COM (2016) 287 final vom 25.05.2016. Abgerufen von https://ec.europa.eu/transparency/regdoc/rep/1/2016/DE/1-2016-287-DE-F1-1.PDF.

131 Zur Prospekthaftung statt vieler Leuering, D. (2012). Die Neuordnung der gesetzlichen Prospekthaftung. *Neue Juristische Wochenschrift,* 1905–1910.

Ein weiteres Schutzelement können Verhaltensregeln (Codes of Conduct) sein. Soweit sie allerdings allein von Verbänden der IT-Wirtschaft oder allein im Zusammenwirken einzelner Unternehmen entstehen, besteht das Risiko, dass sie inhaltlich einseitig interessenselektiv ausgestaltet werden. Um gegenzusteuern, können für Selbstregulierung hoheitlich – gesetzlich oder durch internationale Abkommen – inhaltliche und prozedurale Vorkehrungen zur Sicherung der Berücksichtigung der unterschiedlichen betroffenen Interessen vorgesehen werden.

Dabei erscheint bei der Entwicklung von Codes of Conduct u.Ä. auch eine obligatorische Mitwirkung von Vertreterinnen und Vertretern der Zivilgesellschaft sinnvoll, die Nutzerinteressen verfolgen. Solchen Vertreterinnen und Vertretern könnten auch Kompetenzen zur Kontrolle der Einhaltung von Selbstverpflichtungen der Unternehmen eingeräumt werden.

Ein grundsätzlich als Vorbild nutzbares Konzept kennt die DSGVO in Art. 40–42. Hier geht es um die Förderung der Ausarbeitung von Verhaltensregeln, die zur ordnungsgemäßen Anwendung der Verordnung durch Stellen der Mitgliedstaaten und der EU beitragen sollen. Art. 40 Abs. 2 DSGVO führt ausdrücklich eine Vielzahl von Themenbereichen auf, für die Präzisierungen erfolgen können. Solche Präzisierungsanregungen sind als regulative Orientierungen für die Verhaltensregeln gedacht, zu deren Erlass die Verbände oder Vereinigungen allerdings nicht verpflichtet sind. Ebenso sind sie nicht verpflichtet, von der weiteren, in Abs. 5 vorgesehenen Möglichkeit Gebrauch zu machen, den Entwurf der Verhaltensregeln der Aufsichtsbehörde vorzulegen, die – wenn dies geschieht – in einer Stellungnahme darlegen soll, ob die Verhaltensregeln mit der Verordnung vereinbar sind. Sind dafür ausreichende Garantien vorhanden, wird der Entwurf der Verhaltensregeln von der Behörde genehmigt (Abs. 5). Anschließend gelten unterschiedliche Verfahren je nachdem, ob der Entwurf Verarbeitungstätigkeiten nur in einem oder in mehreren Mitgliedstaaten betrifft (auch Abs. 6–8). Sind die Prüfungen positiv, kommt es am Ende des Verfahrens zu einer amtlichen Veröffentlichung (Abs. 6, 11). Für die in mehreren Mitgliedstaaten geltenden Verhaltensregeln kann die EU-Kommission sogar im Wege von Durchführungsrechtsakten beschließen, dass sie allgemeine Gültigkeit in der EU besitzen (Abs. 9). Art. 41 der DSGVO sieht für die Überwachung der Einhaltung von Verfahrensregeln Möglichkeiten zur Akkreditierung der dafür geeigneten Stellen vor. Angestrebt werden auch datenschutzrechtliche Zertifizierungsverfahren (sowie Datenschutzsiegel und -prüfzeichen), s. Art. 42 DSGVO.

Diese nur auf den Schutz personenbezogener Daten gerichteten Regelungen könnten und sollten in darauf abgestimmter Weise in den Bereich von Big-Data-Analytik und -Anwendung erstreckt werden.

9.12 Best Practices, Benchmarking u.a.

In Betracht – dies sei nur stichwortartig erwähnt – kommt auch die Schaffung von Vorkehrungen, gegebenenfalls von besonderen Institutionen, zur Erfassung von Best Practices und/oder zur Entwicklung von Benchmarking-Systemen und darauf gegebenenfalls aufbauenden Standards (etwa Standards für Protokolle und Schnittstellen, aber auch für die Technikgestaltung).[132] Entsprechende Mittel der Qualitätssicherung sind auch im Hinblick auf die Beachtung von Schutzgütern Dritter, aber auch der Allgemeinheit empfehlenswert.

9.13 Schutz gegenüber hoheitlicher Überwachung

Der Schutz gegenüber den spezifischen Möglichkeiten der Erhebung, Analyse und der Nutzung von Daten im Kontext von Big Data ist auch gegenüber dem Handeln von Hoheitsträgern auszubauen, so hinsichtlich der hoheitlichen Überwachung durch Polizeibehörden, das Bundeskriminalamt, den Bundesnachrichtendienst und Verfassungsschutzämter.[133] Ein Beispielsfeld noch nicht hinreichenden Schutzes ist der gegenwärtig praktizierte Einsatz von Big Data im Bereich des Predictive Policing (s.o. 4.2).

Zu berücksichtigen ist allerdings auch, dass die Digitalisierung neue Formen der Kriminalität hervorgebracht hat, deren Verfolgung besondere Schwierigkeiten aufwirft (dazu s. Joerden und Singelnstein i.d.B.), so dass auch wirkungsvolle, zugleich rechtsstaatliche Anforderungen einhaltende Möglichkeiten der Gefahrenvorsorge und -abwehr sowie Strafverfolgung bestehen müssen.

---

132 Zur Problematik der Einbettung von Open-Source-Software in technische Normen bzw. entsprechende Standards s. Aßmus, U., Keppeler, L. M. & Amann, A. (2017). Rechtliche Implikationen der Einbettung von (Open Source-) Software in technischen Normen und Dokumenten. *Innovations- und Technikrecht,* 79–85.
133 Dazu vgl. statt vieler Bäcker, M. (Fn. 9).

Unverzichtbar bleibt die Forderung, bei hoheitlicher Überwachung Anforderungen der Rechtsstaatlichkeit zu beachten. Dies betrifft nicht nur ein Handeln im nationalen Hoheitsbereich, sondern auch grundrechtsbezogene Eingriffe durch deutsche Hoheitsträger außerhalb des nationalen Geltungsbereichs. Gesetzlich bzw. durch trans- oder internationale Abkommen ist ferner zu sichern, dass entsprechende Eingriffe fremder Hoheitsträger im deutschen bzw. im EU-weiten Bereich nicht erlaubt oder doch nur unter den gleichen oder gar strengeren Restriktionen ermöglicht werden wie Eingriffe von Hoheitsträgern aus Mitgliedstaaten der EU. Ferner sind Sanktionen bei Rechtsverletzungen zu ergreifen.

10. Verbund mit sonstigem Regulierungsrecht und Entwicklung geeigneter Governancestrukturen

Eingangs wurde die zurzeit erfolgende, fast alle Lebensbereiche erfassende digitale Transformation beschrieben. Die daran anschließende Analyse verengte die Aufmerksamkeit weitgehend auf die speziell mit Big Data verbundenen Fragen. Es muss aber nachdrücklich betont werden, dass eine solche Vorgehensweise eine Reduktion der Komplexität der Erscheinungen und Regelungsnotwendigkeiten sowie -möglichkeiten im Bereich der Digitalisierung bedeutet. Vor allem besteht das Risiko, die Besonderheiten der jeweils betroffenen Gegenstandsbereiche und der gesellschaftlichen Umbrüche aus dem Blick zu verlieren. Der Umgang mit Daten führt zu höchst unterschiedlichen Chancen und Risiken, je nachdem, wo er erfolgt und wo und für welche Zwecke die mithilfe von Daten gewonnenen Erkenntnisse und Steuerungsmöglichkeiten genutzt werden: im Bereich staatlicher Verwaltung und Rechtspflege oder privat erbrachter Rechtsdienstleistungen, im Gesundheitswesen (Telemedizin, Einsatz von Nanotechnologie), bei dem Betrieb von (gegebenenfalls existenzwichtigen) Infrastrukturen (etwa für die Energieversorgung), bei der Lenkung von Verkehrsströmen, im Bereich der Logistik, in der industriellen Produktion, bei Maßnahmen zur Sicherung der Nachhaltigkeit des Verbrauchs von Ressourcen, im häuslichen Bereich (Smart Home u.a.), bei der Tätigkeit von Informationsintermediären und der durch sie erfolgenden Beeinflussung von Einstellungen der Nutzerinnen und Nutzer oder bei der Erfüllung militärischer Aufgaben. Hier und anderswo gibt es nicht nur speziell auf den Umgang mit Daten bezogene Probleme. Durch die digitale Transformation wird vielmehr auch eine Reihe anderer, weit über den Datenschutz hinausreichender Probleme betroffen, für die es zum Teil schon gegenstandsspezifisches Regulierungsrecht gibt oder für die es sinnvoll oder geboten ist, es einzuführen.

Insofern besteht ein großer Bedarf zur Klärung, wie unterschiedliche Bereiche regulativen Rechts so aufeinander abgestimmt werden können, dass sie nicht zu kontraproduktiven Widersprüchlichkeiten oder Blockaden führen, sondern möglichst wechselseitig optimierend eingesetzt werden. Erwähnt wurde schon die Notwendigkeit, der Multipolarität und -dimensionalität der in den jeweiligen Aufgabenfeldern maßgebenden Interessen Rechnung zu tragen. Dabei ist vielfach ein abgestimmtes Zusammenspiel von Datenschutzrecht und Wettbewerbsrecht mit spezifischem Regulierungsrecht (wie Verkehrsrecht, Energierecht, Medizinrecht u.a.) sinnvoll und vielfach auch geboten. So kann es sich zum einen empfehlen, datenschutzrechtliche Regelungen gegenstandsbezogen zu modifizieren. Vor allem aber ist es wichtig, die durch die Digitalisierung und dabei insbesondere Big Data geschaffenen Einsatzmöglichkeiten in das jeweilige sonstige Regulierungsrecht zu integrieren, um bei der regulativen Einwirkung auf Chancen und Risiken gegenstandsspezifischen Besonderheiten in kohärenter Weise Rechnung tragen zu können.

Solche regulativen Vorkehrungen können zu relativ komplexen Regelungsstrukturen[134] führen. Neben Interessen schützenden Vorgaben inhaltlicher Art können sie Zuständigkeiten und Verfahren erfassen, darunter beispielsweise auch für die Zertifizierung und das Monitoring; sie können Möglichkeiten öffentlicher Kontrolle, gegebenenfalls auch durch Vertreterinnen und Vertreter der Zivilgesellschaft, vorsehen und die Voraussetzungen gerichtlichen Schutzes und hoheitlicher Aufsicht näher ausgestalten.

Regelungen dieser Art zu konzipieren, einzurichten und zu implementieren, ist angesichts der begrenzten Vorhersehbarkeit der weiteren Entwicklung der Digitalisierung und ihrer Folgeprobleme schwer, aber letztlich eine ähnliche Herausforderung, wie sie in anderen Feldern des Einsatzes von Recht zur Einwirkung auf Innovationsprozesse besteht.[135]

Auch ist mit erheblichem Widerstand vieler Akteure gegen Maßnahmen zur regulativen Umhegung des Umgangs mit Big Data und des Einsatzes digitaler Techniken zu rechnen. Kritikerinnen und Kritiker von Regulierung in diesem Feld verweisen beispielsweise auf aus ihrer Sicht unnötige

---

134 Zu den möglichen Inhalten von Regelungsstrukturen allgemein s. Hoffmann-Riem, W. (Fn. 26), 9–12.
135 Näher dazu Hoffmann-Riem, W. (Fn. 26).

Beschränkungen von Freiheit, die Erschwerung technologischer und sozialer Innovationen, die Unterminierung der Selbstheilungskräfte des Marktes, Risiken der Bürokratisierung und vieles mehr. Sie fordern häufig, die Entwicklung der Selbstgestaltung der Unternehmen und anderer Akteure zu überlassen.

Demgegenüber ist festzustellen: Angesichts der mit der Digitalisierung verbundenen Chancen und Risiken, auch in Anbetracht der Möglichkeit einseitiger Interessendurchsetzung sowie der Machtasymmetrien im IT-Bereich, können effektive, das Individual- und Gemeinwohl in abgewogener Weise sichernde Vorkehrungen von Selbstregulierung allein nicht erwartet werden. Hoheitlich verantwortetes und durchgesetztes Recht ist als Gegengewicht gegen private Macht auch in dem weiten Feld der Big-Data-Anwendungen unverzichtbar. Hoheitlich gesetztes Recht kann und sollte dabei auch zur Umhegung der durch Unternehmen oder Verbände erfolgten Selbstgestaltung bzw. Selbstregulierung eingesetzt werden (regulierte Selbstregulierung, s.o. 9.11).

Wenig Erfolg verspräche regulative Vorkehrungen allerdings, wenn sie in erster Linie auf die traditionell im Vordergrund von Regulierung stehenden Institute von Befehl und Zwang zurückgreifen würden. Imperatives, grenzsetzendes Recht ist in manchen Bereichen zwar unverzichtbar (etwa zur Gefahrenvorsorge und -abwehr), aber in innovativen, insbesondere Kreativität und Kooperationsbereitschaft aller Akteure erfordernden Bereichen nur begrenzt sinnvoll und wirksam. Anzustreben ist ein auf den jeweiligen Problembereich zugeschnittenes, dessen Kontextbedingungen beachtendes und möglichst im Hinblick auf die Ausgangs- und Entwicklungsbedingungen responsives und lernfähiges Recht.[136] Vielfach empfiehlt sich ein Governancemix, der verschiedene Governancemodi nutzt, so neben dem Koordinationsmodus Markt die Modi Verhandlung, Vertrag oder Netzwerk sowie ergänzend Hierarchie, aber auch den unter Nutzung der Möglichkeiten der Digitalisierung verfügbaren neuen Governancemodus digitaler Steuerung,[137] beispielsweise mithilfe eines entsprechend ausgerichteten technologischen Designs.

Regeln über die Entwicklung und Nutzung der digitalen Technologien, Infrastrukturen und Dienste sind wegen der transnationalen Anwendungen allerdings nur begrenzt erfolgreich, wenn sie auf die nationale Ebene be-

---

136 S. zu diesem Regelungstyp allgemein die Beiträge in Bizer, K., Führ, M. Hüttig, C. (Hrsg.). (2002). *Responsive Regulierung.* Tübingen: Mohr Siebeck.
137 S. schon o. vor 1.

schränkt sind. Dennoch sind auch solche Regeln nicht unwichtig, zumal sie die im nationalen Recht entwickelten Entscheidungskulturen und bewährten Institutionen nutzen können. Auch können sie als Experimentierfeld zum Austesten der Tauglichkeit regulatorischer Ansätze und als mögliches Modell für Regelungen auch in anderen Rechtsordnungen dienen.

EU-Regelungen haben zwar auch ein territorial begrenztes Wirkungsfeld, betreffen aber wegen der Größe und Leistungsfähigkeit des europäischen Wirtschafts- und Technologieraums ein attraktives Betätigungsfeld auch für nicht europäische Unternehmen. Dies sollte durch nationale und EU-Entscheidungsträger genutzt werden, um auch solchen Unternehmen die hier geltenden rechtlichen Standards aufzuerlegen, die in ihren „Heimatländern" geringeren rechtlichen Anforderungen unterliegen – wie insbesondere die den IT-Bereich dominierenden US-amerikanischen Unternehmen. Wenn diese sich auf EU-Vorgaben einlassen (müssen), kann dies im Übrigen ein Anstoß für sie sein, solche Regeln auch anderswo zu beachten. Anzustreben ist allerdings zusätzlich die Einführung transnationaler und global wirksamer Regelungsinstrumente auf der Grundlage entsprechender internationaler Übereinkommen.[138] Erforderlich sind dabei neue Konzepte und Einrichtungen einer transnationalen Governance im IT-Bereich, die auf Kooperation mit den unterschiedlichen Stakeholdern ausgerichtet sind, also auch auf Zusammenarbeit hoheitlicher Akteure mit den Verbänden und Unternehmen der IT-Wirtschaft sowie mit Nichtregierungsorganisationen (NGOs).[139] Dies muss aber in einem auf die Verwirklichung einer abgewogenen Sicherung der verschiedenen betroffenen Interessen gerichteten rechtlichen Rahmen geschehen, dessen Schaffung ohne auch hoheitlich gesetztes oder jedenfalls mitverantwortetes Recht nicht zu erwarten ist.

---

138 Zu den Regelungsproblemen insbesondere im Völkerrecht s. von Arnauld, A. i.d.B.
139 Ansätze dazu gibt es bisher nur in unverbindlicher Form. Ein Beispiel ist das NETmundial-Multistakeholder-Statement vom 24. April 2014, das ein Regelwerk für „Internet Governance Principles" umschreibt sowie eine „Roadmap for the future Evolution of the Internet Governance Ecosystem" enthält, abrufbar unter https://www.alainet.org/images/NETmundial-Multistakeholder-Document.pdf.

11. Anhang: Zur Illustration – Daten, die Facebook für Zwecke Zielgruppen-gerechter Werbung sammelt[140]

1. Ort
2. Alter
3. Generation
4. Geschlecht
5. Sprache
6. Bildungsniveau
7. Ausbildungsbereich
8. Schule
9. ethnische Zugehörigkeit
10. Einkommen und Eigenkapital
11. Hausbesitz und -typ
12. Hauswert
13. Grundstücksgröße
14. Hausgröße in Quadratmeter
15. Jahr, in dem das Haus gebaut wurde
16. Haushaltszusammensetzung
17. Nutzer, die innerhalb von 30 Tagen ein Jubiläum haben
18. Nutzer, die von der Familie oder Heimatstadt entfernt sind
19. Nutzer die mit jemandem befreundet sind, der einen Jahrestag hat, frisch verheiratet oder verlobt ist, gerade umgezogen ist oder bald Geburtstag hat
20. Nutzer in Fernbeziehungen
21. Nutzer in neuen Beziehungen
22. Nutzer mit neuen Jobs
23. Nutzer, die frisch verlobt sind
24. Nutzer, die frisch verheiratet sind
25. Nutzer, die vor Kurzem umgezogen sind
26. Nutzer, die bald Geburtstag haben
27. Eltern
28. Werdende Eltern
29. Mütter in Typen unterteilt („Fußball, trendy" etc.)
30. Nutzer, die sich wahrscheinlich politisch betätigen

---

140 Nach Tischbein, V. netzpolitik org. zuletzt aktualisiert 18.3.2017. <https://netzpolitik.org/2016/98-daten-die-facebook-ueber-dich-weiss-und-nutzt-um-werbung-auf-dich-zuzuschneiden/>

31. Konservative und Liberale
32. Beziehungsstatus
33. Arbeitgeber
34. Branche
35. Berufsbezeichnung
36. Art des Büros
37. Interessen
38. Nutzer, die ein Motorrad besitzen
39. Nutzer, die planen, ein Auto zu kaufen (welche Art/Marke, und wann)
40. Nutzer, die kürzlich Autoteile oder Zubehör gekauft haben
41. Nutzer die wahrscheinlich Autoteile oder Service benötigen
42. Art und Marke des Autos, dass man fährt
43. Jahr, in dem das Auto gekauft wurde
44. Alter des Autos
45. Wieviel Geld der Nutzer vermutlich für sein nächstes Auto ausgeben wird
46. Wo der Nutzer vermutlich sein nächstes Auto kaufen wird
47. Wieviele Mitarbeiter die eigene Firma hat
48. Nutzer, die kleine Unternehmen haben
49. Nutzer, die Manager oder Führungskräfte sind
50. Nutzer, die für wohltätige Zwecke gespendet haben (unterteilt nach Art)
51. Betriebssystem
52. Nutzer, die Browserspiele spielen
53. Nutzer, die eine Spielekonsole besitzen
54. Nutzer, die eine Facebook-Veranstaltung erstellt haben
55. Nutzer, die Facebook-Payments benutzt haben
56. Nutzer, die mehr als üblich per Facebook-Payments ausgegeben haben
57. Nutzer, die Administrator einer Facebookseite sind
58. Nutzer, die vor Kurzem ein Foto auf Facebook hochgeladen haben
59. Internetbrowser
60. Emailanbieter
61. „Early Adopters" und „late Adopters" von Technologien
62. Auswanderer (sortiert nach dem Ursprungsland)
63. Nutzer, die einer Genossenschaftsbank, einer nationalen oder regionalen Bank angehören
64. Nutzer, die Investoren sind (sortiert nach Typ der Investition)
65. Anzahl der Kredite
66. Nutzer, die aktiv eine Kreditkarte benutzen

67. Typ der Kreditkarte
68. Nutzer, die eine Lastschriftkarte haben
69. Nutzer, die Guthaben auf der Kreditkarte haben
70. Nutzer, die Radio hören
71. Bevorzugte TV-Shows
72. Nutzer, die ein mobiles Gerät benutzen (nach Marke aufgeteilt)
73. Art der Internetverbindung
74. Nutzer, die kürzlich ein Tablet oder Smartphone gekauft haben
75. Nutzer, die das Internet mit einem Smartphone oder einem Tablet benutzen
76. Nutzer, die Coupons benutzen
77. Arten von Kleidung, die der Haushalt des Nutzers kauft
78. Die Zeit im Jahr, in der der Haushalt des Nutzers am meisten einkauft
79. Nutzer, die „sehr viel" Bier, Wein oder Spirituosen kaufen
80. Nutzer, die Lebensmittel einkaufen (und welche Art)
81. Nutzer, die Kosmetikprodukte kaufen
82. Nutzer, die Medikamente gegen Allergien und Schnupfen/Grippe, Schmerzmittel und andere nicht-verschreibungspflichtige Arzneimittel einkaufen
83. Nutzer, die Geld für Haushaltsgegenstände ausgeben
84. Nutzer, die Geld für Produkte für Kinder oder Haustiere ausgeben (und welche Art von Haustier)
85. Nutzer, deren Haushalt mehr als üblich einkauft
86. Nutzer, die dazu neigen online (oder offline) einzukaufen
87. Arten von Restaurants, in denen der Nutzer isst
88. Arten von Läden, in denen der Nutzer einkauft
89. Nutzer, die „empfänglich" für Angebote von Firmen sind, die Online-Autoversicherungen, Hochschulbildung oder Hypotheken, Prepaid-Debitkarten und Satellitenfernsehen anbieten
90. Wie lange der Nutzer sein Haus bereits bewohnt
91. Nutzer, die wahrscheinlich bald umziehen
92. Nutzer, die sich für Olympische Spiele, Cricket oder Ramadan interessieren
93. Nutzer, die häufig verreisen (geschäftlich oder privat)
94. Nutzer, die zur Arbeit pendeln
95. Welche Art von Urlaub der Nutzer bucht
96. Nutzer, die kürzlich von einem Ausflug zurückkommen
97. Nutzer, die kürzlich eine Reise-App benutzt haben
98. Nutzer, die ein Ferienwohnrecht haben

Teil II:
Beiträge zu Beispielsfeldern

Erosion traditioneller Prinzipien des Datenschutzrechts durch Big Data

Gerrit Hornung

1. Hintergründe

Big Data ist mehr als die Verarbeitung von großen Datenmengen („Volume"). Hinzu treten weitere Merkmale, nämlich die große Heterogenität der Daten („Variety") und das Erfordernis der Analyse mit hoher Geschwindigkeit, nach Möglichkeit in Echtzeit („Velocity"). Diese „drei V"[1] (in anderen Zählungen auch noch mehr) lassen sich einerseits als technische Herausforderungen von Big Data, andererseits als Anforderungen an Systeme verstehen, die diese Herausforderungen meistern sollen. Ziele der entsprechenden Verfahren sind maßgeblich die Entwicklung neuer, datenbasierter Geschäftsmodelle der Privatwirtschaft („Value")[2] bzw. im staatlichen Bereich datenbasierter Steuerungsinstrumente wie Predictive Policing. Bei-

---

1 Die „drei V" gehen ursprünglich auf einen Beitrag des Analysten *Doug Laney* aus dem Jahr 2001 zurück, in dem dieser die Herausforderungen des (damaligen) Datenmanagements beschrieb, s. Laney, D. (2001). *3D Data Management, Controlling Data Volume, Velocity, and Variety*. META Group Research Note, 6. Abgerufen von https://blogs.gartner.com/doug-laney/files/2012/01/ad949-3D-Data-Management-Controlling-Data-Volume-Velocity-and-Variety.pdf; s.a. Martini, M. (2014). Big Data als Herausforderung für den Persönlichkeitsschutz und das Datenschutzrecht. *Deutsches Verwaltungsblatt,* 1481, 1482; Hoffmann-Riem, W. (2017). Verhaltenssteuerung durch Algorithmen. Eine Herausforderung für das Recht. *Archiv des öffentlichen Rechts,* 1, 7; Bitkom. (Hrsg.). (2012). *Big Data im Praxiseinsatz – Szenarien, Beispiele, Effekte.* Abgerufen von https://www.bitkom.org/noindex/Publikationen/2012/Leitfaden/Leitfaden-Big-Data-im-Praxiseinsatz-Szenarien-Beispiele-Effekte/BITKOM-LF-big-data-2012-online1.pdf, 19; Hornung, G. & Herfurth, C. (2017). Datenschutz bei Big Data. Rechtliche und politische Implikationen. In C. König, J. Schröder & E. Wiegand (Hrsg.), *Big Data – Chancen, Risiken, Entwicklungstendenzen* (S. 149–184). Wiesbaden: Springer VS.
2 Beispiele bei Bitkom. (Hrsg.). (2015). *Big Data und Geschäftsmodell-Innovationen in der Praxis.* Abgerufen von https://www.bitkom.org/noindex/Publikationen/2015/Leitfaden/Big-Data-und-Geschaeftsmodell-Innovationen/151229-Big-Data-und-GM-Innovationen.pdf.

des verspricht enorme wirtschaftliche und verwaltungstechnische Möglichkeiten. Um diese zu nutzen, sind die Verfahren nicht immer, aber in sehr vielen Fällen auf die Erhebung und Verwendung personenbezogener Daten angewiesen.

Big-Data-Anwendungen werfen deshalb eine Reihe datenschutzrechtlicher Probleme auf. Soweit diese durch die reine Zunahme der Datenmengen bedingt sind, handelt es sich teilweise um eine Skalierung hergebrachter Rechtsfragen. Hinzu treten aber fundamental neue Herausforderungen, weil die Verarbeitungsparadigmen von Big Data sich nicht oder nur schwer mit den hergebrachten Prinzipien des Datenschutzrechts vertragen. Die daraus resultierenden strukturellen Probleme werden vielfach – und zu Recht – als sehr groß empfunden („Big Data – Small Privacy?").[3]

Das geltende Datenschutzrecht gliedert sich – je nach dem Verantwortlichen und dem konkreten Verarbeitungsgegenstand – in eine Art „Grundregulierung" durch das Bundesdatenschutzgesetz (BDSG) und die Landesdatenschutzgesetze sowie den bereichsspezifischen Datenschutz.[4] Beide folgen bestimmten, hergebrachten Schutzprinzipien, die weitgehend grundrechtlich abgesichert sind.[5] Ab dem 25. Mai 2018 wird sich die Verarbeitung maßgeblich nach der europäischen Datenschutz-Grundverordnung (DSGVO)[6] bestimmen, die unmittelbar gilt, allerdings viele Öffnungsklauseln für die Mitgliedstaaten enthält,[7] von denen der deutsche

---

3 Roßnagel, A. (2013). Big Data – Small Privacy? Konzeptionelle Herausforderungen für das Datenschutzrecht. *Zeitschrift für Datenschutz*, 562–567.
4 Letzterer knüpft teilweise an bestimmte Technologien an (beispielsweise im Bereich von Internet und Telekommunikation durch §§ 11 ff. Telemediengesetz (TMG) und §§ 88 ff. Telekommunikationsgesetz (TKG), teilweise an bestimmte Verwendungszwecke des jeweiligen Wirtschafts- oder Verwaltungszweigs.
5 Das gilt sowohl für den deutschen Grundrechtsschutz (Recht auf informationelle Selbstbestimmung, Art. 2 Abs. 1 i.V.m. Art. 1 Abs. 1 Grundgesetz [GG]) als auch für die europäische Ebene (Schutz personenbezogener Daten, Art. 8 Charta der Grundrechte der Europäischen Union [GRC]).
6 Verordnung (EU) 2016/679 des Europäischen Parlaments und des Rates v. 27.4.2016 zum Schutz natürlicher Personen bei der Verarbeitung personenbezogener Daten, zum freien Datenverkehr und zur Aufhebung der Richtlinie 95/46/EG (Datenschutz-Grundverordnung), ABl. L 119/1, 1.
7 Dazu Roßnagel, A. (Hrsg.). (2016). *Europäische Datenschutz-Grundverordnung. Vorrang des Unionsrechts – Anwendbarkeit des nationalen Rechts.* Baden-Baden: Nomos; Kühling, J., Martini, M., Heberlein, J., Kühl, B., Nink, D., Weinzierl, Q. & Wenzel, M. (2016). *Die Datenschutz-Grundverordnung und das nationale Recht. Erste Überlegungen zum innerstaatlichen Regelungsbedarf.* Münster: MV-Verlag.

Gesetzgeber bereits in erheblichem Umfang Gebrauch gemacht hat.[8] Die Verordnung verändert viele Einzelfragen des Datenschutzrechts, behält aber die hergebrachten Verarbeitungsprinzipien bei. Die datenschutzrechtlichen Herausforderungen von Big Data werden deshalb durch die Reform weder verändert noch gelöst. Im Folgenden wird deshalb bereits auf die ab dem 25. Mai 2018 geltende Rechtslage abgestellt.

2. Vertiefung bisheriger Anwendungs- und Vollzugsprobleme

Soweit in den verwendeten großen Datenmengen personenbezogene Daten enthalten sind, entstehen datenschutzrechtliche Fragen etwa der Zulässigkeit der Verarbeitung, der Betroffenenrechte und der internen und externen Kontrolle (einerseits betriebliche und behördliche Datenschutzbeauftragte, andererseits Datenschutzbeauftragte des Bundes und der Länder sowie die Aufsichtsbehörden über die Privatwirtschaft). Diese Fragen sind insoweit herkömmlicher Natur, als es – rechtlich – zunächst wenig Unterschied macht, ob ein System ein einzelnes Datum oder sehr viele Daten über eine betroffene Person verarbeitet. In beiden Fällen benötigt der Verantwortliche eine Rechtsgrundlage (gesetzliche Erlaubnis oder Einwilligung, Art. 6 DSGVO), greifen Auskunfts- und sonstige Betroffenenrechte (Art. 12 ff. DSGVO) und sind Kontrollbefugnisse und -pflichten einschlägig (Art. 37 ff. bzw. Art. 55 ff. DSGVO).

Die enorme quantitative Vermehrung der Daten führt freilich zu praktischen Problemen, die die bereits bestehenden Vollzugsprobleme des Datenschutzrechts weiter vertiefen werden. So kann es für die Verantwortlichen sehr schwierig abzuschätzen sein, ob sich in den verwendeten Daten (auch) personenbezogene Daten befinden. Dies gilt insbesondere, weil der Begriff des personenbezogenen Datums nach Art. 4 Nr. 1 DSGVO umstritten und durch den Europäischen Gerichtshof (EuGH) trotz des jüngsten Urteils zu IP-Adressen[9] nicht vollständig geklärt ist. Beides führt zu er-

---

8 S. v.a. das Gesetz zur Anpassung des Datenschutzrechts an die Verordnung (EU) 2016/679 und zur Umsetzung der Richtlinie (EU) 2016/680 (Datenschutz-Anpassungs- und -Umsetzungsgesetz EU – DSAnpUG-EU) vom 30.6.2017, *Bundesgesetzblatt (BGBl.) I Nr. 44*; s. z.B. Greve, H. (2017). Das neue Bundesdatenschutzgesetz. *Neue Zeitschrift für Verwaltungsrecht*, 737–744.
9 EuGH (2016). Speicherung von IP-Adressen beim Besuch einer Website. Urteil v. 19.10.2016 – C-582/14. *Neue Juristische Wochenschrift*, 3579–3583.

heblichen Unsicherheiten für die Verantwortlichen und Auftragsverarbeiter hinsichtlich der Anwendbarkeit des Datenschutzrechts. Der pragmatische Vorschlag, im Zweifel immer von dieser Anwendbarkeit auszugehen, bietet zwar Rechtssicherheit, aber nur um den Preis eines erheblichen Aufwands der Datenverarbeiter.

Mit der Sammlung großer Datenmengen geht auch eine Unübersichtlichkeit für alle Akteure einher. Diese trifft bereits die „Datenschutzprofis" hart, weil erfahrungsgemäß die personellen und sachlichen Kapazitäten der Aufsichtsbehörden nicht proportional mitwachsen.[10] Für die betroffenen Personen erzeugt Big Data aber ein zunehmendes und ungleich größeres Informationsungleichgewicht, das mit eigenen technischen oder rechtlichen Instrumenten kaum zu beheben ist.

3. Neue strukturelle Herausforderungen

Diese Probleme wären schon Herausforderung genug. Sie werden aber in den Schatten gestellt durch Veränderungen, die das hergebrachte Datenschutzrecht nicht nur quantitativ herausfordern, sondern vor Konzeptprobleme stellen, weil wesentliche Schutzinstrumente sich prima facie mit den „drei V" (s.o.) nicht vertragen.[11]

---

[10] Zu den neuen Aufgaben nach der DSGVO und dem resultierenden Mehrbedarf der Behörden s. Roßnagel, A. (2017). *Zusätzlicher Arbeitsaufwand für die Aufsichtsbehörden der Länder durch die Datenschutz-Grundverordnung.* Abgerufen von https://www.datenschutzzentrum.de/uploads/dsgvo/2017-Rossnagel-Gutachten-Aufwand-Datenschutzbehoerden.pdf.

[11] S. z.B. Roßnagel, A. (Fn. 3); Weichert, T. (2013). Big Data und Datenschutz. Chancen und Risiken einer neuen Form der Datenanalyse. *Zeitschrift für Datenschutz,* 251; Martini, M. (Fn. 1), 1481; Europäischer Datenschutzbeauftragter. (Hrsg.). (2015). *Bewältigung der Herausforderungen in Verbindung mit Big Data. Ein Ruf nach Transparenz, Benutzerkontrolle, eingebautem Datenschutz und Rechenschaftspflicht.* Abgerufen von https://edps.europa.eu/sites/edp/files/publication/15-11-19_big_data_de.pdf; Hornung, G. (2017). Datensparsamkeit: Zukunftsfähig statt überholt. *Spektrum SPEZIAL Physik Mathematik Technik, 1,* 62–67.

3.1 Die traditionellen Schutzprinzipien in der DSGVO

Art. 5 DSGVO bündelt nunmehr die „Grundsätze für die Verarbeitung personenbezogener Daten", die überwiegend bereits im geltenden Recht enthalten waren und teilweise unmittelbar aus Art. 8 der Charta der Grundrechte der Europäischen Union (GRC) abgeleitet werden können.[12] Einige dieser Grundsätze werfen fundamentale Probleme für Big Data auf.[13]

So verpflichtet der in Art. 5 Abs. 1b DSGVO normierte *Grundsatz der Zweckbindung* den Verantwortlichen auf die Festlegung konkreter, nachprüfbarer Zwecke vor der Datenerhebung und -verwendung. Diese Festlegung bestimmt den Kreis der künftig zulässigen Datenverarbeitung.[14] Zweckänderungen sind legitimationsbedürftig und müssen den Anforderungen in Art. 6 Abs. 4 DSGVO genügen.[15] Eine zweckfreie Verarbeitung personenbezogener Daten und insbesondere ihre Erhebung „auf Vorrat" sind unzulässig. Die Analyse von Big Data zielt aber häufig gerade auf die Generierung neuer, noch unbekannter Zusammenhänge, die erst im Anschluss (neuen) Zwecken zugeführt werden. Dieses Vorgehen „soll die Daten sprechen [...] lassen, um beeindruckende Antworten auf Fragen zu erhalten, die man nicht einmal vorher stellen musste"[16] – verträgt sich aber

---

12 So finden sich Rechtmäßigkeit, Treu und Glauben sowie Zweckbindung in Art. 8 Abs. 2 S. 1 GRC, während sich Transparenz und Richtigkeit aus Art. 8 Abs. 2 S. 2 GRC ableiten lassen.
13 Außer den im Folgenden erläuterten Grundsätzen enthält die Norm noch die Grundsätze der Rechtmäßigkeit und der Verarbeitung nach Treu und Glauben (Art. 5 Abs. 1a DSGVO), der Datenrichtigkeit (d), der Integrität und Vertraulichkeit (f) sowie der Rechenschaftspflicht (Abs. 2); s. mit Bezug auf Big Data Hornung, G. & Herfurth, C. (Fn. 1), S. 157 ff.
14 Art.-29-Datenschutzgruppe. (2013). *Opinion 03/2013 on purpose limitation. WP 203.* Abgerufen von http://ec.europa.eu/justice/data-protection/article-29/documen tation/opinion-recommendation/files/2013/wp203_en.pdf, 4; s.a. für die DSGVO Monreal, M. (2016). Weiterverarbeitung nach einer Zweckänderung in der DS-GVO. *Zeitschrift für Datenschutz,* 507, 509; Culik, N. & Döpke, C. (2017). Zweckbindungsgrundsatz gegen unkontrollierten Einsatz von Big Data-Anwendungen. Analyse möglicher Auswirkungen der DS-GVO. *Zeitschrift für Datenschutz,* 226–230.
15 Diese Vorschrift normiert Kriterien für die Prüfung, ob der andere Zweck mit dem ursprünglichen „vereinbar" ist. Diese Prüfung wirft für Big Data zusätzliche Probleme auf, die hier nicht vertieft werden können.
16 Lanquillon, C. & Mallow, H. (2015). Advanced Analytics mit Big Data. In J. Dorschel (Hrsg.), *Praxishandbuch Big Data. Wirtschaft – Recht – Technik* (S. 75).

nicht mit der Vorgabe, Zwecke vorab festzulegen.[17] Dieses Problem vertieft sich, wenn Daten an andere Stellen, insbesondere an zentrale „Datenbroker" übermittelt und dort mit Daten aus anderen Kontexten angereichert werden.[18] Sie werden so ökonomisch erheblich wertvoller und deshalb (noch) attraktiver für erneute Zweckänderungen.

Der *Grundsatz der Datenminimierung* (in herkömmlicher deutscher Terminologie: Erforderlichkeitsprinzip) verlangt nach Art. 5 Abs. 1c DSGVO, dass personenbezogene Daten dem Zweck angemessen und erheblich sowie auf das für die Zwecke der Verarbeitung notwendige Maß beschränkt sein müssen. In engem Zusammenhang damit steht der *Grundsatz der Speicherbegrenzung*. Gemäß Art. 5 Abs. 1e DSGVO müssen Daten in einer Form gespeichert werden, die die Identifizierung der betroffenen Personen nur so lange ermöglicht, wie es für die Zwecke, für die sie verarbeitet werden, erforderlich ist.

Die Erhebung und Verwendung sind also auf die Daten zu beschränken, die zum jeweiligen Zweck benötigt werden. Überdies sind nicht mehr benötigte Daten entweder zu anonymisieren oder zu löschen; dies wird durch Erwägungsgrund (EG) 39 DSGVO ausdrücklich festgestellt. Insoweit setzt sich das Grundproblem der Unverträglichkeit von Big Data und Zweckbindung fort. Lässt sich nämlich gar kein Zweck bestimmen, wird die Erforderlichkeitsprüfung vollständig sinnlos. Bleibt der Zweck sehr offen und vage, so läuft sie leer und verliert ihre grundrechtsschützende Begrenzung des Datenumgangs, da zu offenen, unbestimmten Zwecken sehr viele Daten erforderlich sind. Häufig besteht bei den Datenverarbeitern überdies die Hoffnung, die erhobenen Daten in der Zukunft noch für neue Geschäftsmodelle nutzen zu können. Diese Hoffnung und die mit ihr verbundenen Gewinnaussichten führen zu erheblichen Widerständen gegen alle Formen der Anonymisierung und Löschung von Daten.

Nach § 3a BDSG a.F. stand ein weiterer Grundsatz in enger Verbindung mit dem Erforderlichkeitsprinzip, nämlich die *Anforderungen der Daten-*

Wiesbaden: Springer; ähnlich auch Mayer-Schönberger, V. (2015). Zur Beschleunigung menschlicher Erkenntnis. *Aus Politik und Zeitgeschichte 11–12,* 14, 15.
17 S. z.B. Spiecker gen. Döhmann, I. (2017). Big und Smart Data – Zweckbindung zwecklos? *Spektrum SPEZIAL Physik Mathematik Technik, 1,* 56–61.
18 S. hierzu Federal Trade Commission. (Hrsg.). (2014). *Data Brokers: A Call for Transparency and Accountability.* Abgerufen von https://www.ftc.gov/system/files/documents/reports/data-brokers-call-transparency-accountability-report-federal-trade-commission-may-2014/140527databrokerreport.pdf.

vermeidung und Datensparsamkeit. Art. 5 DSGVO enthält kein entsprechendes Gestaltungsprinzip, dieses lässt sich aber weitgehend analog in den Vorgaben von Art. 25 DSGVO (Datenschutz durch Technikgestaltung und durch datenschutzfreundliche Voreinstellungen) verankern.[19] Obwohl Datenvermeidung und Datensparsamkeit zuletzt in der Diskussion oftmals als rückwärtsgewandt und überholt diffamiert wurden,[20] bieten sie zukunftsweisende Wege für einen zeitgemäßen Datenschutz, geraten allerdings ebenso wie der Grundsatz der Datenminimierung bei Big Data an ihre Grenzen.[21]

Datenvermeidung und Datensparsamkeit sollen rechtliche Erhebungs- und Verwendungsregeln im Sinne des Vorsorgegedankens und als Instrument vorverlagerten (Grundrechts-)Schutzes technisch absichern, indem sie die Gestaltung und die Auswahl der Systeme an das Ziel binden, so wenig personenbezogene Daten wie möglich zu erheben, zu verarbeiten oder zu nutzen.[22] Mit dieser Idee eines „Systemdatenschutzes"[23] geht der Grundsatz der Datensparsamkeit deutlich über den der Datenminimierung hinaus, weil konkret auf die Organisation der Datenverarbeitung Einfluss genommen und Datenschutz im technischen Design verankert wird: Wenn

---

19 Hornung, G. (Fn. 11), 64; ähnlich Hartung, J. (2017). Kommentierung zu Art. 25, Rn. 3. In J. Kühling & B. Buchner (Hrsg.), *Datenschutz-Grundverordnung. Kommentar* (S. 504–514). München: Beck.
20 Dies geschah durch Vertreterinnen und Vertreter der Wirtschaft (z.B. Bitkom-Präsident Dirks, www.heise.de/-2753840, oder den Leiter Technologie der KPMG Heitkamp, https://klardenker.kpmg.de/deutschland-fehlt-es-an-digitalem-selbstbewusstsein/), der Politik (insbesondere Bundeskanzlerin Merkel und Bundesminister für Verkehr und digitale Infrastruktur Dobrindt auf dem IT-Gipfel 2015) und der Wissenschaft (Bull, H. (2015). *Sinn und Unsinn des Datenschutzes*. Tübingen: Mohr Siebeck, S. 61 ff.). Die dabei oftmals verwendete Forderung „Datenreichtum statt Datensparsamkeit" klingt nur auf den (aller-)ersten Blick eingängig, stellt aber eine völlige Verkennung des normativen Konzepts der Datensparsamkeit dar.
21 Näher Hornung, G. (Fn. 11).
22 Zu Entwicklung und Konzept s. Roßnagel, A. (2011). Das Gebot der Datenvermeidung und -sparsamkeit als Ansatz wirksamen technikbasierten Persönlichkeitsschutzes? In M. Eifert & W. Hoffmann-Riem (Hrsg.), *Innovation, Recht und öffentliche Kommunikation* (S. 41–66). Berlin: Duncker & Humblot; Scholz, P. (2014). Kommentierung zu § 3a BDSG, Rn. 1 ff. In S. Simitis (Hrsg.), *BDSG* (8. Aufl.). Baden-Baden: Nomos; s.a. Hornung, G. (2011). Datenschutz durch Technik in Europa. Die Reform der Richtlinie als Chance für ein modernes Datenschutzrecht. *Zeitschrift für Datenschutz*, 51, 53 f.
23 Näher Dix, A. (2003). Konzepte des Systemdatenschutzes. Kap. 3.5. In A. Roßnagel (Hrsg.), *Handbuch Datenschutzrecht*. München: Beck.

Datenschutzgefahren und -verletzungen faktisch nicht möglich sind, muss nicht in die Einhaltung rechtlicher Normen vertraut und müssen diese nicht gegebenenfalls mit Befehl und Zwang durchgesetzt werden.[24] Allerdings setzen derartige technische Gestaltungsentscheidungen voraus, dass der Zweck und die Funktion eines Systems zumindest halbwegs präzise beschreibbar sind. Wenn dies bei Big-Data-Verfahren zunehmend schwierig oder unmöglich wird, droht das Instrument der Datenvermeidung und Datensparsamkeit ähnlich wie der Grundsatz der Datenminimierung leerzulaufen.[25]

Der *Grundsatz der Transparenz* verlangt nach Art. 5 Abs. 1a, 3. Alt. DSGVO von dem Verantwortlichen, personenbezogene Daten „in einer für die betroffene Person nachvollziehbaren Weise" zu verarbeiten. Diese Nachvollziehbarkeit hat das Bundesverfassungsgericht (BVerfG) bereits im Volkszählungsurteil in besonderer, auch sprachlich prägnanter Weise betont: „Mit dem Recht auf informationelle Selbstbestimmung wären eine Gesellschaftsordnung und eine diese ermöglichende Rechtsordnung nicht vereinbar, in der Bürger nicht mehr wissen können, wer was wann und bei welcher Gelegenheit über sie weiß."[26] Aus individueller Perspektive ist Transparenz besonders wichtig, weil die betroffene Person ohne dieses Wissen keinerlei Möglichkeit hat, die Rechtmäßigkeit der Datenverarbeitung zu beurteilen oder gegebenenfalls durch Behörden oder Gerichte nachprüfen zu lassen.

Zur Herstellung von Transparenz müssen den betroffenen Personen Informationen zu den jeweiligen Daten, den Verantwortlichen und Auftragsverarbeitern sowie den Verwendungszwecken bereitgestellt werden. Dies hat teils proaktiv, teils auf Auskunftsbegehren zu erfolgen.[27] Beide Pflichten sind in den Art. 12 ff. DSGVO im Verhältnis zum bisherigen Recht erheblich ausgeweitet worden. Dies ist grundsätzlich positiv zu bewerten, führt aber bei Big Data zu erheblichen Herausforderungen. Wenn die Verantwortlichen beispielsweise über die Zwecke der Datenverarbeitung, die

---

24 Roßnagel, A., Pfitzmann, A. & Garstka, H. (2001). *Modernisierung des Datenschutzrechts*. Gutachten im Auftrag des Bundesministeriums des Innern. Abgerufen von https://www.bfdi.bund.de/SharedDocs/VortraegeUndArbeitspapiere/2001 GutachtenModernisierungDSRecht.pdf?__blob=publicationFile, 36.
25 S. Hornung, G. (Fn. 11).
26 Entscheidungen des Bundesverfassungsgerichts (BVerfGE) 65, 1, 42.
27 Zur Problematik bei Big Data s. Liedke, B. (2014). BIG DATA – small information: muss der datenschutzrechtliche Auskunftsanspruch reformiert werden? *Kommunikation und Recht*, 709–714.

potentiellen Empfänger, die Speicherdauer oder die berechtigten Interessen informieren müssen, auf die sie die Datenverarbeitung stützen (Art. 13 Abs. 1c–f, Abs. 2a und Art. 14 Abs. 1c, e, f, Abs. 2a, b DSGVO), so verträgt sich dies kaum mit den volatilen Verarbeitungszwecken und Dateistrukturen, die Big-Data-Anwendungen immanent sind. Wenn große Datenmengen in integrierten Wertschöpfungsnetzwerken flottieren und in ganz unterschiedlichen Zusammenhängen und Geschäftsmodellen genutzt werden, droht eine Art organisierte Intransparenz. Diese stellt auch das Instrument der datenschutzrechtlichen Einwilligung in Frage, weil diese nach Art. 4 Nr. 11 DSGVO in informierter Weise, also in Kenntnis aller relevanten Umstände, abgegeben werden muss.[28]

Lediglich für einige Bereiche von Big Data – nämlich Archive, wissenschaftliche oder historische Forschung und Statistik – enthält die DSGVO Ausnahmen,[29] nämlich eine erleichterte Zweckänderung (Art. 5 Abs. 1b DSGVO), eine Verlängerung der zulässigen Speicherzeit (Art. 5 Abs. 1e DSGVO) sowie Begrenzungen der Betroffenenrechte auf Information und Löschung (Art. 14 Abs. 5b, Art. 17 Abs. 3d DSGVO).[30]

Für andere Verarbeitungszwecke gilt: Wendet man die oben beschriebenen Grundsätze konsequent an, sind zumindest einige Big-Data-Anwendungen schlicht rechtswidrig. Dies kann insbesondere für explorative Datenanalysen unter Verwendung personenbezogener Daten gelten, wenn die Analysezwecke noch nicht einmal grob abschätzbar sind.[31] Für die Verantwortlichen ist dies kein kleines Risiko, weil die Verletzung von Art. 5

---

28 Zum Instrument der datenschutzrechtlichen Einwilligung näher Radlanski, P. (2016). *Das Konzept der Einwilligung in der datenschutzrechtlichen Realität*. Tübingen: Mohr Siebeck; kritische Bewertung („Fiktion") v.a. bei Simitis, S. (2014). Kommentierung zu § 4a BDSG, Rn. 1 ff. In S. Simitis (Hrsg.), *Bundesdatenschutzgesetz. Kommentar* (8. Aufl., S. 470–503). Baden-Baden: Nomos.
29 S. näher Hornung, G. & Herfurth, C. (Fn. 1), S. 161 ff.; zur Reichweite im Bereich der Forschung s. Hornung, G. & Hofmann, K. (2017). Die Auswirkungen der europäischen Datenschutzreform auf die Markt- und Meinungsforschung. *Zeitschrift für Datenschutz (Beilage), 4*, 4 f.
30 Weitere, ähnliche Einschränkungen von Betroffenenrechten ergeben sich zudem aus Art. 89 Abs. 2–4 DSGVO i.V.m. §§ 27 f. BDSG (neu).
31 S. Hornung, G. & Herfurth, C. (Fn. 1), S. 167 ff.; dort auch zu Lösungsmöglichkeiten durch Einwilligungen, gesetzliche Erlaubnisse und die Kompatibilitätsprüfung nach Art. 6 Abs. 4 DSGVO; lediglich für überschaubare Zweckänderungen kann man dem mit den hergebrachten Instrumenten begegnen; s. zu solchen Fällen Helbing, T. (2015). Big Data und der datenschutzrechtliche Grundsatz der Zweckbindung. *Kommunikation & Recht*, 145–150.

DSGVO nach Art. 83 Abs. 5a mit Geldbußen von bis zu 20 Millionen Euro bzw. 4 Prozent des weltweit erzielten Jahresumsatzes bedroht ist.[32] Dies stellt eine erhebliche Abweichung vom bisherigen Rechtszustand dar, nach dem sich das Datenschutzrecht weithin als Soft Law charakterisieren ließ. Ob sich die neuen Sanktionsinstrumente allerdings gegen den enormen ökonomischen Druck behaupten können, der hinter der Einführung von Big-Data-Anwendungen steht, dürfte eher zweifelhaft sein.

3.2 Datenschutzrecht und gesellschaftliche Macht

Big Data verursacht schließlich Probleme, die auf einer strukturellen, gesellschaftlichen Ebene angesiedelt sind. Das Recht auf informationelle Selbstbestimmung ist zwar durch das BVerfG auch und gerade mit Blick auf die gesellschaftlichen Folgen konzipiert worden, die drohen, wenn der Einzelne keine unüberwachten Räume zur Persönlichkeitsentfaltung vorfindet.[33] Es hat also nicht nur eine individuelle Schutzkomponente, son-

---

32 Die aufgrund der Unbestimmtheit von Art. 5 DSGVO angebrachte Kritik ist rechtsstaatlich berechtigt (z.B. Frenzel, E. (2017). Kommentierung zu Art. 5, Rn. 2. In B. Paal & D. Pauly (Hrsg.), *Datenschutz-Grundverordnung, Kommentar* (S. 65–83). München: Beck), es ist aber bislang nicht absehbar, wie sich dies in der Sanktionspraxis der Aufsichtsbehörden auswirken wird.
33 S. BVerfGE 65, 1, 43: „Wer unsicher ist, ob abweichende Verhaltensweisen jederzeit notiert und als Information dauerhaft gespeichert, verwendet oder weitergegeben werden, wird versuchen, nicht durch solche Verhaltensweisen aufzufallen. […] Dies würde nicht nur die individuellen Entfaltungschancen des Einzelnen beeinträchtigen, sondern auch das Gemeinwohl, weil Selbstbestimmung eine elementare Funktionsbedingung eines auf Handlungsfähigkeit und Mitwirkungsfähigkeit seiner Bürger begründeten freiheitlichen demokratischen Gemeinwesens ist.".

dern zielt auch auf eine soziale Kommunikationsordnung.[34] Dieser soziale Wert von Datenschutz und Privatheit ist weithin anerkannt.[35]

Die konkreten rechtlichen Anforderungen des Datenschutzrechts gehen dennoch von überschaubaren Konstellationen aus: hier die betroffene Person als Individuum, dort der Verantwortliche als derjenige, der über Zweck und Mittel der Datenverarbeitung entscheidet. Mit anderen Worten bilden die gesellschaftsstrukturellen Überlegungen des BVerfG zwar den theoretischen Hintergrund der bisherigen deutschen Gesetzgebung.[36] Die Funktion des Datenschutzrechts ist es mithin schon immer gewesen, staatliche und gesellschaftliche Macht zu strukturieren und zu begrenzen. Dies gilt auch zwischen verschiedenen Zweigen der Verwaltung („informationelle Gewaltenteilung").[37] In den konkreten normativen Anforderungen des einfachgesetzlichen Datenschutzrechts sucht man diese Machtdimension aber vergeblich.[38] In den vielen Abwägungsklauseln vor allem der §§ 28 ff. BDSG a.F. (künftig sehr viel allgemeiner Art. 6 DSGVO) geht es

---

34 Zum Konzept des Datenschutzes als kommunikatives Recht s. bereits Simitis, S. (1973). Datenschutz – Notwendigkeit und Voraussetzungen einer gesetzlichen Regelung. *Datenverarbeitung im Recht,* 138–189; ferner Simitis, S. (1982). Datenschutz: Voraussetzung oder Ende der Kommunikation? In N. Horn (Hrsg.), *Europäisches Rechtsdenken in Geschichte und Gegenwart. Festschrift für H. Coing zum 70. Geburtstag* (Bd. 2, S. 495–520). München: Beck; Hoffmann-Riem, W. (1998). Informationelle Selbstbestimmung als Grundrecht kommunikativer Entfaltung. In H. Bäumler (Hrsg.), *Der neue Datenschutz. Datenschutz in der Informationsgesellschaft von morgen* (S. 11–64). Neuwied: Luchterhand; zur Einordnung in die prozedural-diskursive Grundrechtstheorie und zur Verbindung zu Habermas' Theorie des kommunikativen Handelns s. Donos, P. (1998). *Datenschutz – Prinzipien und Ziele.* Baden-Baden: Nomos, S. 108 ff.
35 S. z.B. Roessler, B. & Mokrosinska, D. (2013). Privacy and Social Interaction. *Philosophy Social Criticism, 39,* 771–791; sowie die Beiträge in Roessler, B. & Mokrosinska, D. (Hrsg.). (2015). *Social Dimensions of Privacy: Interdisciplinary Perspectives.* Cambridge: Cambridge University Press.
36 Für die europäische Ebene gilt das nur mittelbar, weil die Konstruktion des Rechts auf informationelle Selbstbestimmung erst in jüngerer Zeit im Ausland näher rezipiert worden ist; s. zu dieser Diffusionsgeschichte Hornung, G. (2015). *Grundrechtsinnovationen.* Tübingen: Mohr Siebeck, S. 273 ff. m.w.N.
37 Begriff in BVerfGE 65, 1, 69; näher Dix, A. (2013). Grundrechtsschutz durch informationelle Gewaltenteilung. In F. Roggan & D. Busch (Hrsg.), *Das Recht in guter Verfassung? Festschrift für Martin Kutscha* (S. 95–104). Baden-Baden: Nomos.
38 Mantelero, A. (2016). Personal data for decisional purposes in the age of analytics: From an individual to a collective dimension of data protection. *Computer Law & Security Review, 32,* 238, 244. Ein Grund hierfür dürfte das Problem sein, kollekti-

erheblich konkreter um die berechtigten Interessen der Verantwortlichen an der Datenverarbeitung und die gegenläufigen schutzwürdigen Interessen der betroffenen Personen an ihrer Begrenzung.[39]

Aus diesem Grund ist das Datenschutzrecht mit seinem „atomistischen Ansatz"[40] weitgehend blind für die sozialen Machtfragen, die Big Data hervorruft. Das neu gewonnene Wissen bezieht sich nämlich nicht nur auf Vorgänge in der Vergangenheit, sondern generiert als prädiktive Analytik (wahrscheinliches) Wissen über die Zukunft. Um dieses zukunftsgerichtete Wissen schon heute zu nutzen, erweitert es die präskriptive Analytik um konkrete Handlungsempfehlungen und prognostiziert deren Auswirkungen. Dieses Wissen verleiht sehr viel Macht, weil derjenige, der darüber verfügt, es zur Beeinflussung des individuellen oder kollektiven Verhaltens anderer einsetzen kann.[41] Überdies fehlt es an einem korrespondierenden Korrektiv. Anders als in anderen Fällen von „group privacy"[42] gibt es bei Big Data nämlich so gut wie nie eine homogene Gruppe von Betroffenen, die sich kollektiv gegen sie betreffende Entscheidungen zur Wehr set-

---

ve Interessen in globalen Abwägungsprozessen handhabbar zu machen. Vergleichbares gilt auch für die verfassungsrechtliche Ebene: Der Versuch des BVerfG, in einer Art „Überwachungsgesamtrechnung" (so Roßnagel, A. (2010). Die „Überwachungs-Gesamtrechnung". Das BVerfG und die Vorratsdatenspeicherung. *Neue Juristische Wochenschrift*, 1238–1242) die Gesamtheit der verschiedenen anlasslosen Datenspeicherungen zu bewerten (BVerfGE 125, 260), lässt sich de facto nicht operationalisieren, s. Hornung, G. & Schnabel, C. (2010). Verfassungsrechtlich nicht schlechthin verboten. Das Urteil des Bundesverfassungsgerichts in Sachen Vorratsdatenspeicherung. *Deutsches Verwaltungsblatt,* 824, 827 f.

39 Zur Anwendung auf Big Data z.B. Ohrtmann, J.-P. & Schwiering, S. (2014). Big Data und Datenschutz – Rechtliche Herausforderungen und Lösungsansätze. *Neue Juristische Wochenschrift,* 2984, 2986 ff.

40 Mantelero, A. (Fn. 38), 238; ähnliche Analyse aus grundrechtlicher Sicht bei van der Sloot, B. (2016). The Individual in the Big Data Era: Moving towards an Agent-Based Privacy Paradigm. In B. van der Sloot, D. Broeders & E. Schrijvers (Hrsg.), *Exploring the Boundaries of Big Data* (S. 177–203). Amsterdam: Amsterdam University Press.

41 S. z.B. Just, N. & Latzer, M. (2017). Governance by Algorithms: Reality Construction by Algorithmic Selection on the Internet. *Media, Culture & Society, 39 (2),* 238–258; zu den zugrunde liegenden Mechanismen der Verhaltenssteuerung durch Algorithmen und den dadurch hervorgerufenen Rechtsfragen s. Hoffmann-Riem, W. (Fn. 1).

42 Dazu näher Taylor, L., Floridi, L. & van der Sloot, B. (Hrsg.). (2017). *Group Privacy. New Challenges of Data Technologies.* Dordrecht: Springer.

zen könnte.⁴³ Die Einzelnen sind nicht als Mitglieder einer zur Willensbildung fähigen Gruppe betroffen, sondern teilen miteinander lediglich bestimmte Eigenschaften oder Verhaltensweisen.

Die DSGVO bietet gegen diese Machtkonzentrationen keine neuen Schutzwälle. Sie führt die konkrete Gegenüberstellung im Zweipersonenverhältnis zwischen betroffener Person und Verantwortlichem fort.⁴⁴ Lediglich an wenigen Stellen enthält die Verordnung Vorgaben zur Risikobewertung, die sich zumindest so interpretieren lassen, dass die Verantwortlichen sämtliche potentiell betroffenen Personen mit einbeziehen müssen. So hat der Verantwortliche beispielsweise nach Art. 24 Abs. 1 DSGVO unter Berücksichtigung der Art, des Umfangs, der Umstände und der Zwecke der Verarbeitung sowie der unterschiedlichen Eintrittswahrscheinlichkeit und Schwere der Risiken „für die Rechte und Freiheiten natürlicher Personen" geeignete technische und organisatorische Maßnahmen umzusetzen.⁴⁵ Diese Formulierung erfasst nicht nur einzelne Betroffene, sondern erfordert ein Datenschutz-Managementsystem, das kontinuierlich darüber wacht, wer und in welcher Form von der Verarbeitung betroffen ist.

Die Bändigung der beschriebenen, durch Big-Data-Wissen generierten Macht liegt damit jedenfalls überwiegend außerhalb des Datenschutzrechts. Dieses löst viele Probleme mit den technischen Instrumenten der Anonymisierung und Pseudonymisierung. Durch Anonymisierung wird der Personenbezug i.S.v. Art. 4 Nr. 1 DSGVO beseitigt. Wie EG 26 S. 5, 6 ausdrücklich festhält, ist die DSGVO damit nicht anwendbar.⁴⁶ Pseudonymisierungsverfahren eröffnen vielfältige Möglichkeiten eines nutzerzen-

---

43 Mantelero, A. (Fn. 38), 245 ff.
44 Dies allerdings teilweise auch in zu restriktiver Form, nämlich hinsichtlich der besonderen Kategorien personenbezogener Daten nach Art. 9 DSGVO; s. dazu mit Blick auf Big Data Schneider, J. (2017). Schließt Art. 9 DS-GVO die Zulässigkeit der Verarbeitung bei Big Data aus? *Zeitschrift für Datenschutz,* 303–308.
45 S. ferner Art. 25 Abs. 1, Art. 32 Abs. 2, Art. 35 Abs. 1 DSGVO.
46 Dies führt allerdings zu der Frage, ob es im Bereich von Big Data nicht immer das Risiko einer Re-Identifizierbarkeit der Betroffenen gibt; s. näher Roßnagel, A. (Fn. 3), 562; Boehme-Neßler, V. (2016). Das Ende der Anonymität. Wie Big Data das Datenschutzrecht verändert. *Datenschutz und Datensicherheit,* 419, 421 f.; Dammann, U. (2016). Erfolge und Defizite der EU-Datenschutzgrundverordnung, Erwarteter Fortschritt, Schwächen und überraschende Innovationen. *Zeitschrift für Datenschutz,* 307, 313; Ohrtmann, J.-P. & Schwiering, S. (Fn. 39), 2989; zum Problem der Kombination „anonymer" und öffentlich verfügbarer Daten s. Hornung, G. & Herfurth, C. (Fn. 1), S. 163 ff.

trierten Identitätsmanagements.[47] Zwar bleibt ausweislich EG 26 S. 2 DSGVO die Anwendbarkeit des Datenschutzrechts unberührt. Durch effektive Pseudonymisierung lässt sich die Eingriffstiefe aber erheblich verringern.

Mit beiden Instrumenten lassen sich individuelle Privatheitsprobleme angemessenen Lösungen zuführen. Übrig bleibt aber das durch Big Data aufgeworfene Problem, dass auch die Verwendung anonymisierter Daten Wissen produzieren kann, das sich konkret auf die Persönlichkeitsrechte von Individuen auswirkt: Um jemanden zu diskriminieren, muss man ihn nicht als Person kennen.[48] Es genügt, bestimmte Eigenschaften oder Verhaltensweisen zu erheben und diese mit anonymen Vergleichsgruppen zu korrelieren. Besonders misslich ist die Bildung derartiger Vergleichsgruppen, wenn diese Faktoren bündeln, die der Einzelne entweder nicht zu beeinflussen vermag oder die völlig sozialadäquat sind. Die betroffene Person gerät dann in die Fänge von Big Data und kann sich paradoxerweise gerade deshalb kaum befreien, weil ihr überhaupt kein individueller Vorwurf gemacht wird.[49] Sie wird weder auf der Basis vergangenen Verhaltens schlechter behandelt, noch wird ihr als Individuum eine konkrete Verhaltensprognose gestellt, sondern sie erfährt „nur" deshalb spürbare Nachteile, weil die Gesamtheit der Vergleichsgruppe, in die sie einsortiert wird, sich mit einer gewissen Wahrscheinlichkeit in bestimmter Weise verhält.

Schließlich wirft das Problem der Machtkonzentration durch Wissensanhäufung die Frage der individuellen Verantwortlichkeit des Einzelnen auf. Es könnte die Situation eintreten, dass dieser – freiwillig und informiert – in eine Verarbeitung seiner Daten einwilligt, die für ihn selbst harmlos ist (oder erscheint), hierdurch aber zur Generierung von Wissen beiträgt, das nachteilig für andere wirkt.[50] Dieser Aspekt könnte der ohne-

---

47 Dazu näher die Beiträge in Hornung, G. & Engemann, C. (Hrsg.). (2016). *Der digitale Bürger und seine Identität*. Baden-Baden: Nomos.
48 Davon unberührt bleibt, dass eine auf Big-Data-Wissen basierende Prognose über das wahrscheinliche Verhalten von Personen in dem Moment zu einem personenbezogenen Datum wird, in dem sie einer konkreten Person zugeordnet wird; dazu Schefzig, J. (2014). Big Data = Personal Data? Der Personenbezug von Daten bei Big-Data-Analysen. *Kommunikation & Recht,* 772, 777 f. m.w.N.
49 S. Hornung, G. (Fn. 11), 65.
50 „Statistik gilt für alle", s. Roßnagel, A. & Nebel, M. (2015). (Verlorene) Selbstbestimmung im Datenmeer. Privatheit im Zeitalter von Big Data. *Datenschutz und Datensicherheit,* 455, 458.

hin schon kontrovers diskutierten Problematik der Einwilligung im Datenschutzrecht[51] eine zusätzliche Komplexität verschaffen.

4 Lösungsansätze

Wie weiter? Großen Datenmengen, die in für den Einzelnen undurchschaubarer Art und Weise zu ganz unterschiedlichen Zwecken verwendet werden und Wissen generieren, das in ebenso undurchschaubarer Art und Weise auf Individuen zurückwirkt, kann nicht mit Mitteln eines individualisierten Rechtsschutzes begegnet werden. Nötig ist viererlei: bereichsspezifische Zulässigkeitsregelungen, Rechtsgüterschutz durch Technikgestaltung, kollektivierende Governance-Instrumente und organisierte Transparenz.[52]

Für eine spezifische, technikorientierte Regulierung sind Big-Data-Anwendungen zwar viel zu heterogen. Wohl aber kann der Gesetzgeber *bereichsspezifische Regeln* für entsprechende Datensammlungen und Analysen aufstellen, diese bestimmten Anforderungen und Erlaubnissen unterwerfen und in manchen Fällen auch verbieten.[53] Hierfür bedarf es eines legitimen Eingriffszwecks, der aber bei gesellschaftlich relevanten Prozessen, bei wirtschaftlicher Vermachtung oder bei besonders sensiblen Daten gefunden werden kann. Rechtliche Regelungen sind auch dort gefragt, wo es um die Verhinderung von Missbrauch geht. Große und wirtschaftlich attraktive Datensammlungen können Innen- und Außentäter zu Angriffen animieren. Derartigen Begehrlichkeiten ist durch eine rechtlich gestützte und technisch umgesetzte Missbrauchskontrolle und entsprechende IT-Sicherheitsmaßnahmen vorzubeugen.

Art. 25 DSGVO gibt nunmehr verbindlich vor, dass Datenschutz durch *Technikgestaltung und datenschutzfreundliche Voreinstellungen* abzusichern ist. Konzeptionell ist es möglich, rechtliche Anforderungen in konkrete technische Gestaltungsvorschläge zu „übersetzen" und so gegen den

---

51 S. Fn. 28.
52 S. schon Hornung, G. (Fn. 11), 65 ff.; s.a. Europäischer Datenschutzbeauftragter (Fn. 11).
53 Das Folgende schon in Hornung, G. (Fn. 11), 66.

Datenhunger in Staat und Wirtschaft abzusichern.[54] Technisch ergeben sich durchaus Möglichkeiten der Anonymisierung und Pseudonymisierung auch bei Big Data.[55] Dass beide Instrumente keine 100-prozentige Sicherheit bieten, sollte Anlass für interdisziplinäre Forschung sein, nicht aber als Ausrede akzeptiert werden, auf derartige Instrumente zu verzichten.[56]

In der Praxis setzen freilich häufig diejenigen Akteure technische Standards, die kein Interesse an einer datenvermeidenden Gestaltung, dafür aber genug politische oder ökonomische Macht haben, ihre Verarbeitungsparadigmen in Technologie zu gießen.[57] Privacy by design ist deshalb eine grundrechtlich gebotene Aufgabe,[58] die sich aber unter den besonderen Bedingungen globaler Oligopole erst noch bewähren muss – ansonsten droht eine lex mercatoria dieser Unternehmensmacht, die im virtuellen Raum alle nationalen und europäischen Regulierungsinstrumente übertrumpft.[59]

Mit Blick auf das Problem der Machtkonzentration durch Wissensakkumulation ist das Konzept eines informierten und selbstbestimmten Individuums, das die Datenverarbeitung versteht und kontrolliert, sowohl theoretisch als auch praktisch überfordert. Da die betroffenen Individuen kaum zu kollektiven Aktionen fähig sind (s.o.), bedarf es eines Prinzipal-Agent-Ansatzes, der die *Interessen kollektiviert*. Zu den bekannten Akteuren wie betrieblichen und behördlichen Datenschutzbeauftragten sowie den Aufsichtsbehörden treten künftig Verbraucherschutzorganisationen, die mit dem neuen Instrument des Verbandsklagerechts (§ 2 Abs. 2 Nr. 11 Unter-

---

54 S. grundlegend Roßnagel, A. (1993). *Rechtswissenschaftliche Technikfolgenforschung. Umrisse einer Forschungsdisziplin.* Baden-Baden: Nomos; Beispiele aus Forschungsprojekten bei Roßnagel, A. (Fn. 22).
55 S. aus rechtlicher Perspektive näher Bolognini, L. & Bistolfi, C. (2017). Pseudonymization and impacts of Big (personal/anonymous) Data processing in the transition from the Directive 95/46/EC to the new EU General Data Protection Regulation. *Computer Law & Security Review, 33,* 171–181.
56 Hornung, G. (Fn. 11), 66.
57 Ausnahmen bestätigen die Regel: So führte beispielsweise das Unternehmen WhatsApp Inc. (seit 2014 Teil von Facebook Inc.) im Jahre 2016 eine Ende-zu-Ende-Verschlüsselung ein. Diese mag keine vollständige Sicherheit bieten, ist aber mutmaßlich der Verschlüsselungsdienst, der weltweit die meisten Nutzerinnen und Nutzer hat.
58 S. mit Blick auf die europäische Reform Hornung, G. (Fn. 22).
59 Dazu schon Hornung, G. (2010). *Regelungsinstrumente im virtuellen Raum.* Abgerufen von https://www.datenschutzzentrum.de/sommerakademie/2010/sak10-hornung-regelungsinstrumente-im-virtuellen-raum%20.pdf, 3 ff.

lassungsklagengesetz [UKlaG]; Art. 80 Abs. 2 DSGVO eröffnet diese Option nunmehr explizit) tätig werden können, sowie die neu eingeführten akkreditierten Kontrollstellen. Insbesondere das Verbandsklagerecht könnte sich als wichtiges Element der Machtkontrolle herausstellen.[60]

Besonders drängend ist schließlich das ungelöste *Transparenzproblem*, weil ohne das erforderliche Wissen über die Verarbeitungsstrukturen von Big Data, die Akteure und ihr organisiertes Zusammenwirken, die Mechanismen der Anwendung des gewonnenen Wissens und die sozialen und individuellen Folgen dieser Anwendung ein Diskurs über technische Innovation unmöglich ist.[61] Transparenz ist in dreifacher Hinsicht erforderlich, nämlich individuell (für die datenschutzrechtlich betroffene Person, sofern eine solche auszumachen ist), verwaltungsverfahrensrechtlich (für die Aufsichtsbehörden) und demokratisch, also für die öffentliche Diskussion über Regeln für Big Data.[62] Strukturell ist die dritte Variante die wichtigste, weil sie die Machtfrage stellt: Sowohl der Leviathan als auch globale Oligopole gewinnen mit Big Data Instrumente zur Durchsetzung ihrer Interessen. Nur wenn diese verstanden werden, können sie rechtsstaatlich eingehegt werden. Ein solches Verständnis erfordert eine Transparenz, die nicht nur die Oberfläche von Big Data streift, sondern sich auf das technische Design und die Algorithmen erstreckt.[63]

Der dagegen vorgebrachte Einwand der Betriebs- und Geschäftsgeheimnisse[64] ist nur teilweise berechtigt. Zwar besteht ein grundsätzliches Spannungsverhältnis, das auch durch EG 63 S. 5, 6 DSGVO anerkannt, al-

---

60 Mantelero, A. (Fn. 38), 250 f.; zu § 2 Abs. 2 Nr. 11 UKlaG näher Spindler, G. (2016). Verbandsklagen und Datenschutz – das neue Verbandsklagerecht. *Zeitschrift für Datenschutz,* 114–119; Halfmeier, A. (2016). Die neue Datenschutzverbandsklage. *Neue Juristische Wochenschrift,* 1126–1129.
61 Weichert, T. (Fn. 11), 259; Martini, M. (Fn. 1), 1484; Europäischer Datenschutzbeauftragter (Fn. 11), 8 ff.
62 S. Hornung, G. (Fn. 11), 67.
63 „Algorithmen-Kontrolle", s. Martini, M. (Fn. 1), 1488.
64 Vgl. zum Umfang des Auskunftsanspruchs gegen die SCHUFA nach § 34 Abs. 4 S. 1 Nr. 4 BDSG a.F. Entscheidungen des Bundesgerichtshofes in Zivilsachen (BGHZ) 200, 38 (kein Auskunftsanspruch hinsichtlich der Scoreformel, also der abstrakten Methode der Scorewertberechnung); näher Helfrich, M. (2010). *Kreditscoring und Scorewertbildung der SCHUFA.* Baden-Baden: Nomos. Ob die Einschränkung des Bundesgerichtshofes (BGH) nach Art. 13 Abs. 2f, Art. 14 Abs. 2g DSGVO beibehalten werden kann, ist zweifelhaft, weil dort explizit eine Pflicht zur Bereitstellung „aussagekräftiger Information[en] über die involvierte Logik [... der] Verarbeitung" bei automatisierter Entscheidungsfindung vorgegeben wird.

lerdings nicht aufgelöst wird. Das Problem kann aber durch In-camera-Verfahren abgemildert werden;[65] überdies dürfen sich derartige Geheimnisse nicht völlig gegen berechtigte Transparenzerwartungen der demokratischen Öffentlichkeit durchsetzen. Das geltende Datenschutzrecht enthält allerdings keine derartigen Verfahren, und es steht nicht zu erwarten, dass der europäische Gesetzgeber insoweit in näherer Zukunft tätig wird. Es wird deshalb wesentlich darauf ankommen, diejenigen Governance-Instrumente der DSGVO mit Leben zu füllen, die wichtiges Wissen über Datenverarbeitungsprozesse generieren können. Insbesondere die Zertifizierungsregelungen in Art. 42, 43 DSGVO[66] und die neue Datenschutz-Folgenabschätzung nach Art. 35 f. DSGVO[67] eröffnen hier ein erhebliches Potential. Um überindividuelle Interessen einfließen zu lassen, darf der Prozess der Abschätzung allerdings nicht allein dem Verantwortlichen überlassen bleiben, sondern muss die relevanten Interessengruppen mit einbeziehen.

Zu hoffen bleibt schließlich, dass die Öffentlichkeit mit dem so erlangten Wissen auch etwas anzufangen vermag. Wenn erste Stimmen aus den Technikwissenschaften davor warnen, selbst die Schöpfer der Algorithmen verstünden deren Verhalten nach einer Zeit des maschinellen Lernens nicht mehr, so sollte dies ein Alarmsignal sein. Am Ende könnte es dazu kommen, dass man zur Prognose des Verhaltens eines Big-Data-Algorithmus einen weiteren derartigen Algorithmus benötigt – und die Systeme sich damit selbst und gegenseitig kontrollieren.

---

65 Dies bedürfte einer Regelung nach dem Vorbild von § 99 Verwaltungsgerichtsordnung (VwGO), s. Martini, M. (Fn. 1), 1485 f.; zu weiteren Lösungsansätzen s. Hornung, G. & Herfurth, C. (Fn. 1), S. 170 ff. m.w.N.
66 Dazu Hornung, G. & Hartl, K. (2014). Datenschutz durch Marktanreize – auch in Europa? Stand der Diskussion zu Datenschutzzertifizierung und -audit. *Zeitschrift für Datenschutz,* 219–225; s.a. Hornung, G. (2017). Kommentierung zu Art. 42, 43 DSGVO. In M. Eßer, P. Kramer & K. v. Lewinski (Hrsg.), *Auernhammer. Datenschutz-Grundverordnung, Bundesdatenschutzgesetz und Nebengesetze, Kommentar* (S. 451–467). Köln: Carl Heymanns.
67 Näher Wright, D. & de Hert, P. (Hrsg.). (2012). Privacy Impact Assessment. Heidelberg: Springer; Art.-29-Datenschutzgruppe. (2017). *Guidelines on Data Protection Impact Assessment (DPIA) and determining whether processing is "likely to result in a high risk" for the purposes of Regulation 2016/679. WP 248.* Abgerufen von http://ec.europa.eu/newsroom/document.cfm?doc_id=44137; s.a. Mantelero, A. (Fn. 38), 252 ff.

Die Regulierung der prädiktiven Analytik: eine juristisch-verhaltenswissenschaftliche Skizze

Yoan Hermstrüwer

Die prädiktive Analytik als Sammelbegriff für unterschiedliche statistische Datenauswertungstechniken zur Vorhersage von Ereignissen schafft nicht nur Chancen.[1] Sie birgt auch Risiken, die die Entscheidungs- und Verhaltensfreiheit der Nutzerinnen und Nutzer auf die Probe stellen. Ein zentrales Instrument zum Umgang mit diesen Risiken ist das präventive Verbot mit Erlaubnisvorbehalt (Art. 6 Abs. 1 Datenschutz-Grundverordnung [DSGVO], § 4 Abs. 1 Bundesdatenschutzgesetz [BDSG]), das der klassischen Idee vom Datenschutz als Vorfeldschutz Rechnung trägt.[2] Danach ist die Verarbeitung personenbezogener Daten nur auf Grundlage einer gesetzlichen Ermächtigungsnorm oder einer freiwilligen und informierten Einwilligung zulässig. Flankiert wird dieses Verbot durch Regelungen zu *privacy by default* (Erwägungsgrund 78, Art. 25 Abs. 2 DSGVO), Informationspflichten (Art. 13, 14 DSGVO) und eine Reihe individueller Kontrollrechte.

In jüngerer Zeit sind diese Regelungsinstrumente und die impliziten Risikoannahmen des Datenschutzrechts wiederholt mit der Begründung kritisiert worden, hierdurch werde paternalistischer Bevormundung durch harte und weiche Eingriffe Vorschub geleistet.[3] Anders als harter Paternalismus zielt weicher bzw. libertärer Paternalismus mithilfe von sanften

---

1 Näher zum Begriff der prädiktiven Analytik Gandomi, A. & Haider, M. (2015). Beyond the hype: Big data concepts, methods, and analytics. *International Journal of Information Management, 35,* 137; Hoffmann-Riem, W. (2017, i.d.B.). Rechtliche Rahmenbedingungen und regulative Herausforderungen von Big Data.
2 Aus der jüngeren Literatur Hoffmann-Riem, W. (2017). Verhaltenssteuerung durch Algorithmen. *Archiv des öffentlichen Rechts, 142,* 1, 21–23; Paal, B. & Hennemann, M. (2017). Big Data im Recht. *Neue Juristische Wochenschrift,* 1697, 1700; Klar, M. & Kühling, J. (2016). Privatheit und Datenschutz in der EU und den USA – Kollision zweier Welten? *Archiv des öffentlichen Rechts, 141,* 165, 173–175.
3 Härting, N. (16. Dezember 2015). Datenschutzgrundverordnung als Instrument der Bevormundung: Trilog erfolgreich, Einwilligung tot. *Legal Tribune Online.* Abgerufen von http://www.lto.de//recht/hintergruende/h/datenschutzgrund-vo-dsgvo-krit

Anstößen (*Nudging*) darauf ab, die Nutzerinnen und Nutzer besserzustellen, ohne ihre Entscheidungsfreiheit durch Zwang oder eine signifikante Veränderung von Anreizen zu beeinträchtigen.[4]

Doch wie gerechtfertigt ist diese Paternalismuskritik eigentlich? In diesem Beitrag soll die These aufgestellt werden, dass die Warnung vor einem paternalistischen Datenschutzrecht und einer Infantilisierung der Bürgerinnen und Bürger ebenso kurz greift wie ein Hayeksches Vertrauen auf die selbstheilenden Kräfte des digitalen Marktes oder der schlichte Verweis auf den Rechtsstaat. Denn die Gewährleistung freier und informierter Entscheidungen über den Umgang mit personenbezogenen Daten und von Verhaltensfreiheit – dem eigentlichen Schutzgut des Rechts auf informationelle Selbstbestimmung – ist zu einem kollektiven Regelungsproblem geworden, das der Markt ohne Marktdesign und der Staat ohne empirisch fundierte Regeln kaum bewältigen können. Dieses Problem weist strukturelle Ähnlichkeiten mit öffentlichen Gütern auf, etwa der Umwelt oder der Stabilität des Finanzsystems. Die Verarbeitung von Big Data birgt aber auch die Gefahr von Informationsasymmetrien oder von Schädigungen anderer (negative Externalitäten).

Soweit Big Data auf Grundlage einer individuellen Entscheidung zur Datenpreisgabe – einer Einwilligung – verarbeitet werden, betrifft diese Entscheidung nämlich nicht allein den Einzelnen selbst. Vielmehr versagen in Situationen der individuellen Datenpreisgabe bisweilen ganze Märkte. Ein solches Marktversagen droht nach klassischer Auffassung nicht nur bei Monopolen, sondern auch bei öffentlichen Gütern, Informationsasymmetrien oder negativen Externalitäten. Die Korrektur von Marktversagen lässt sich als Gemeinwohlbelang definieren, der staatliche Eingriffe rechtfertigen kann; zumindest liegt eine Gemeinwohldefinition inso-

---

ik/; Kapsner, A. & Sandfuchs, B. (2015). Nudging as a Threat to Privacy. *Review of Philosophy and Psychology, 6,* 455 ff.; Krönke, C. (2016). Datenpaternalismus. Staatliche Interventionen im Online-Datenverkehr zwischen Privaten, dargestellt am Beispiel der Datenschutz-Grundverordnung. *Der Staat, 55,* 319, 325–330; Bull, H. P. (2017). Fehlentwicklungen im Datenschutz am Beispiel der Videoüberwachung. *JuristenZeitung,* 797, 800.

4 Thaler, R. H. & Sunstein, C. R. (2003). Libertarian Paternalism. *American Economic Review, 93,* 175, 175; Sunstein, C. R. & Thaler, R. H. (2003). Libertarian Paternalism Is Not an Oxymoron. *University of Chicago Law Review, 70,* 1159 ff.; für eine differenzierte Neufassung des *Nudging*-Konzepts Sunstein, C. R. (2016). The Ethics of Choice Architecture. In A. Kemmerer et al. (Hrsg.), *Choice Architecture in Democracies* (S. 21 ff.). Nomos: Baden-Baden.

weit näher als bei einem bloßen Schutz vor sich selbst. Der Verweis auf die beschränkte Rationalität der Nutzerinnen und Nutzer und eine durch Rationalitätsdefizite bedingte Fehlfunktion von Märkten (*behavioral market failure*) ist insofern regelmäßig entbehrlich. Soweit bereits ein Marktversagen im klassischen Sinne festgestellt werden kann, sind auch die Schwellen der Eingriffsrechtfertigung geringer als bei beschränkt rationalem Verhalten und einer ins Auge gefassten (paternalistischen) Bewältigung von Rationalitätsdefiziten.

Deutlich wird dieses Zusammenwirken zwischen Zieldefinition und Eingriffsrechtfertigung am Beispiel von *Opt-in*-Standardeinstellungen (Erwägungsgrund 78, Art. 25 Abs. 2 DSGVO). Solche Standardeinstellungen können an die verhaltensökonomisch begründbare und empirisch nachgewiesene Entscheidungsträgheit (*status quo bias*) anknüpfen. Sie führen dazu, dass weniger Nutzerinnen und Nutzer sie betreffende Daten preisgeben – so wie *Opt-in*-Organspenderegelungen die Zahl der Organspenden im Vergleich zu einer *Opt-out*-Organspenderegelung verringern.[5] Dass sich eine Regelung mit einer verhaltensökonomischen Einsicht in Einklang bringen lässt, erlaubt jedoch nicht den Rückschluss auf den paternalistischen Charakter der Regelung. Eine Gleichsetzung von Verhaltensökonomik und libertärem Paternalismus trägt nicht, und zwar schon deshalb nicht, weil die Verhaltensökonomik der positiven Analyse dient, während es sich bei libertär-paternalistischem *Nudging* um ein normatives Konzept handelt. Vor allem aber können sowohl die Regelungsziele – die gesetzgeberisch geronnene Intention – als auch die Regelungswirkungen verhaltenswissenschaftlich informierter Regeln ganz andere sein als diejenigen, die in der *Nudging*-Diskussion und der verhaltensökonomischen Forschung zu Gebote stehen.

So lassen sich *Opt-in*-Standardeinstellungen nicht nur als Instrumente zum Schutz der Nutzerinnen und Nutzer vor einer selbstgefährdenden Datenpreisgabe oder mit der Vorsorge gegen beschränkt rationale Trägheit – der Tendenz zum Nichtwidersprechen gegen eine grundsätzlich erlaubte Datenverarbeitung – rechtfertigen. Vielmehr können *Opt-in*-Standardeinstellungen auch eine Verringerung von Informationsasymmetrien bezwecken. Solche Standardeinstellungen schaffen nämlich einen Anreiz für Diensteanbieter, die Nutzerinnen und Nutzer besser über die Datenverar-

---

5 Dazu Johnson, E. J. & Goldstein, D. (2003). Do Defaults Save Lives? *Science, 302*, 1338 ff.; Johnson, E. J., Bellman, S. & Lohse, G. L. (2002). Defaults, Framing, and Privacy: Why Opting In-Opting Out. *Marketing Letters, 13*, 5 ff.

beitungsmodalitäten aufzuklären (*penalty defaults*).[6] Da die Diensteanbieter genau wissen, wie Daten verarbeitet werden und insoweit einen Informationsvorsprung gegenüber den Nutzerinnen und Nutzern haben, wird die Nichteinbringung relevanter Informationen in den Markt „pönalisiert" und ein Gemeinwohlbelang gefördert.

Vor diesem Hintergrund erweisen sich die Paternalismuskritik, aber auch der Verweis auf die Vermachtung der Datenverarbeiter als verkürzt, zumal sich die Einhegung staatlicher oder privater Datenmacht kaum in handhabbare und angemessene Regelungsinstrumente übersetzen lässt. Not tut vielmehr eine präzise Analyse der konkreten Regelungsprobleme, die möglichst in empirisch fundiertem Wissen über das Nutzerverhalten und die strategischen Reaktionen der Datenverarbeiter auf bestimmte Regulierungsinstrumente wurzelt.

1. Regelungsprobleme

1.1 Begründungsdefizite

Prädiktive Analytik – mit denkbaren Anwendungen etwa in den Bereichen der künstlichen Intelligenz, des Data-Minings oder Machine-Learnings – beruht auf der Durchsuchung sehr großer Datensätze (Big Data) nach statistischen Regelmäßigkeiten, um hieraus mithilfe ökonometrischer Modelle bestimmte Ereignisse mit einer bestimmten Wahrscheinlichkeit vorherzusagen.[7] So verlassen sich Kreditkartenunternehmen darauf, dass die

---

6 Ayres, I. & Gertner, R. (1989). Filling Gaps in Incomplete Contracts: An Economic Theory of Default Rules. *Yale Law Journal, 99,* 87, 94; Ayres, I. (2012). Regulating Opt-Out: An Economic Theory of Altering Rules. *Yale Law Journal, 121,* 2032, 2087; krit. Maskin, E. (2005). On the Rationale for Penalty Defaults. *Florida State University Law Review, 33,* 557 ff.

7 Martini, M. (2014). Big Data als Herausforderung für den Persönlichkeitsschutz und das Datenschutzrecht. *Deutsches Verwaltungsblatt,* 1481 ff.; Cohen, J. E. (2013). What Privacy Is For? *Harvard Law Review, 126,* 1904, 1920; Diebold, F. X. (2012). A Personal Perspective on the Origin(s) and Development of "Big Data": The Phenomenon, the Term, and the Discipline. *Working Paper,* 1 ff.; für eine Anwendung auf die Prognose des Beschuldigtenverhaltens im Rahmen von Entscheidungen über die Untersuchungshaft Kleinberg, J., Lakkaraju, H., Leskovec, J., Ludwig, J. & Mullainathan, S. (2017). Human Decisions and Machine Predictions. *National Bureau of Economic Research Working Paper 23180,* 1 ff.

Käufer von Filzpads für Stuhlbeine erheblich kreditwürdiger sind.[8] Die Auswertung von Facebook-Likes, Browsing-Daten oder Konsuminformationen ermöglicht genaue Vorhersagen über ethnische Zugehörigkeit, parteipolitische Einstellung, Religion, Suchtstoffkonsum, sexuelle Orientierung, Extraversion, Intelligenz oder emotionale Stabilität auf Grundlage hiervon völlig losgelöster Daten.[9]

Anders als die empirische Sozialforschung ist die prädiktive Analytik losgelöst von einem Verstehensprozess, der die Wirkrichtung einer bestimmten erklärenden (unabhängigen) Variable auf eine bestimmte zu erklärende (abhängige) Variable und einen theoretisch begründbaren Kausalzusammenhang zu identifizieren versucht.[10] Ziel ist es vielmehr, irgendwie geartete statistisch signifikante Korrelationen zu finden, um hierauf basierend Entscheidungen treffen zu können.[11]

Prädiktive Analytik entbehrt folglich einer individuell nachvollziehbaren Begründungsleistung; ihre innere Rechtfertigung speist sich allein aus dem Verweis auf das Vorhandensein einer immensen Datenmasse. Dadurch werden die klassischen Instrumente des Diskurses stumpfer, das Ringen um Tatsachenargumente und der Angriff von Entscheidungen mithilfe von Alternativhypothesen werden den Betroffenen erschwert. Prädiktive Analytik nagt an der rechtsstaatlichen Vorstellung eines Prozesses mit fair verteilten Begründungslasten und Angriffsmöglichkeiten.

Der schlichte Verweis auf datengenerierte Vorhersagen zeitigt einerseits Gefährdungen des rechtlichen Gehörs in öffentlichen Rechtsverhältnissen (Art. 103 Abs. 1 Grundgesetz [GG]). So ist etwa unklar, inwiefern algorithmenbasierte Verwaltungsakte einer Begründung bedürfen (§ 39 Abs. 1 Verwaltungsverfahrensgesetz [VwVfG]) oder eine Anwendung von Ausnahmeregeln (§ 39 Abs. 2 Nr. 3 VwVfG) in Betracht kommt. Andererseits haben die Nutzerinnen und Nutzer aber auch in Privatrechtsverhältnissen ein Interesse daran, dass Entscheidungen – etwa seitens einer Versiche-

---

8 Strahilevitz, L. J. (2013). Toward a Positive Theory of Privacy Law. *Harvard Law Review, 126,* 2010, 2021.
9 Kosinski, M., Stillwell, D. & Graepel, T. (2013). Private traits and attributes are predictable from digital records of human behavior. *Proceedings of the National Academy of Sciences, 110,* 5802, 5803.
10 Grundlegend Mayer-Schönberger, V. & Cukier, K. (2013). *Big Data: A Revolution That Will Transform How We Live, Work and Think.* Boston: Houghton Mifflin Harcourt, S. 50 ff.
11 Kerr, I. & Earle, J. (2013). Prediction, Preemption, Presumption: How Big Data Threatens Big Picture Privacy. *Stanford Law Review Online, 66,* 65 ff.

rung – nachvollziehbar begründet werden, entweder um diese Entscheidung angreifen oder das individuelle Verhalten anpassen zu können. Automatisierte Einzelentscheidungen bringen damit eine Umwucht in das tradierte System der Entscheidungsbegründung und drohen den Rechtsschutz zu erschweren.

1.2 Kontrollverluste

Die prädiktive Analytik zeitigt durch ihre Zukunftsorientierung aber auch Verluste individueller Kontrolle über den Prozess der Informationsgenerierung.

Erstens besteht zum Zeitpunkt der Einwilligung fundamentale Unsicherheit darüber, welche Informationen durch Datenaggregation überhaupt erzeugt werden können. Letztlich tragen die Nutzerinnen und Nutzer durch eine Datenpreisgabe zur Generierung von Informationen bei, die es zum Zeitpunkt der Einwilligung noch gar nicht gibt. Da sich die Aussagekraft aggregierter Informationen nicht im Voraus bestimmen lässt, ist die Einwilligung zur Legitimation der Verarbeitung von aggregationsgenerierten Informationen denkbar ungeeignet. Das Gebot der Zweckbindung (Art. 6 Abs. 1a i.V.m. Art. 5 Abs. 1b DSGVO) entfaltet kaum noch entscheidungssteuernde Wirkung. Denn zum Zeitpunkt der Datenerhebung stehen die Zwecke der späteren Datenverarbeitung noch nicht fest. Diese Form der Datenverarbeitung geht mit erheblichen Informationsdefiziten auf Seiten der Nutzerinnen und Nutzer einher; die Einwilligung erfolgt mithin nahezu unter Unwissenheit bzw. „ins Blaue hinein".

Zweitens trägt die Einwilligung zunehmend Züge einer irreversiblen Entscheidung. Dies liegt insbesondere daran, dass sich selbst anonymisierte Datensätze zunehmend mithilfe personenbezogener Hintergrundinformationen deanonymisieren lassen.[12] Dies ist auch auf die zunehmende Menge an Datensätzen mit *Long-Tail*-Verteilungen zurückzuführen, also Datensätze mit vielen Datenpunkten, die ungewöhnlich weit vom Modus (also dem häufigsten Wert) einer Verteilung entfernt und damit relativ sel-

---

12 Narayanan, A. & Shmatikov, V. (2008). Robust De-Anonymization of Large Sparse Datasets. *Proceedings of the 2008 Symposium on Security and Privacy,* 111 ff.

ten sind.[13] Die Verarbeitung von Big Data führt mithin dazu, dass die Wahrscheinlichkeit der Personenbeziehbarkeit gen 1 steigt.[14]

Drittens lassen sich die Wirkungen von Informationen über die Zeit kaum kontrollieren. So gewährt das neue europäische Datenschutzrecht zwar ein Widerrufsrecht (Art. 7 Abs. 3 DSGVO), ein Widerspruchsrecht gegen Profiling (Art. 21 Abs. 2 DSGVO) und ein Recht auf Vergessenwerden (Art. 17 Abs. 1 DSGVO). Allerdings lässt sich das aus der Datenaggregation gewonnene personenbezogene Wissen kaum durch eine Löschung des Individualdatums beseitigen, zumal die Löschung eines Individualdatums angesichts der großen Anzahl unabhängiger Beobachtungen im Aggregatdatensatz die Vorhersagekraft des Datensatzes nahezu unberührt ließe.[15] Im Übrigen werden Aggregatdaten oft eher bestimmten, durch bekannte Merkmale kategorisierten oder typisierten Gruppen zugeordnet, ohne dass es auf eine unmittelbare Individualisierung ankäme. Das Phänomen der indirekten Identifikation durch sog. Aussondern (*singling out*) unterfällt deshalb nunmehr auch dem Anwendungsbereich des europäischen Datenschutzrechts (Erwägungsgrund 26 DSGVO), wobei die Wahrscheinlichkeit einer Nutzung von Mitteln zur Identifikation einschließlich Kosten und Zeitaufwand zu berücksichtigen sind.

1.3 Soziale Dilemmata

Die Vorstellung, der Schutz von Privatheit sei durch eine individuelle Ausübung des Rechts auf informationelle Selbstbestimmung steuerbar, ist auch aus anderen Gründen kritisch zu hinterfragen. Denn die prädiktive Analytik geht mit kollektiven Entscheidungsproblemen einher, die die

---

13 Zur kommerziellen Nutzung von *Long-Tail*-Verteilungen Brynjolfsson, E., Hu, Y. J. & Smith, M. D. (2003). Consumer Surplus in the Digital Economy: Estimating the Value of Increased Product Variety at Online Booksellers. *Management Science, 49*, 1580 ff.

14 Ohm, P. (2010). Broken Premises of Privacy: Responding to the Surprising Failure of Anonymization. *UCLA Law Review, 57*, 1701, 1749–1750; Crawford, K. & Schultz, J. (2014). Big Data and Due Process: Toward a Framework to Redress Predictive Privacy Harms. *Boston College Law Review, 55*, 93, 94.

15 Spiecker gen. Döhmann, I. (2014). Steuerung im Datenschutzrecht – Ein Recht auf Vergessen wider Vollzugsdefizite und Typisierung? *Kritische Vierteljahresschrift für Gesetzgebung und Rechtswissenschaft, 28*, 38–39.

Nutzerinnen und Nutzer durch individuelle Freiheitsbetätigung kaum bewältigen können.

Aus der Einwilligung lassen sich zunehmend korrelationsgetriebene Aussagen über Gruppen oder andere Personen generieren.[16] Über den sozialen Graphen – die Vernetzung mit bestimmten Personen – lassen sich aus einer Einwilligung immer öfter auch Informationen über Personen erzeugen, die diese Information über sich selbst gar nicht preisgegeben haben oder preisgeben wollten, etwa die sexuelle Orientierung.[17] Die individuelle Preisgabe personenbezogener Daten entfaltet in vernetzten Umgebungen – etwa sozialen Netzwerken – damit zunehmend drittbelastende Wirkung und verursacht negative Externalitäten für die Privatsphäre anderer.

Die Einwilligung lässt sich damit als Entscheidung in einem sozialen Dilemma oder Gefangenendilemma charakterisieren.[18] In diesem Modell möchten Menschen selbst über die Preisgabe von Informationen über sich selbst entscheiden. Individuell betrachtet ist eine Preisgabe von Informationen über sich selbst rational, sofern der Nutzen der Einwilligung deren Kosten überwiegt. Der Nutzen einer Person ist dabei höher, wenn nur sie Informationen über sich selbst preisgibt, andere Nutzerinnen und Nutzer aber keine Informationen über sich preisgeben, eine Einwilligung also verweigern. Denn wenn auch andere Nutzerinnen und Nutzer einwilligen, können mittels Datenaggregation über die Person auch Informationen generiert werden, die sie gerade nicht preisgeben wollte. In dieser Situation besteht ein Anreiz, auf den Selbstschutzmaßnahmen anderer – etwa der

---

16 von Lewinski, K. (2014), *Die Matrix des Datenschutzes*. Tübingen: Mohr Siebeck, S. 56.
17 MacCarthy, M. (2011). New Directions in Privacy: Disclosure, Unfairness and Externalities. *I/S: A Journal of Law and Policy for the Information Society, 6,* 425 ff.; Jernigan, C. & Mistree, B. F. T. (2009). Gaydar: Faceboook friendships expose sexual orientation. *First Monday, 14.* Abgerufen von http://www.firstmonday.dk/ojs/index.php/fm/article/view/2611/2302..
18 Dazu ausführlich Hermstrüwer, Y. (2016). *Informationelle Selbstgefährdung.* Tübingen: Mohr Siebeck, S. 165–169; Fairfield, J. & Engel, C. (2015). Privacy as a Public Good. *Duke Law Journal, 65,* 385, 397; mit einer anderen Definition des sozialen Dilemmas, aber einer im Ergebnis ähnlichen Kritik am Einwilligungsmodell Sunstein, C. R. (2015). *Choosing Not to Choose.* Oxford: Oxford University Press, S. 30; ähnlich Tene, O. & Polonetsky, J. (2013). Big Data for All: Privacy and User Control in the Age of Analytics. *Northwestern Journal of Technology & Intellectual Property, 11,* 239, 261–262.

Einwilligungsverweigerung – trittbrettzufahren.[19] Sofern alle Nutzerinnen und Nutzer diesem Anreiz folgen und sich rational verhalten, werden sie eine Einwilligung erteilen. Die Einwilligung ist spieltheoretisch die dominante Strategie. Dies führt allerdings dazu, dass in der Gesellschaft ein Maß an Privatheit produziert wird, das unterhalb des sozialen Optimums liegt.

Aus normativer Sicht deutet dies auf ein „liberales Datenschutzparadoxon" hin:[20] Die Rechtsordnung kann entweder die individuelle Einwilligungsfreiheit oder aber ein optimales Maß an Privatheit für die Gesellschaft sicherstellen, nicht aber beides zugleich. Ferner zeigt diese Analyse: Beschränkungen der Preisgabe oder Nutzung personenbezogener Daten müssen nicht zwingend paternalistischen Zwecken – dem Schutz vor sich selbst – dienen;[21] sie lassen sich auch mit der Bewältigung eines sozialen Dilemmas und damit eines Gemeinwohlbelangs begründen. Von dieser Warte lässt sich auch ein staatliches *Nudging* weniger als libertär-paternalistischer denn als gemeinwohlorientierter Eingriff konzeptionalisieren.

1.4 Diskriminierung und Erosionseffekte

Die prädiktive Analytik ist mit Sortierungs- und Selektionsprozessen verbunden, die Gewinner und Verlierer hervorbringen. Gerade in sog. Prinzipal-Agenten-Beziehungen, in denen der Prinzipal (beispielsweise eine Versicherung) bestimmte Eigenschaften des Agenten (beispielsweise des Versicherungsnehmers) nicht beobachten kann, erweist sich die ökonometrische Klassifikation als lukrativ und effizient.[22] Das Problem liegt dabei

---

19 Dazu allgemein Nalebuff, B. (1998). Prisoners' Dilemma. In P. K. Newman (Hrsg.), *The New Palgrave Dictionary of Economics and the Law* (Bd. 3, S. 89 ff.). New York: Palgrave Macmillan; Tuck, R. (2008). *Free Riding.* Cambridge: Harvard University Press, S. 19–29.
20 In Anlehnung an Sen, A. (1970). The Impossibility of a Paretian Liberal. *Journal of Political Economy, 78,* 152 ff.
21 Dazu ausführlicher Hermstrüwer, Y. (2017). Contracting Around Privacy: The (Behavioral) Law and Economics of Consent and Big Data. *Journal of Intellectual Property, Information Technology and Electronic Commerce Law, 8,* 9, 24–26.
22 Grundlegend Milgrom, P. R. (1981). Good News and Bad News: Representation Theorems and Applications. *Bell Journal of Economics, 12,* 380 ff.; Grossman, S. J. (1981). The Informational Role of Warranties and Private Disclosure About Product Quality. *Journal of Law and Economics, 24,* 461 ff.; Fishman, M. J. & Hagerty, K. M. (2003). Mandatory Versus Voluntary Disclosure in Markets with

nicht nur darin, dass aus Datensätzen auch unzutreffende Vorhersagen (falsch-positive oder falsch-negative) generiert werden können.[23]

Zum einen lassen sich mithilfe prädiktiver Analytik auch Informationen erzeugen, die mit verbotenen Unterscheidungsmerkmalen – etwa den in Art. 3 Abs. 3 GG und § 1 Allgemeines Gleichbehandlungsgesetz (AGG) genannten – signifikant korrelieren (Proxy-Variablen).[24] Dies birgt die Gefahr, dass Ungleichbehandlungen nur mittelbar und zufällig an verbotene Unterscheidungsmerkmale anknüpfen, bestehende Differenzierungsverbote unterlaufen und bestimmte soziale Gruppen systematisch anders behandelt werden.[25] Diese Gefahr ist besonders hoch, wenn Datensätze selbst aus verzerrten oder diskriminierenden Stichproben bestehen (*bias*), da Diskriminierungstendenzen dann verfestigt werden (*garbage in, garbage out*).

Zum anderen schaffen Diensteanbieter zunehmend Anreizsysteme zur Preisgabe personenbezogener Daten, indem monetäre Vergünstigungen als Gegenleistung für die Einwilligung gewährt werden.[26] Die Vorstellung, Privatheit realisiere sich durch die Verweigerung einer Einwilligung[27] oder gar durch die individuelle Preisgabe zur Erlangung eines geldwerten Vorteils[28], greift zu kurz. Denn diese Anreizsysteme können die Einwilligungsfreiheit von Personen mit negativ bewerteten Eigenschaften spürbar beschränken. Diese Beschränkungen werden nicht allein durch den mone-

---

Informed and Uninformed Customers. *Journal of Law, Economics, and Organization, 19,* 45 ff.; anwendungsbezogen Barocas, S. & Selbst, A. D. (2016). Big Data's Disparate Impact. *California Law Review, 104,* 671 ff.

23 Zum Problem unzureichender Datenqualität Hoeren, T. (2017). Big data and the legal framework for data quality. *International Journal of Law and Information Technology, 25,* 26, 31–37.

24 Crawford, K. & Schultz, J. (Fn. 14), 99–101; Hildebrandt, M. (2008). Profiles and Correlatable Humans. In N. Stehr & B. Weiler (Hrsg.), *Who Owns Knowledge? Knowledge and the Law* (S. 265, 269–271). New Brunswick: Routledge.

25 Barocas, S. & Selbst, A. D. (Fn. 22), 677–693; Crawford, K. & Schultz, J. (Fn. 14), 99–101.

26 S. den Vorschlag für eine Richtlinie des europäischen Parlaments und des Rates über bestimmte vertragsrechtliche Aspekte der Bereitstellung digitaler Inhalte, COM (2015) 634 final; ferner Metzger, A. (2016). Dienst gegen Daten: Ein synallagmatischer Vertrag. *Archiv für die civilistische Praxis, 216,* 817 ff.

27 Mayer-Schönberger, V. (2009). *Delete: The Virtue of Forgetting in the Digital Age.* Princeton: Princeton University Press, S. 128–134.

28 In diese Richtung wohl Klement, J. H. (2017). Öffentliches Interesse an Privatheit. *JuristenZeitung,* 161, 168.

tären Anreiz verursacht, den die Diensteanbieter setzen; sie werden durch strategischen Druck vermittelt, den die Nutzerinnen und Nutzer selbst erzeugen.

Doch wie kommt es zu diesem strategischen Einwilligungsdruck? Geldwerte Vorteile oder Vergünstigungen werden in der Regel für positiv bewertete Eigenschaften (beispielsweise sportliche Betätigung) gewährt.[29] In einem Pool von Personen mit unterschiedlichen Eigenschaften führt dies zunächst dazu, dass die Person mit den besten Eigenschaften den stärksten Einwilligungsanreiz hat. Gibt diese Person die sie betreffenden Informationen preis, schrumpft der Pool der durch Privatheit geschützten Personen. Die Person mit den zweitbesten Eigenschaften hat nunmehr den stärksten Einwilligungsanreiz. Nach der Logik sog. *Signaling*-Spiele wird sie einwilligen, um einen negativen Rückschluss auf ihre Eigenschaften zu vermeiden.[30] Dieser Erosionsprozess (*unraveling*) kann sich theoretisch fortsetzen, bis alle Personen eingewilligt haben.[31] Ähnlich wie in dem bereits erörterten sozialen Dilemma zeitigt die individuelle Einwilligung auch hier drittbelastende Wirkung, weil sie den Einwilligungsdruck für andere erhöht.

Dieser Erosionsprozess lässt sich empirisch belegen; er mündet jedoch nicht stets in einen vollständigen Verlust von Privatheit.[32] Zum einen können Diensteanbieter Schwellenwerte für Eigenschaften festlegen, für die keine Vergünstigung gewährt wird. Zum anderen können soziale Präferenzen den Erosionsprozess abmildern. Denn ein starker Datenschutz hat umverteilende Wirkung: Da Ungleichbehandlungen durch Diensteanbieter mangels Information ausgeschlossen sind, werden Personen mit negativ bewerteten Eigenschaften von Personen mit positiven Eigenschaften quersubventioniert. Personen mit ausgeprägten sozialen Präferenzen werden

---

29 Peppet, S. R. (2011). Unraveling Privacy: The Personal Prospectus and the Threat of a Full-Disclosure Future. *Northwestern University Law Review, 105,* 1153 ff.
30 Stigler, G. J. (1980). An Introduction to Privacy in Economics and Politics. *Journal of Legal Studies, 9,* 623 ff. Das Modell beruht auf der impliziten Annahme, dass der Datenverarbeiter Monopolist ist bzw. am Markt keine datenschutzfreundlichen Alternativen angeboten werden.
31 Baird, D. G., Gertner, R. & Picker, R. C. (1994). *Game Theory and the Law.* Cambridge: Harvard University Press, S. 90.
32 Benndorf, V., Kübler, D. & Normann, H.-T. (2015). Privacy concerns, voluntary disclosure of information, and unraveling: An experiment. *European Economic Review, 75,* 43, 51–52.

daher tendenziell auch ein höheres Datenschutzniveau befürworten und eine Einwilligung verweigern.

Auf eine solche prosoziale Haltung kann und muss die Rechtsordnung sich nicht verlassen, insbesondere dann, wenn Umverteilungsbelange nicht durch andere Instrumente berücksichtigt werden (beispielsweise im Steuersystem oder in den sozialen Sicherungssystemen). Zu berücksichtigen ist allerdings, dass eine einseitige Nutzung prädiktiver Testergebnisse durch die Nutzerinnen und Nutzer ohne Verifikationsmöglichkeit für die Diensteanbieter – etwa eine private Versicherung – die Gefahr adverser Selektion birgt: Kann die Versicherung mangels überprüfbarer Informationen nicht zwischen guten und schlechten Risiken unterscheiden, werden die guten Risiken aufgrund der stetig steigenden Versicherungsprämien vom Markt verdrängt.[33] Äußerstenfalls kommt es zum Zusammenbruch des Versicherungsmarktes.[34]

Diese Analyse zeigt, dass Beschränkungen der Einwilligungsfreiheit und Datennutzungsverbote sich nicht allein mit paternalistischen Zwecken, sondern auch mit dem Ziel des Schutzes anderer begründen lassen, dabei aber das Risiko eines Marktversagens berücksichtigen müssen.

1.5 Regelungsdesign und Abschreckungseffekte

Problematisch ist schließlich, inwiefern die Verarbeitung von Big Data Einschüchterungs- und Abschreckungseffekte (*chilling effects*) verursachen kann. Das Bundesverfassungsgericht (BVerfG) verweist (anders als etwa der *US Supreme Court*)[35] in nahezu allen Entscheidungen zum Datenschutz darauf, dass Unsicherheit über das Ob und Wie der Datenverarbeitung einen grundrechtsgefährdenden Druck zu Verhaltensanpassungen erzeugen kann.[36] Diese Abschreckungshypothese betrifft entsprechend der

---

33 Dazu Akerlof, G. A. (1970). The Market for "Lemons": Quality Uncertainty and the Market Mechanism. *Quarterly Journal of Economics, 84,* 488 ff.
34 Rothschild, M. & Stiglitz, J. E. (1976). Equilibrium in Competitive Insurance Markets: An Essay on the Economics of Imperfect Information. *Quarterly Journal of Economics, 90,* 629 ff.
35 Vgl. *Laird v. Tatum,* 408 U.S. 1, 15 (1972); *Clapper v. Amnesty International,* 133 S. Ct. 1138, 1152, 2013.
36 Vgl. nur Entscheidungen des Bundesverfassungsgerichts (BVerfGE) 115, 320 (342) – Rasterfahndung; BVerfGE 120, 274 (311 ff.) – Online-Durchsuchung; BVerfGE 120, 378 (430) – Automatische Kennzeichenerfassung; für eine umfas-

Abwehrfunktion der Grundrechte nur die staatliche Datenverarbeitung. Dabei liegt die empirische Fundierung der Abschreckungshypothese nicht auf der Hand.[37] Gleichwohl ist je nach Kontext – Generalisierungen sind kaum möglich – eine konkrete Abschreckungsgefahr oder sogar eine tasächliche Verhaltensanpassung anzunehmen.[38] Empirische Befunde aus der jüngeren Zeit deuten etwa darauf hin, dass die Suche nach sensiblen Begriffen auf Wikipedia nach der Enthüllung umfassender staatlicher Überwachung durch den US-Nachrichtendienst *National Security Agency* (NSA) merklich zurückging.[39] Dies deutet darauf hin, dass nicht nur unerlaubtes, sondern auch erlaubtes oder gar erwünschtes Verhalten einem Abschreckungseffekt ausgesetzt sein kann.

Auch im Bereich der privaten Datenverarbeitung können solche Abschreckungseffekte eintreten, freilich ohne dass sich damit eine unmittelbare Grundrechtsgefährdung begründen ließe. So kann etwa das konkrete Design von Datenerhebungsregeln im privaten Bereich Abschreckungseffekten Vorschub leisten – und zwar unabhängig von einem drohenden staatlichen Eingriff. Empirische Evidenz deutet darauf hin, dass die sichtbare und aufmerksamkeitsaktivierende Gestaltung von Einwilligungsoptionen in erster Linie die Orientierung an sozialen Normen und die Konformität des Verhaltens steigert, nicht aber das Einwilligungsverhalten der Nutzerinnen und Nutzer beeinflusst.[40]

Der letztgenannte Befund ist zum einen für die Interpretation des sog. Paradoxons der Privatheit relevant. Dieses Paradoxon wird darin gesehen,

---

sende Analyse Staben, J. (2016). Der Abschreckungseffekt auf die Grundrechtsausübung. Tübingen: Mohr Siebeck.
37 Richards, N. (2013). The Dangers of Surveillance. *Harvard Law Review, 126,* 1934, 1964; Kendrick, L. (2013). Speech, Intent, and the Chilling Effect. *William & Mary Law Review, 54,* 1633, 1657; Kaminski, M. E. & Witnov, S. (2015). The Conforming Effect: First Amendment Implications of Surveillance, Beyond Chilling Speech. *University of Richmond Law Review, 49,* 465, 517.
38 Krit. zur Annahme von Einschüchterung und Anpassungsdruck Bull, H. P. (Fn. 3), 802–803. Systematische empirische Befunde oder Studien werden allerdings nicht angeführt.
39 Für eine detaillierte Studie Penney, J. W. (2016). Chilling Effects: Online Surveillance and Wikipedia Use. *Berkeley Technology Law Journal, 31,* 117 ff.; ähnlich Marthews, A. & Tucker, C. (2015). Government Surveillance and Internet Search Behavior. *Working Paper,* 1 ff.
40 Hermstrüwer, Y. & Dickert, S. (2017). Sharing is daring: An experiment on consent, chilling effects and a salient privacy nudge. *International Review of Law and Economics, 51,* 38 ff.

dass die meisten Menschen zwar bekunden, viel Wert auf Privatsphäre zu legen, zugleich aber äußerst freigiebig mit den sie betreffenden Informationen umgehen.[41] Wie der Befund zeigt, muss sich die Wertschätzung für Privatsphäre jedoch nicht unbedingt in einer höheren monetären Bewertung personenbezogener Daten niederschlagen; sie kann auch eine Präferenz für abweichendes Verhalten und Freiheit von Konformitätsdruck beschreiben. Aus der geringen Bewertung von Daten lässt sich also nicht auf die fehlende Notwendigkeit einer Regulierung von Datenflüssen schließen. Zum anderen zeigt der Befund, dass Informationspflichten und das Design von Einwilligungsoptionen bisweilen gerade diejenigen Verhaltensweisen bewirken, die sie zu vermeiden suchen. Zweck von sichtbaren Einwilligungsoptionen ist schließlich die Befähigung zu besser informierten und freiwilligen Entscheidungen über die Datenpreisgabe. Gerade nicht bezweckt wird die Abschreckung abweichenden, aber rechtlich zulässigen Verhaltens. Die Steuerung von Einwilligungsentscheidungen ist daher nicht ohne Weiteres durch Regelungen zu erreichen, die – wie Informationspflichten – an den Prozess der Einwilligung selbst anknüpfen.

2. Regelungsansätze

Die klassische Schutzperspektive des Datenschutzrechts und dessen individualistische Konzeptionalisierung dürfen, ja müssen kritisch hinterfragt werden. Ein modernes „Datenrecht" muss neben der individuellen Schutzperspektive zunehmend auch Gemeinwohlbelange und die Gefahr von Marktversagen in den Blick nehmen. Dabei ist der Blick weniger auf die Technologie als solche denn auf den tatsächlichen Umgang mit ihr zu richten.

Die Normierung verschärfter Informationspflichten (Art. 13, 14 DSGVO) oder erhöhter Anforderungen an die Gestaltung von Einwilligungsoptionen ist ein möglicher Regelungsansatz, der das Risiko eines Marktversagens infolge von Informationsasymmetrien aber nur bedingt

---

41 Acquisti, A., Taylor, C. & Wagman, L. (2016). The Economics of Privacy. *Journal of Economic Literature, 54,* 442, 476–478; Norberg, P. A., Horne, D. R. & Horne, D. A. (2007). The Privacy Paradox: Personal Information Disclosure Intentions versus Behaviors. *Journal of Consumer Affairs, 41,* 100 ff.; Strandburg, K. (2005). Privacy, Rationality, and Temptation: A Theory of Willpower Norms. *Rutgers Law Review, 57,* 1235, 1264.

bändigen wird. Denn das klassische Regelungsmodell der Informationsbereitstellung durch Datenschutzerklärungen verursacht hohe Transaktionskosten (bzw. Lektüreaufwand), die eine effektive Beseitigung von Informationsasymmetrien erschweren.[42] Jüngere empirische Befunde deuten überdies darauf hin, dass selbst transparent gestaltete Informationen (beispielsweise warnende Boxen oder standardisierte Labels) kaum zur Informiertheit der Nutzerinnen und Nutzer beitragen und sich deshalb auch kaum auf das Einwilligungsverhalten auswirken.[43] In ähnlicher Weise wirken sich sprachlich konkret formulierte Datenschutzerklärungen nicht anders auf die Risikoeinschätzung aus als vage gehaltene Informationen.[44] Welche Regelungsansätze kann ein modernes Datenrecht dann überhaupt verfolgen?

Erstens ist eine sektorale Algorithmengenehmigung oder Algorithmenkontrolle denkbar.[45] Gegenstand einer solchen Kontrolle müssten die analysierten Datensätze selbst, die Prozesse der Algorithmen (einschließlich des Quellcodes), die Genauigkeit der Schlussfolgerungen sowie die einer Entscheidung zugrunde gelegten Kriterien sein.[46] Der Vergleich mit einem in größeren Zeitabständen prüfbaren körperlichen Gegenstand sollte gerade bei selbstlernenden Algorithmen nicht überspannt werden. Denkbar ist in diesem Zusammenhang aber die Schaffung von Institutionen zur unabhängigen Überprüfung von Algorithmen, etwa durch ein Algorithmenaudit oder eine „Algorithmenverbandsklage" zur Überwindung kollektiver Handlungsprobleme. Eine Erweiterung der bereits existierenden Datenschutzverbandsklage[47] erfordert allerdings in einem ersten Schritt klare normative Maßstäbe für den Einsatz von Algorithmen. Da selbstlernende Algorithmen adaptiver sind als menschengemachtes Recht, stellt sich die

---

42 McDonald, A. & Cranor, L. F. (2008). The Cost of Reading Privacy Policies. *I/S: A Journal of Law and Policy for the Information Society, 4,* 543 ff.; Bakos, Y., Marotta-Wurgler, F. & Trossen, D. R. (2014). Does Anyone Read the Fine Print? Consumer Attention to Standard-Form Contracts. *Journal of Legal Studies, 43,* 1 ff.
43 Ben-Shahar, O. & Chilton, A. (2016). Simplification of Privacy Disclosures: An Experimental Test. *Journal of Legal Studies, 45,* S. 41 ff.
44 Strahilevitz, L. J. & Kugler, M. B. (2016). Is Privacy Policy Language Irrelevant to Consumers? *Journal of Legal Studies, 45,* S. 69 ff.
45 Martini, M. (Fn. 7), 1488–1489.
46 Barocas, S. & Selbst, A. D. (Fn. 22), 677–693.
47 Dazu Halfmeier, A. (2016). Die neue Datenschutzverbandsklage. *Neue Juristische Wochenschrift,* 1126 ff.

Frage, ob die Normsetzung selbst künftig stärker durch Algorithmen begleitet werden kann und überhaupt soll.

Zweitens scheint eine Entscheidungsentlastung durch technische Einwilligungsassistenten sinnvoll, etwa durch sog. *personal information management services* (PIMS).[48] Diese technischen Assistenten könnten so gestaltet sein, dass die Nutzerinnen und Nutzer ihre Datenschutzpräferenzen eingeben und das Interface bei jeder Nutzung in einem automatisierten Verfahren prüft, ob die Datenschutzerklärung mit den eingegebenen Datenschutzpräferenzen übereinstimmt. Im Fall einer Diskrepanz müssten die Nutzerinnen und Nutzer eine spezifische Entscheidung darüber treffen, ob sie die von der Diskrepanz betroffene Datenverarbeitung freigeben möchten. Diese Systeme ließen sich auch mit lernenden Standardeinstellungen verbinden (*learning defaults*).[49] Eine Hürde besteht gegenwärtig darin, dass die DSGVO keine Anforderungen an die technische Formatierung von Datenschutzerklärungen und Veränderbarkeit von Standardeinstellungen stellt. Die Diensteanbieter haben überdies einen Anreiz, die entsprechenden Informationen und Kontrollhebel auf ihr Netzwerk zu verteilen, um informationelle Selbstbestimmungsentscheidungen zu erschweren. Übergangsweise erscheint daher eine flankierende Nutzung von Kurzinformationen in Seitenlänge (*One-Pager*) sinnvoll.[50]

Drittens scheint abweichend vom Omnibus-Ansatz der DSGVO (also einer flächendeckenden Regelung für alle Bereiche) eine sektoral differenzierte Regulierung nach dem klassischen deutschen Regelungsmodell[51] sinnvoll, insbesondere mit Blick auf die erörterten Erosionseffekte. In einigen Bereichen dürften die Einwilligungsfreiheit und Gleichheitsrechte –

---

48 Stiftung Datenschutz. (2017). *Neue Wege bei der Einwilligung im Datenschutz – technische, rechtliche und ökonomische Herausforderungen.* Abgerufen von https://stiftungdatenschutz.org/index.php?id=132..

49 Sunstein, C. R. (Fn. 18), S. 157–187; Sunstein, C. R. (2013). Deciding by Default. *University of Pennsylvania Law Review, 162,* 1, 48–56; Porat, A. & Strahilevitz, L. J. (2014). Personalizing Default Rules and Disclosure with Big Data. *Michigan Law Review, 112,* 1417 ff.

50 Dazu das Muster der vom Bundesministerium der Justiz und für Verbraucherschutz und IBM geleiteten Plattform „Verbraucherschutz in der digitalen Welt". Abgerufen von http://www.bmjv.de/DE/Themen/FokusThemen/OnePager/OnePager_node.html..

51 Eifert, M. (2017). Autonomie und Sozialität: Schwierigkeiten rechtlicher Konzeptionalisierung ihres Wechselspiels am Beispiel der informationellen Selbstbestimmung. In C. Bumke & A. Röthel (Hrsg.), *Autonomie im Recht* (S. 365, 382–383). Tübingen: Mohr Siebeck.

verstanden als soziale Grundrechte – nur durch Datennutzungsverbote angemessen gewährleistet werden. Art. 9 Abs. 1 DSGVO normiert ein solches Verbot für die Verarbeitung von Daten über die rassische und ethnische Herkunft, politische Meinungen, religiöse Überzeugungen oder die Gewerkschaftszugehörigkeit, aber auch von genetischen Daten, biometrischen Daten, Gesundheitsdaten oder Daten zur sexuellen Orientierung. Art. 9 Abs. 2 DSGVO erlaubt zwar eine Aufhebung dieses Verbots durch eine Einwilligung, belässt den Mitgliedstaaten aber einen Umsetzungsspielraum zur Einführung von Einwilligungsverboten. § 4a Abs. 3 BDSG normiert kein Verbot, sondern lediglich, dass sich eine Einwilligung ausdrücklich auf besondere Arten personenbezogener Daten i.S.v. § 3 Abs. 9 BDSG beziehen muss. Zur Vermeidung von Erosionseffekten scheint es jedoch angemessen, auch auf nationaler Ebene an sektoralen Verbotsregeln (beispielsweise wie in §§ 18, 19 Gendiagnostikgesetz [GenDG]) festzuhalten.

Viertens ist eine behutsame Neuinterpretation der Regeln zu *privacy by default*, Datenminimierung (Art. 5 Abs. 1c DSGVO) und Zweckbindung (Art. 5 Abs. 1b DSGVO) zu erwägen. Zu berücksichtigen wären dabei die Innovationspotentiale der Datenaggregation, vor allem aber die Anreize der Nutzerinnen und Nutzer zur Informationspreisgabe sowie die strategischen Anreize, die eine restriktive Datenschutzregulierung für die Datenverarbeiter schaffen kann. Strenge datenschutzrechtliche Anforderungen an die Einwilligung (beispielsweise ein strenges *Opt-in*-Erfordernis) können als Markteintrittsbarrieren für Nischendienstleister – also wettbewerbshemmend – wirken[52], sozial nützliche Formen prädiktiver Analytik erschweren[53] und einen Anreiz für noch aggressivere Datenerhebungspraktiken setzen[54]. Denkbar scheinen vor diesem Hintergrund eine Lockerung der Anforderungen an die *Datenerhebung*, etwa an die Zweckbestimmtheit bei der Einwilligung, und eine verschärfte Kontrolle der *Datennutzung*, soweit mit deren Hilfe den Einzelnen betreffende Entschei-

---

52 Campbell, J., Goldfarb, A. & Tucker, C. (2015). Privacy Regulation and Market Structure. *Journal of Economics & Management Strategy, 24*, 47–73.
53 Tene, O. & Polonetsky, J. (Fn. 18), 260–263.
54 Solove, D. J. (2013). Introduction: Privacy Self-Management and the Consent Dilemma. *Harvard Law Review, 126,* 1880, 1902.

dungen getroffen werden sollen.[55] Dies scheint auch insoweit angemessen, als die meisten und wohl größeren Risiken aus der nachgelagerten Verwendung und weniger aus der vorgelagerten Erhebung herrühren. Regulierer und Rechtsanwender sollten bei aller Vorsorgeorientierung Folgendes beherzigen: A priori schutzintensive Regeln zum Umgang mit Daten bergen nicht selten die Gefahr strategischer Gegenreaktionen, die sowohl dem Datenschutz als auch dem Wettbewerb schaden.

---

55 Krit. Cavoukian, A., Dix, A. & El Emam, K. (2014). *The Unintended Consequences of Privacy Paternalism.* Information and Privacy Commissioner, Ontario, Canada, S. 1, 3–10.

Big Data, Internet und das Völkerrecht

Andreas von Arnauld

1. Digitale Privatsphäre und Völkerrecht

Der Schutz der Privatsphäre ist menschenrechtlich verankert. Nur in wenigen neueren Dokumenten findet sich ausdrücklich das Recht auf informationelle Selbstbestimmung (z.B. Art. 8 Grundrechtecharta der EU: Schutz personenbezogener Daten), es wird allerdings von den meisten Vertragsorganen der universellen (UN-Menschenrechtsausschuss) und regionalen (v.a. Europäischer Gerichtshof für Menschenrechte [EGMR]) Menschrechtspakte aus dem Recht auf Privatleben (u.a. Art. 17 Internationaler Pakt über bürgerliche und politische Rechte [IPBPR], Art. 8 Europäische Menschenrechts-Konvention [EMRK]) abgeleitet.[1]

Bei der Interpretation dieses Rechts zeichnen sich Konvergenzen ab. Vor allem die Europarats-Konvention Nr. 108 und die Rechtsprechung des EGMR haben Leitfunktion und sind durch den UN-Menschenrechtsausschuss[2] sowie im Bericht der UN-Hochkommissarin für Menschenrechte (UNHCHR) von 2014[3] aufgegriffen worden. Unterstützt wird die weitere Konkretisierung eines Menschenrechts auf eine digitale Privatsphäre

---

1 Für Art. 8 EMRK: EGMR. *Copeland v. UK.* Antrag Nr. 62617/00, Urteil v. 3. April 2007, § 41; EGMR. *Kennedy v. UK.* Antrag Nr. 26839/05, Urteil v. 18. Mai 2010, § 118. Für Art. 17 IPBPR: UN-Menschenrechtsausschuss (Human Rights Committee [HRC]). *Concluding observations on the fourth periodic report of the United States of America.* UN-Dokument CCPR/C/USA/CO/4 vom 23. April 2014, § 22.
2 HRC. *General Comment No. 16: Article 17 (Right to Privacy). The Right to Respect of Privacy, Family, Home and Correspondence, and Protection of Honour and Reputation.* UN-Dokument A/43/40, Annex VI, 28.9.1988, § 4. S.a. HRC. Application No. 488/1992, *Toonen v. Australia.* UN-Dokument CCPR/C/50/D/488/1992 (1994), § 8.3; Application No. 903/1999, *van Hulst v. the Netherlands.* UN-Dokument CCPR/C/82/D/903/1999 (2004), § 7.6. Zur Konvergenz näher Milanović, M. (2015). Human Rights Treaties and Foreign Surveillance: Privacy in the Digital Age. *Harvard International Law Journal, 56,* 31–146 (133 ff.).
3 UNHCHR. (30. Juni 2014). *The right to privacy in the digital age: Report of the Office of the United Nations High Commissioner for Human Rights.* UN-Dokument A/HRC/27/37, §§ 21 ff., 28 ff.

durch die Vorbildwirkung des EU-Datenschutzrechts. Dieses ist in seinen Grundzügen in die meisten der mehr als 100 existierenden nationalen Datenschutzgesetze übernommen worden.[4]

Einen Eingriff stellt danach jede Erhebung, Speicherung, Verarbeitung sowie Weitergabe von Daten dar. Eingriffe sind nur auf Grundlage von Gesetzen zulässig, die (i) öffentlich zugänglich sind; (ii) Sammlung, Zugang und Nutzung von Daten an spezifische Zwecke binden; (iii) präzise Bestimmungen über Anlass, Verfahren und Dauer der Überwachung sowie den Kreis der zu überwachenden Personen enthalten; und (iv) effektive Mechanismen gegen Missbrauch vorsehen.[5]

Verstanden im Sinne von Cukier und Mayer-Schönberger ("In the past, when people collected only a little data, they often had to decide at the outset what to collect and how it would be used. Today, when we gather all the data, we do not need to know beforehand what we plan to use it for."),[6] unterläuft Big Data die Zweckbindung der Datenerhebung und Datenweitergabe, das Erfordernis bereichsspezifischer Regelungen und den Grundsatz der Datensparsamkeit.[7] Die Auswertung großer Datenmengen zu statistischen Zwecken mag zulässig sein; allerdings läuft die Anonymisierung bzw. Pseudonymisierung (IP-Adressen) faktisch leer. Die Gefahr der Erstellung von Persönlichkeitsprofilen und der Offenlegung sensibler Daten lässt sich dadurch kaum bannen. Möglich erscheinen allenfalls strikte Regeln über die vorübergehende Zusammenführung dezentral gespeicherter Daten, verbunden mit bereichsspezifischen Verwendungs- und Löschungsgeboten.[8]

---

4 Greenleaf, G. (2012). The influence of European data privacy standards outside Europe: implications for globalization of Convention 108. *International Data Privacy Law, 2,* 68–92; Greenleaf, G. (2014). Sheherezade and the 101 Data Privacy Laws: Origins, Significance and Global Trajectories. *Journal of Law, Information & Science, 23 (1),* 4–49.

5 HRC (Fn. 1), § 22. In offenkundiger Anlehnung an EGMR. *Weber und Saravia v. Deutschland.* Antrag Nr. 54934/00, Urteil v. 29. Juni 2006, §§ 84 ff. S.a. UNHCHR (Fn. 3), § 28.

6 Cukier, K. N. & Mayer-Schoenberger, V. (2013). The Rise of Big Data. How It's Changing the Way We Think About the World. *Foreign Affairs, 92 (3),* 28–40.

7 Zu diesen Grundsätzen vgl. Ministerkomitee des Europarates (16. April 2014). *Recommendation to member States on a Guide to human rights for Internet users.* CM/Rec(2014) 6, § 68.

8 von Arnauld, A. (2016). Freiheit und Regulierung in der Cyberwelt: Transnationaler Schutz der Privatsphäre aus Sicht des Völkerrechts. *Berichte der Deutschen Gesellschaft für Internationales Recht, 47,* 1–34 (15 f.). Vgl. auch Weichert, T. (2013).

Es besteht allerdings nach wie vor kein universeller Konsens bezüglich der Konkretisierung des Rechts auf digitale Privatsphäre und seines Gewichts im Falle von Grundrechtskollisionen. Vor allem in Bezug auf Datenschutz im Internet steht dem menschenrechtlich grundierten Verständnis des Datenschutzes in der EU das US-amerikanische Verständnis von Daten als Handelsware und von Datenschutz als Beschränkung der *free speech* gegenüber.[9]

2. Regelungsprobleme des Völkerrechts

2.1 Entgrenzte Datenströme

Daten werden heute grenzüberschreitend gesammelt; über das Internet kann praktisch von jedem Ort der Welt zeitgleich auf denselben Datensatz zugegriffen werden. Dem steht ein Völkerrecht gegenüber, das staatliche Jurisdiktionen gegeneinander traditionell territorial abgrenzt.[10]

Die extraterritoriale Geltung nationaler bzw. regionaler Grund- und Menschenrechtsstandards ist nach wie vor umstritten. Der EGMR geht im Grundsatz von einer territorialen Bindung aus und erweitert diese für bestimmte Fallgruppen;[11] eine Entscheidung zum Datenschutz steht noch aus. Ein territorialer Nexus ist eine hinreichende, aber keine notwendige Bedingung für die Bindung an Menschenrechte.[12] Die Anknüpfung an die Infrastruktur der Internetkommunikation führt zu beliebigen Ergebnissen und lädt zur Umgehung ein. Nämliches gilt für das vom EGMR ergänzend herangezogene Kriterium der Kontrolle über Personen. Der technologische Fortschritt erübrigt in weiten Bereichen eine physische Herrschaftsgewalt über Orte oder Personen. Geboten ist ein funktionaler Ansatz, der

---

Big Data und Datenschutz. *Zeitschrift für Datenschutz,* 251–258; Ohrtmann, J.-P. & Schwiering, S. (2014). Big Data und Datenschutz: Rechtliche Herausforderungen und Lösungsansätze. *Neue Juristische Wochenschrift,* 2984–2989.

9 Pollicino, O. & Bassini, M. (2014). The law of the Internet between globalisation and localisation. In M. Maduro, K. Tuori & S. Sankari (Hrsg.), *Transnational Law: Rethinking European Law and Legal Thinking* (S. 346–380 [361, 373 f.]). Cambridge: Cambridge University Press; von Arnauld, A. (Fn. 8), 8.

10 Uerpmann-Wittzack, R. (2009). Internetvölkerrecht. *Archiv des Völkerrechts, 47,* 261–283 (262 f.); von Arnauld, A. (Fn. 8), 6.

11 EGMR. *Al-Skeini u.a. v. UK.* Antrag Nr. 55721/07, Urteil v. 7. Juli 2011, §§ 130 ff.

12 von Arnauld, A. (Fn. 8), 10 f.

auf die Handlungs- und Bewirkungsmacht der Staaten abstellt. Dabei ist zwischen negativen und positiven Pflichten zu unterscheiden. Schutzpflichten sind begrenzt durch souveräne Rechte anderer Staaten und an die Kontrolle über Gebiete oder Personen gekoppelt.[13]

Konflikte kann auch die extraterritoriale Anwendung nationaler bzw. europäischer Datenschutzbestimmungen erzeugen. Das Völkerrecht verlangt eine echte Verbindung zwischen der Jurisdiktion und dem geregelten Sachverhalt. Es verbietet den *excess of jurisdiction* (bei der *jurisdiction to prescribe*: Regelungsebene) und die eigenmächtige Durchsetzung außerhalb des eigenen Hoheitsgebietes (*jurisdiction to enforce*).[14] Für die Regelungshoheit ist an eines der anerkannten Jurisdiktionskriterien anzuknüpfen, im Internetkontext können dies namentlich sein: aktives Personalitätsprinzip (z.B. Sitz der datenverarbeitenden Stelle), passives Personalitätsprinzip (Schutz der eigenen Staatsbürgerinnen und -bürger bzw. der Bewohnerinnen und Bewohner), Auswirkungsprinzip (z.B. Wirkungen auf den Binnenmarkt), Schutzprinzip (Schutz wesentlicher nationaler Interessen, z.B. gegen Nutzung von Des-/Information zur Beeinflussung politischer Prozesse durch andere Staaten).[15]

Das EU-Datenschutzrecht knüpfte bislang an (1) die Niederlassung im Gebiet der EU[16] oder (2) die Nutzung von Mitteln an, die im Hoheitsgebiet eines Mitgliedstaats belegen sind.[17] Die neue Datenschutz-Grundver-

---

13 Näher von Arnauld, A. (2008). Das (Menschen-)Recht im Auslandseinsatz: Rechtsgrundlagen zum Schutz von Grund- und Menschenrechten. In D. Weingärtner (Hrsg.), *Streitkräfte und Menschenrechte* (S. 61–82). Baden-Baden: Nomos; von Arnauld, A. (2010/11). Rechtsbindungen im Auslandseinsatz: Elemente einer Kollisionsrechtsordnung für militärische und polizeiliche Auslandseinsätze. *Jahrbuch Öffentliche Sicherheit, 2*, 77–101; Milanović, M. (2011). *Extraterritorial Application of Human Rights Treaties: Law, Principles, and Policy*. Oxford: Oxford University Press, S. 209–222.
14 Allgemein von Arnauld, A. (2016). *Völkerrecht* (3. Aufl.). Heidelberg: C.F. Müller, Rn. 344 ff.
15 Schmahl, S. (2009). Zwischenstaatliche Kompetenzabgrenzung im Cyberspace. *Archiv des Völkerrechts, 47,* 284–327. Eingehend Uecker, P. (2017). *Extraterritoriale Regelungshoheit im Datenschutzrecht*. Baden-Baden: Nomos.
16 Zum Schutz vor Umgehung durch Arbeitsteilung im Konzern vgl. Europäischer Gerichtshof (EuGH). *Google Spain SL und Google Inc. v. Agencia Española de Protección de Datos (AEPD) und Mario Costeja González*. Aktenzeichen C-131/12, Urteil v. 13. Mai 2014, EU:C:2014:317, §§ 50 ff.
17 Art. 4 der Richtlinie 95/46/EG des Europäischen Parlaments und des Rates vom 24. Oktober 1995 zum Schutz natürlicher Personen bei der Verarbeitung personenbezogener Daten und zum freien Datenverkehr, Amtsblatt (EG) 1995 L 281/31.

ordnung[18] ersetzt das zweite Kriterium durch die Verarbeitung personenbezogener Daten von Personen, die sich in der Union befinden, wenn es entweder darum geht, diesen in der Union Waren oder Dienstleistungen anzubieten (Marktortprinzip) oder ihr Verhalten im Gebiet der Union zu beobachten (wohl: modifiziertes Territorialitätsprinzip).

2.2 Mediatisierungsproblem

Private Unternehmen wie *Internet Access Provider* und *Internet Service Provider* haben Zugriff auf eine Unmenge privater und sogar intimer Daten. Private Akteure sind im Völkerrecht traditionell mediatisiert, d.h. selbst nicht Adressaten völkerrechtlicher Normen.[19] Trotz mancher Modifikationen dieser Mediatisierung gelingt die Bindung Privater an Datenschutzstandards letztlich nur über Selbstverpflichtung und staatliche Gesetzgebung.

Schutzpflichten (*positive obligations*) der Staaten sind zwar grundsätzlich anerkannt, aber noch wenig konkretisiert. Hinzu kommen weite Spielräume bei der Erfüllung positiver Pflichten, v.a. im außenpolitischen Verhältnis zu anderen Staaten. Eine Regulierungspflicht gegenüber auswärtigem Handeln heimischer Unternehmen existiert *de lege lata* nicht. Öffentliche Empörung und die Vorbildwirkung des EU-Datenschutzes könnten aber die Entstehung einer menschenrechtlichen *no-harm rule* fördern. Begleitend können *best practices* vereinbart werden, die sich zur Ausfüllung zwischenstaatlicher Sorgfalts- und Rücksichtnahmepflichten (*due diligence*) heranziehen lassen.[20]

3. Regelungsstrategien

Völkerrechtliche Verträge zur Konkretisierung des Datenschutzes gegenüber Big Data erscheinen derzeit wenig aussichtsreich, gerade wegen des

---

18 Art. 3 der Verordnung (EU) 2016/679 des Europäischen Parlaments und des Rates vom 27. April 2016 zum Schutz natürlicher Personen bei der Verarbeitung personenbezogener Daten, zum freien Datenverkehr und zur Aufhebung der Richtlinie 95/46/EG (Datenschutz-Grundverordnung), Amtsblatt (EU) 2016 L 119/1.
19 von Arnauld, A. (Fn. 8), 6 f.
20 von Arnauld, A. (Fn. 8), 18 f.

grundsätzlichen Dissenses mit den USA. Selbst wenn ein neues Zusatzprotokoll zum IPBPR zustande käme, würden sich die USA an ihm wohl kaum beteiligen.[21] Datenschutzfragen können allerdings in andere geeignete Abkommen integriert werden (vgl. CETA, TTIP).[22] Bei grenzüberschreitender Datenweitergabe ist auf ein im Wesentlichen vergleichbares Schutzniveau zu achten.[23]

Staaten und vor allem die EU können als Normunternehmer auf internationaler Ebene zur Durchsetzung von Datenschutzstandards beitragen („aufgeklärter Unilateralismus").[24] Regelungen zu Big Data können gegenüber ausländischen Diensteanbietern z.b. über das Recht zur Marktkontrolle (Auswirkungsprinzip) durchgesetzt werden.[25] Selbst bei Bestehen von Marktzugangsansprüchen (z.B. im Rahmen der WTO) dürften Abwehrmaßnahmen gegen Gefahren von Big Data in aller Regel verhältnismäßig sein.[26]

Um Konflikte zu reduzieren, ist parallel hierzu eine inkrementelle Weiterentwicklung der Schutzstandards über ein Netzwerk von Akteuren nötig.[27] Eine zentrale Rolle spielen internationale Menschenrechtsorgane wie der EGMR, der UN-Menschenrechtsausschuss und der UNHCHR. In deren Spruchpraxis (wie in die nationale Gesetzgebung oder Rechtsprechung) können auch weiche Standards eingehen, wie z.B. vom Netzwerk der Datenschutzbeauftragten (Formulierung von *best practices*).[28] Um im

---

21 So auch Kotzur, M. (2013). Datenschutz als Menschenrecht? *Zeitschrift für Rechtspolitik,* 216–217; Schmahl, S. (2014). Effektiver Rechtsschutz gegen Überwachungsmaßnahmen ausländischer Geheimdienste? *Juristen-Zeitung,* 220–228 (222).
22 Allgemein Weichert, T. (2014). Globaler Kampf um digitale Grundrechte. *Kritische Justiz,* 123–134 (131 ff.); von Arnauld, A. (Fn. 8), 17 f.
23 Vgl. dazu EuGH. *Maximilian Schrems v. Data Protection Commissioner.* Aktenzeichen C-362/14, Urteil v. 6. Oktober 2015, EU:C:2015:650, §§ 87 ff.
24 von Arnauld, A. (Fn. 8), 23. S.a. Goldsmith, J. (2000). Unilateral Regulation of the Internet: A Modest Defence. *European Journal of International Law, 11,* 135–148.
25 Svantesson, D. J. B. (2014). The Extraterritoriality of EU Data Privacy Law: Its Theoretical Justification and Its Practical Effect on U.S. Business. *Stanford Journal of International Law, 50,* 53–102 (98 ff.): „market-destroying mechanism".
26 von Arnauld, A. (Fn. 8), 22 f.
27 von Arnauld, A. (Fn. 8), 24 ff.
28 Vgl. als Vorbild etwa die Artikel-29-Arbeitsgruppe der EU-Datenschutzbeauftragten (Article 29 Working Party) mit ihren zahlreichen Empfehlungen und Resolutionen.

Interesse ausgewogener Regulierung einen *Multi-stakeholder*-Ansatz[29] zu ermöglichen, bietet sich die Einbeziehung des von der UNO initiierten Internet Governance Forum (IGF)[30] an. Auch eine polyzentrische und interaktive Regelungskultur verlangt aber nach öffentlich-rechtlicher Hegung, um nicht private Machtstrukturen zu konservieren.[31]

---

29 Shackelford, S. J. & Craig, A. N. (2014). Beyond the New „Digital Divide": Analyzing the Evolving Role of National Governments in Internet Governance and Enhancing Cybersecurity. *Stanford Journal of International Law, 50,* 119–184 (183). Ähnlich Mayer-Schönberger, V. (2003). The Shape of Governance: Analyzing the World of Internet Regulation. *Virginia Journal of International Law, 43,* 605–673 (652 ff.).
30 Vgl. zum Mandat UN-Generalversammlung. *Information and communications technologies for Development.* Resolution 65/141 vom 20. Dezember 2010, § 17.
31 Ähnlich von Bernstorff, J. (2003). Democratic Global Internet Regulation? Governance Networks, International Law and the Shadow of Hegemony. *European Law Journal, 9,* 511–526 (522 ff.); Uerpmann-Wittzack, R. (Fn. 10), 264 ff.; Marsden, C. T. (2011). *Internet Co-Regulation: European Law, Regulatory Governance and Legitimacy in Cyberspace.* Cambridge: Cambridge University Press, S. 46 ff., 221 ff.

Zugang zu staatlicher Information in Zeiten von Big Data

Tobias Mast

1. Rechtliche und tatsächliche Entwicklungen

Der Staat gilt nicht erst seit dem Aufkommen von Big Data als einer der größten Datenproduzenten und -inhaber.[1] Die mit der Ausbreitung sozialstaatlicher Tätigkeit angestiegenen, vielfältigen staatlichen Aufgaben und hoheitlichen Befugnisse zur Informationserlangung bringen diesen in den Besitz oftmals exklusiver Daten.[2] Neben solche, die staatsinterne Vorgänge zum Gegenstand haben (Budgets, Gehälter, Sitzungen,...), treten Datenbestände, die im Rahmen der Gefahrenabwehr, Gewährleistungsverantwortung und Kooperation mit Privaten oder auch im Rahmen eigener Forschungstätigkeit (Wissenschaftliche Dienste, Wetterforschung, Kartografie,...) gewonnen werden.[3] Während dieser Datenschatz früher primär der eigenen, staatlichen Nutzung vorbehalten war, existiert inzwischen eine Vielzahl horizontal und vertikal aufgeteilter Informationszugangsrechte,

---

1 So das Bundesministerium für Wirtschaft und Technologie nach Schoch, F. (2006). Der Entwurf eines Informationsweiterverwendungsgesetzes des Bundes. *Neue Zeitschrift für Verwaltungsrecht*, 872–891; vgl. auch Schoch, F. & Kloepfer, M. (2002). *Informationsfreiheitsgesetz (IFG-ProfE): Entwurf eines Informationsfreiheitsgesetzes für die Bundesrepublik Deutschland*. Berlin: Duncker & Humblot, S. 25. Diese Prämisse gilt aber nur, wenn der Staat als monolithische Entität verstanden wird. Seine vielfältige vertikale und horizontale Aufteilung sorgt aufgrund datenschutzrechtlicher Vorgaben dafür, dass Daten nicht beliebig von Stelle zu Stelle verschoben werden können.
2 Schoch, F. (Fn. 1); vgl. auch Kuder, A., van Raay, A., Robertson-von Trotha, C. & Schneider, R. H. (2016). Aspekte der Langzeitarchivierung und nachhaltigen Datensicherung. In T. Dreier, V. Fischer, A. van Raay & I. Spiecker gen. Döhmann (Hrsg.), *Informationen der öffentlichen Hand – Zugang und Nutzung* (S. 409–473, [410 f.]). Baden-Baden: Nomos.
3 Vgl. Noveck, B. S. (2016). Is Open Data the Death of FOIA? *The Yale Law Journal Forum, 126,* 273–286 (275); Rossi, M. (2013). Staatliche Daten als Informationsrohstoff. *Neue Zeitschrift für Verwaltungsrecht, 19,* 1263–1266 (1265).

welche ihn auch für Private erschließbar machen.[4] Umrahmt werden diese Rechte neuerdings von E-Government-Gesetz (EGovG) und Informationsweiterverwendungsgesetz (IWG). Die Gesetze erweitern den Regelungsgegenstand des Informationszugangs, indem sie vorgelagert die Art und Weise der Datenspeicherung und nachgelagert die Weiterverwendung der zugänglich gemachten Daten regeln. Standen zunächst demokratie- und rechtsstaatliche Aspekte der Transparenz, Kontrolle und Partizipation im Vordergrund, werden nun aufgrund unionsrechtlichen Anstoßes auch anderweitige Nutzungsmöglichkeiten staatlicher Datenbestände intendiert.[5] Im Zuge der Forderungen nach „Open Government Data" treten Gemeinwohlbelange, Innovationspotentiale, Wirtschaftswachstum und verbesserte Entscheidungsfindung auf staatlicher und gesellschaftlicher Ebene in den Fokus.

2. Eignung für Big-Data-Nutzungen

Wenn Datenmengen größer werden, steigen nicht zwangsläufig die Qualität und Nützlichkeit der Daten.[6] Stattdessen zeichnet sich Big Data nach gängiger Definition durch vier Eigenschaften aus: Neben dem Volume (Menge) sind auch Velocity (Entstehungsgeschwindigkeit), Variety (Quellen- und Formatheterogenität) und Veracity (Richtigkeit, Vollständigkeit,

---

4 Zu nennen sind Informationsfreiheitsgesetz (IFG), Umweltinformationsgesetz (UIG) und Geodatenzugangsgesetz (GeoZG) des Bundes und der Länder sowie das Verbraucherinformationsgesetz (VIG). Auf Unionsebene wird Zugang zu staatlichen Dokumenten gem. Art. 15 III des Vertrages über die Arbeitsweise der europäischen Union (AEUV), Art. 42 Grundrechtecharta gewährt.
5 Europäische Kommission. *Grünbuch über die Informationen des öffentlichen Sektors in der Informationsgesellschaft.* KOM (1998) 585; Erwägungsgründe der PSI-Richtlinie (Richtlinie über die Weiterverwendung von Informationen des öffentlichen Sektors, RL 2003/98/EG); vgl. aber auch Beyer-Katzenberger, M. (2014). Rechtsfragen des „Open Government Data". *Die Öffentliche Verwaltung,* 144–152; Gusy, C. (2014). Informationszugangsfreiheit – Öffentlichkeitsarbeit – Transparenz. *JuristenZeitung,* 171–179 (173); ausführlich Püschel, J. O. (2006). *Informationen des Staates als Wirtschaftsgut.* Berlin: Duncker & Humblot.
6 Boyd, D. (2010). Privacy and Publicity in the Context of Big Data. *WWW.* Raleigh, North Carolina (Methodologically Sound Approaches to Big Data #1); vgl. zu generellen Problemen des Umgangs mit Big Data Hill, H. (2014). Aus Daten Sinn machen: Analyse- und Deutungskompetenzen in der Datenflut. *Die Öffentliche Verwaltung,* 213–222 (221 f.).

Verlässlichkeit) relevant.[7] Obwohl nicht sämtliche Open Government Data Services als Big Data zu werten sind, weisen die beiden Phänomene doch eine beträchtliche Schnittmenge auf.

2.1 Einschlägigkeit staatlicher Datenbestände

Mitunter erfüllen staatliche Datensammlungen die aufgezählten Attribute in besonderer Weise: Im Zuge des Digitalisierungsprozesses und mit zunehmender sozialstaatlicher Aufgabenwahrnehmung steigt die Menge der anfallenden Daten stetig und rapide. Die Vielzahl staatlicher Stellen und Aufgaben schlägt sich in heterogenen Datenquellen und -formaten nieder. Zu dem gesamtgesellschaftlichen Prozess exponentiell wachsender Datenmassen tritt damit ein genuin staatliches Phänomen zunehmender Diversifizierung. Obwohl die Richtigkeit und Vollständigkeit im Rahmen informationeller Zugangsansprüche nicht rechtlich gefordert wird,[8] schreiben Nutzerinnen und Nutzer den Datenbeständen häufig pauschal eine besondere Qualität und Glaubwürdigkeit zu.[9] Hierfür dürfte die Rechtsgebundenheit staatlicher Stellen und das mit ihnen in Verbindung gebrachte Leitbild gemeinwohlorientierter Arbeitsweise ursächlich sein.

Bei alldem muss berücksichtigt werden, dass die staatlich anfallenden Daten meist nicht aufbereitet werden; sie fallen gelegentlich bei der Aufgabenwahrnehmung an oder dienen als behördliche Entscheidungsgrundlage, werden aber nur selten als Selbstzweck gesammelt und stellen daher häufig eher „Fundgrube als Fachhandel" dar.[10] Dennoch eignen sie sich für breite Anwendungsfelder, von denen viele vermutlich noch gar nicht

---

7 Dorschel, J. (2015). *Praxishandbuch Big Data*. Wiesbaden: Springer Gabler, S. 6 ff. m.w.N.
8 § 7 III 2 IFG und § 6 III 1 VIG (mit Ausnahme für personenbezogene Daten). Insofern besteht ein Kontrast zwischen den reaktiv herausgegebenen Datensätzen und proaktiver staatlicher Informationstätigkeit. Für Letztere statuiert das Bundesverfassungsgericht die Gebote der Sachlichkeit, Richtigkeit und Vollständigkeit, Entscheidungen des Bundesverfassungsgerichts (BVerfGE) 105, 252 (271 f.) – Glykol; zu einer möglichen Weiterentwicklung Mast, T. (2018, i.E.). *Staatsinformationsqualität*.
9 Schoch, F. (Fn. 2); vgl. aber Rossi, M. (Fn. 3), 1265.
10 Rossi, M. (Fn. 3), 1264; zu den vielfältigen Formen privater Nutzung von Geodaten aber Neumann, C. (2014). *Zugang zu Geodaten*. Berlin: Duncker & Humblot, S. 144; zu Arten der Entstehung staatlicher Information Frenzel, E. M. (2016). Informationen der öffentlichen Hand? – Arten und Entstehung. In T. Dreier, V.

ersichtlich sind. Sowohl Privatunternehmen, (andere) öffentliche Einrichtungen, die Wissenschaft, zivilgesellschaftliche Organisationen als auch einzelne Bürgerinnen und Bürger könnten punktuell von ihnen profitieren.

2.2 Art der Vorhaltung

Ob staatliche Datenbestände für Big-Data-Analysen geeignet sind, hängt neben den oben beschriebenen Eigenschaften zum einen davon ab, ob sie digitalisiert, standardisiert und strukturiert sind, zum anderen von der Art der Zugänglichmachung.

Um möglichst einfach weitergenutzt werden zu können, müssen die Datenbestände in einheitlichen Formaten vorliegen, mit Metadaten (Daten über Daten) versehen und interoperabel sein. Das staatliche Vorgehen wandelt sich diesbezüglich momentan. Seine verfassungsrechtliche Verankerung stellt Art. 91c Grundgesetz dar, der den ebenenübergreifenden Ausbau eines staatlichen IT-Systems ermöglicht. Im Anwendungsbereich des EGovG müssen Behörden einer Analyse- und Optimierungspflicht nach § 9 I EGovG nachkommen und technisch-organisatorische Maßnahmen elektronischer Aktenführung nach § 6 S. 3 EGovG ergreifen. Die Normen stehen im Zeichen der wechselseitigen Abhängigkeit des Informationszugangs und des staatlichen Informationsmanagements[11] und schaffen eine staatlich-private Win-Win-Situation, indem sie das Pensum behördlicherseits vorzuhaltender Datenbestände mit relativ geringem Ressourcenaufwand operabel halten. Der mit Speicher- und Systemumstellung verbundene Mehraufwand wird zukünftig den Datenaufruf und die -zugänglichmachung vereinfachen, beschleunigen und kostengünstiger gestalten.

Fischer, A. van Raay & I. Spiecker gen. Döhmann (Hrsg.), *Informationen der öffentlichen Hand – Zugang und Nutzung* (S. 57–77 [71 f.]). Baden-Baden: Nomos.

11 Ausführlich Sydow, G. (2016). Elektronische Aktenführung, behördliches Informationsmanagement und Informationsfreiheit. In T. Dreier, V. Fischer, A. van Raay & I. Spiecker gen. Döhmann (Hrsg.), *Informationen der öffentlichen Hand – Zugang und Nutzung* (S. 193–209). Baden-Baden: Nomos.

2.3 Art der Zugänglichmachung

Die gewandelte Vorhaltung geht mit einem Wandel in der Art der Zugänglichmachung einher. Die Digitalisierung macht auch vor diesem letzten Schritt der staatlichen Datenverwendung nicht halt. Während mit Informationsfreiheitsgesetz (IFG), Umweltinformationsgesetz (UIG) und Verbraucherinformationsgesetz (VIG) die Informationsfreiheitsgesetze der ersten Generation v.a. die reaktive Datenherausgabe an Individualpersonen auf deren Antrag hin vorsahen, werden inzwischen vornehmlich Online-Transparenzportale bereitgestellt, auf denen die Datenbestände antragunabhängig und proaktiv publiziert werden. Als Grundlage dienen etwa Art. 119 I REACh-VO (Verordnung zur Registrierung, Bewertung, Zulassung und Beschränkung chemischer Stoffe)[12], § 10 I, IV Hamburgisches Transparenzgesetz (HmbTG), § 6 Landestransparenzgesetz Rheinland-Pfalz (TranspG RP), § 11 Geodatenzugangsgesetz (GeoZG) und §§ 12a, 19 EGovG. Im Sinne der Usability (Nutzungsfreundlichkeit) wird die Gestaltung staatlicher Datenportale im Internet stetig verbessert. Im Bereich des reaktiven Informationsrechts zeigt sich das etwa in der Pflicht zur Führung allgemein zugänglicher Informationsverzeichnisse gem. § 11 I, III IFG. In dieselbe Richtung gehen auch § 7 UIG, §§ 3, 6, 9, 12 I EGovG, §§ 6, 9 GeoZG. Als deutlich weiter gehender wird man die Zugänglichkeits- und Darstellungsvorgaben in den Transparenzgesetzen bezeichnen dürfen, §§ 10 I, IV, V HmbTG und §§ 6 III, 8, 9 TranspG RP.

Diese Entwicklung macht in Verbindung mit der veränderten Art der Vorhaltung einige bisher gerne gegen Informationsbegehren vorgebrachte Einwände obsolet: In Zeiten des Electronic Government und der normativen Vorgabe präventiver organisatorischer Vorkehrungen wird etwa der bislang prominente Einwand unverhältnismäßigen Aufwands[13] in Anbetracht des nach geltendem Recht ohnehin nicht gegebenen Anspruchs auf Informationsbeschaffung und Informationsaufbereitung meist nicht mehr ernsthaft vorgebracht werden können. Einer Überlastungssituation wird bereits tatbestandlich durch die Begrenzung auf vorhandene Daten hinrei-

---

12 Verordnung (EG) Nr. 1907/2006.
13 § 7 II 1 IFG; vgl. § 4 III Nr. 4 VIG, § 3 II 2, 3 UIG.

chend entgegengewirkt, wenn diese elektronisch ohne großen Aufwand abgerufen werden können.[14]

Darüber hinaus wird im Lichte gesetzgeberisch intendierter effektiver Informationszugangsfreiheit von staatlichen Stellen verlangt werden können, vorhandene technische Bearbeitungsmöglichkeiten in jedem Fall zu nutzen, um berechtigten Informationsbegehren möglichst weitgehend nachzukommen. Zwar hat der Antrag auf Informationszugang hinreichend bestimmt zu sein;[15] das schließt vor dem Hintergrund zunehmender Digitalisierung aber nicht per se den Zugang zu gewaltigen Datenbeständen aus – auch diese können klar umschrieben werden.[16]

Ob die proaktive Publikation der Datenbestände in Online-Datenbanken den reaktiven Zugang ersetzen oder ergänzen wird, bleibt abzuwarten.[17] Langfristig wird sich die Datenzugänglichkeit aber in jedem Falle beschleunigen und der Aufwand unabhängig von der Datenmenge reduzieren lassen.

2.4 Restriktionen

Restriktionen für den Zugang oder die Weiterverwendung der staatlichen Datenbestände ergeben sich aus öffentlichen Belangen (Sicherheit, Funktionsfähigkeit des Staates) und entgegenstehenden Rechtspositionen Dritter (Persönlichkeitsrechte, Betriebs- und Geschäftsgeheimnisse), die mit dem Informationsinteresse der Allgemeinheit in Ausgleich gebracht werden müssen. Hierbei ergeben sich aus der Umstellung von einem reaktiven Datenzugang auf proaktive Publikation neue Probleme.

---

14 Sydow, G. (Fn. 11), S. 206 ff.; vgl. ders. (2013). Vorwirkungen von Ansprüchen auf datenschutzrechtliche Auskunft und Informationszugang. *Neue Zeitschrift für Verwaltungsrecht, 8,* 467–471.
15 § 4 I 2 VIG, § 4 II UIG; trotz fehlender Regelung in § 7 I IFG besteht auch dort Einigkeit über das Erfordernis hinreichender Bestimmtheit, Schoch, F. (2016). § 7 IFG. In F. Schoch (Hrsg.), *Informationsfreiheitsgesetz, Kommentar* (2. Aufl., S. 659–721, Rn. 23 m.w.N.). München: Beck.
16 Vgl. Schoch, F. (Fn. 15), Rn. 25 f.
17 Noveck, B. S. (Fn. 3), 279 ff.; Gusy, C. (2013). Der transparente Staat. *Deutsches Verwaltungsblatt, 15,* 941–948 (944).

2.5 Gefahren

Nach dem klassischen Modell des IFG wird über jedes Informationsbegehren durch ein mit Verwaltungsakt abschließendes Verwaltungsverfahren gem. § 9 Verwaltungsverfahrensgesetz entschieden und etwaige dem Informationsinteresse entgegenstehende Geheimhaltungsinteressen mit diesem abgewogen. Bei der in den letzten Jahren zunehmenden antragsunabhängigen Publikation in Online-Portalen, wie sie etwa aufgrund der landesrechtlichen Transparenzgesetze erfolgt, fehlt so ein prozeduraler Prüfungsmodus.[18] Zwar entlastet die antragsunabhängige Bereitstellung die Verwaltung, da entsprechende Einzelanträge fortan mit der Begründung abgelehnt werden können, die begehrten Daten seien anderweitig verfügbar.[19] Die einzelfallunabhängige Publikation birgt aber die Gefahr einer weniger gründlichen Interessengewichtung. Durch das Phänomen Big Data nimmt die Problematik weiter zu. Auch Datenbestände gigantischen Ausmaßes können öffentliche Belange berühren oder persönlichkeits- und urheberrechtsrelevante Positionen enthalten und erfordern daher eine Interessenabwägung, die aber nicht konkret „Datensatz für Datensatz" erfolgen kann. Ob sich die Problematik durch Electronic Government und Verfahrens- und Technikanforderungen voll auffangen lässt, darf bezweifelt werden. Rekombinationsmöglichkeiten gigantischer Datenbestände zeichnen Big-Data-Anwendungen gerade aus, erschweren aber auch eine staatliche Vorab-Kontrolle. Die Forderung, Daten möglichst schnell verfügbar zu halten, trägt ihren Teil zur Problematik bei. Hier könnte eine Strategie lauten, die spätere Publikation der Datenbestände bereits im gesamten Prozess von der Erhebung bis zur Weiterverbreitung mitzudenken, um möglichst frühzeitig Restriktionspotentiale zu erkennen und in zu- und übergeordneten Metadatensätzen zu verankern.

---

18 Vgl. Gusy, C. (Fn. 17), 945.
19 § 9 III Alt. 2 IFG, § 4 V 1 VIG; Berger, S. (2013). § 11 IFG. In S. Berger, C. Partsch, J. Roth & C. Scheel (Hrsg.), *Informationsfreiheitsgesetz, Kommentar* (2. Aufl., Rn. 10). Köln: Carl Heymanns.

3. Rechtspolitische Forderungen und Kontroversen

3.1 Die Fragen des zukünftigen „Wofür" und „Für wen"

Erst die zunehmende Digitalisierung und Strukturierung der staatlichen Datenbestände ermöglichen eine Big-Data-Nutzung. Rechtspolitische Vorstellungen, wie die Eigenschaften als Rohstoff und Wirtschaftsgut in Zukunft bestmöglich zur Geltung gelangen könnten, unterscheiden sich aber mitunter beträchtlich. Denkbar sind Konzepte der allgemein kostenlosen Nutzung im Zeichen von Open Data. In diese Richtung weist etwa die Änderung des Geodatenrechts (Aufhebung § 13 GeoZG a.F., § 11 II 1 GeoZG n.F.). Deutschland ist dort bei der Umsetzung der INSPIRE-Richtlinie (Richtlinie zur Schaffung einer Geodateninfrastruktur in der Europäischen Gemeinschaft) anders vorgegangen als bei der ebenfalls zum Erlass von Gebührenregelungen ermächtigenden PSI-Richtlinie (Richtlinie über die Weiterverwendung von Informationen des öffentlichen Sektors).[20] Den Regelfall stellt momentan aber dennoch die Rechtslage des Informationsweiterverwendungsgesetzes dar, welche eine Gebührenerhebung, wenn auch meist auf Grenzkosten beschränkt, vorsieht (§ 5 IWG). Inwiefern der Zugang zu staatlichen Datenbeständen im Sinne einer Marktordnung zu verstehen ist, wird lebhaft diskutiert. So wirft die Verteilung nach den Gesetzen des Marktes etwa Fragen der Verteilungsgerechtigkeit auf: Sollten die mit öffentlichen Mitteln finanzierten Datenbestände nur gegen Bezahlung oder im Sinne der Innovationsfreundlichkeit und der Daseinsvorsorge entgeltfrei zur Verfügung gestellt werden?[21]

---

20 Vgl. die Erwägungsgründe 22–24 der PSI-Änderungsrichtlinie (RL 2003/37/EU).
21 Vgl. Dreier, T. (2016). Einleitung. In T. Dreier, V. Fischer, A. van Raay & I. Spiecker gen. Döhmann (Hrsg.), *Informationen der öffentlichen Hand – Zugang und Nutzung* (S. 13–36 [19 f.]). Baden-Baden: Nomos; Podszun, R. (2016). Die Marktordnung für Public Sector Information: Plädoyer für eine wettbewerbsorientierte Auslegung der Richtlinie. In T. Dreier, V. Fischer, A. van Raay & I. Spiecker gen. Döhmann (Hrsg.), *Informationen der öffentlichen Hand – Zugang und Nutzung* (S. 335–360). Baden-Baden: Nomos; Martini, M. & Damm, M. (2013). Auf dem Weg zum Open Government: Zum Regimewechsel im Geodatenrecht. *Deutsches Verwaltungsblatt, 128 (1),* 1–9 (4); Rossi, M. (Fn. 3), 1266; einen Überblick der Studien über den ökonomischen Nutzen von Open Data aus dem angelsächsischen Raum bietet van Eechoud, M. (2016). Calculating and monitoring the benefits of public sector information re-use. In T. Dreier, V. Fischer, A. van Raay & I. Spiecker gen. Döhmann (Hrsg.), *Informationen der öffentlichen Hand – Zugang und Nutzung* (S. 107–144). Baden-Baden: Nomos.

3.2 Die Fragen des zukünftigen „Was" und „Wer"

Es treten auch die Fragen nach dem „Was" und „Wer" in den Vordergrund. Sowohl hinsichtlich der ausgenommenen staatlichen Stellen als auch hinsichtlich der zugänglich gemachten Datenbestände wird lebhaft diskutiert. Zwar sind seit der Novellierung des IWG auch Museen, Bibliotheken und Archive in den Anwendungsbereich des Gesetzes einbezogen (§ 2a IWG), es wird aber etwa gefordert, vermehrt Daten von Bildungs- und Forschungseinrichtungen offenzulegen, da diesen eine besondere Relevanz für Big-Data-Nutzungen attestiert wird.[22]

Vorstellbar ist nach zukünftigem Recht auch eine neben die herkömmlichen Aufgaben tretende staatliche Beschaffungs- und Aufbereitungstätigkeit, eine Optimierung der Datenbestände in Hinblick auf die Bedürfnisse privater Interessenten. Auf diese Weise könnte der chronischen Mittelknappheit der öffentlichen Hand durch neue Einkommensmöglichkeiten entgegengewirkt werden. In der Folge wäre auch über eine Richtigkeits- und Vollständigkeitsgewähr im Gleichklang mit proaktiver staatlicher Publikation nachzudenken. Das Hauptargument für den Wertungsdualismus zwischen reaktiver und proaktiver Informationstätigkeit, dass die Daten im Rahmen reaktiver Herausgabe immer in der Form bereitgestellt werden, in der sie beim Staate ohnehin vorhanden sind, entfiele. Das Nutzungsregime könnte hierbei mit entsprechenden Implikationen sowohl zivil- als auch öffentlich-rechtlich ausgestaltet werden.[23]

Eine andere Möglichkeit könnte darin liegen, die Aufgabe an einen privatwirtschaftlich organisierten sekundären Informationsmarkt zu überantworten. Hierdurch würden die horizontalen und vertikalen staatlichen Zuständigkeitsrestriktionen überwunden und neue Zusammenstellungsmög-

---

22 Dreier, T. (2016). Ausweitung – Open Data? In T. Dreier, V. Fischer, A. van Raay & I. Spiecker gen. Döhmann (Hrsg.), *Informationen der öffentlichen Hand – Zugang und Nutzung* (S. 563–584 [565 f.]). Baden-Baden: Nomos; vgl. den geltenden § 1 II Nr. 6 IWG.

23 Vgl. Martini, M. & Damm, M. (Fn. 21), 5 ff.; Ingold, A. (2015). Behördliche Internetportale im Lichte des Allgemeinen Verwaltungsrechts: Zur Renaissance des Rechts der öffentlichen Einrichtungen. *Die Verwaltung, 48 (4)*, 525–545; Richter, E. & Süssner-Job, T. (2016). Öffentlich-rechtliche oder zivilrechtliche Ausgestaltung des Zugangs und der Weiterverwendung von staatlichen Informationen. In T. Dreier, V. Fischer, A. van Raay & I. Spiecker gen. Döhmann (Hrsg.), *Informationen der öffentlichen Hand – Zugang und Nutzung* (S. 297–334). Baden-Baden: Nomos.

lichkeiten geschaffen.²⁴ Ähnliche öffentlich-private Symbiosen existieren bereits. Ein Beispiel bildet das privat betriebene Portal www.fragdenstaat.de, das Einzelne bei ihren IFG-, UIG- und VIG-Anträgen unterstützt und die Ergebnisse bündelt. Andererseits sind Bündelungen auch staatlicherseits nicht gänzlich ausgeschlossen, wie etwa das von Bund, Ländern und Kommunen gemeinsam gespeiste Portal www.govdata.de zeigt.²⁵

3.3 Berücksichtigung der gesamten Wertschöpfungskette

In Zukunft wird noch stärker zu berücksichtigen sein, dass die Datenverarbeitung bereits durch die Art der Datenerhebung, -strukturierung, und -speicherung vorprogrammiert ist. Das EGovG stellt hierbei mit seinen oben beschriebenen Vorgaben einen ersten (großen) Schritt dar, aber die spätere Verwendbarkeit könnte noch weiter gehend schon in den staatlichen Erhebungsprozess strukturell eingeplant werden. Ein solches Vorgehen würde dem vielfach zu beobachtenden Phänomen gerecht, dass zur rechtlichen Regulierung zunehmend auch eine Steuerung durch technische Determinanten tritt.

4. Ausblick

Welche Bedeutung Open Government Data für die gesellschaftlichen Big-Data-Anwendungen erlangen wird, hängt zunächst davon ab, wie der Staat seine Angebote in rechtlicher und technischer Hinsicht ausgestaltet. Die weitere Entwicklung wird auch durch inter- und supranationale Einflüsse und technologische Neuerungen bestimmt werden. Eines zeichnet sich aber bereits ab: Durch Big Data werden die Funktionen staatlichen Datenzugangs weiter aufgefächert. Mit neuen Chancen gehen aber auch neue Risiken einher. Ob Technologie auch für Letztere eine angemessene Antwort parat hält, bleibt abzuwarten.

---

24   Rossi, M. (Fn. 3), 1265 f.
25   Ähnliches beschreibt aus dem angloamerikanischen Raum Gurin, J. (2015). Big Data and Open Data: How Open Will the Future Be? *I/S: A Journal of Law and Policy for the Information Society,* 691–704 (695).

Predictive Analytics aus der Perspektive von Menschenwürde und Autonomie

Stephan Dreyer

1. Besondere Eigenschaften von Predictive Analytics

Predictive Analytics (auch: Predictive Analysis) sind Verfahren auf Grundlage fortgeschrittener mathematisch-statistischer Prognosemodelle, die Wahrscheinlichkeiten für zukünftiges Verhalten oder zukünftige Ereignisse auf Grundlage großer Datenmengen über bisheriges Verhalten berechnen können. Die Vorhersagen von Interessen und Handlungen auf Grundlage von Daten früheren Verhaltens erfolgen dabei regelmäßig auf Grundlage von Beobachtungen zweiter Ordnung, d.h. das Wissen stammt nicht aus aktiven Auskünften von Einzelpersonen, sondern wird mithilfe von Algorithmen aus Sammlungen von Nutzungs- und Verhaltensdaten gewonnen. Die Voraussagen basieren damit – im Gegensatz zu traditionellen statistischen Verfahren – nicht auf einer errechneten Repräsentanz im engeren Sinne, sondern auf prognostischen Berechnungen anhand teils massiver Mengen an Originaldaten Dritter, darunter auch beiläufig entstandener Daten im Rahmen der Nutzung von Informations- und Kommunikationsdiensten.[1]

Mit diesem Ansatz analysieren und identifizieren Predictive-Analytics-Verfahren ausschließlich korrelative Muster anhand vielfältiger, je nach Modell bereits vorgegebener oder im Rahmen von Deep Learning autonom entdeckter Variablen. Aussagen zu möglichen Kausalitäten, Kausalketten, Gründen oder Motiven für ein vorhergesagtes Verhalten können

---

[1] Eine Besonderheit ist der Umstand, dass die Daten im Analysepool vor allem von Dritten stammen, die anonymisiert oder pseudonymisiert sind. Ein Personenbezug entsteht beim Prognoseeinsatz auf Grundlage dieser Daten erst bei dem Abgleich mit einem Betroffenen: Aus den nicht personenbezogenen Verhaltensdaten entstehen personenbezogene Vorhersagen. Inwieweit Prognoseverfahren die nicht personenbezogenen Daten dadurch einer bestimmten Person zuschreiben (im Sinne von ihr zu eigen machen), ist bislang nicht geklärt und verweist auf die Erforderlichkeit einer Berücksichtigung auch solcher neuen Dimensionen des Grundrechtsschutzes insbesondere mit Blick auf das Recht auf informationelle Selbstbestimmung.

die Verfahren nicht treffen. Je automatisierter die Konfiguration der Mustererkennung und die Wahrscheinlichkeitsberechnung bzw. Segmentierung in Eigenschaftsgruppen erfolgt (sog. „unsupervised learning"), desto weniger vorhersagbar und nachvollziehbar sind Einzelvorhersagen dabei auch für denjenigen, der die Prognosesoftware einsetzt.

2. Mögliche Grundrechtsberührungen durch softwarebasierte Vorhersagen

Die Einsatzbereiche von Predictive Analytics sind bereits vielzählig, werden aber absehbar noch breiter. In der derzeitigen Praxis werden softwarebasierte Vorhersagen im Bereich des sog. „Predictive Policing", im Rahmen von verhaltensbasierter Online-Werbung und Empfehlungen im E-Commerce, bei der Berechnung von Privatkreditzinsen oder Versicherungstarifen eingesetzt. Betroffen sind damit bereits jetzt unterschiedliche Lebensbereiche, die von grundgesetzlich gewährten Freiheitsgrundrechten gerahmt sind – zentral aber erscheint die allgemeine Handlungsfreiheit aus Art. 2 Abs. 1 Grundgesetz (GG), weil sie vielfach unspezifische Handlungsfacetten des täglichen Lebens berührt.

Zu unterscheiden sind dabei direkte Schutzbereichsberührungen durch softwarebasierte Entscheidungen und lediglich vermittelte Anlässe für das schutzbereichsrelevante Verhalten von Menschen. So können etwa negative Kreditentscheidungen, risikobasierte Preis- oder Tariferhöhungen sowie der Ausschluss von internationalen Flugreisen direkt durch Software getroffen werden. Die Berechnung von hohen Wahrscheinlichkeiten kann sich aber auch erst indirekt in darauf basierendem menschlichen Verhalten zu einer Schutzbereichsberührung manifestieren: vermehrte Polizeikontrollen in sog „Hot Spots", in denen Software mögliche kriminelle Handlungen vorhergesagt hat, aber auch das Versenden von Werbung für Schwangerschaftsprodukte an Frauen, die möglicherweise einen (aus ihrer Sicht geheimen) Kinderwunsch hegen. Die Patina von Objektivität und Wahrheit, die den softwarebasierten Vorhersagen dann vermeintlich anhaftet, wird in diesen Fällen als Legitimationsgrundlage für Handlungen genommen, die potentielle Grundrechtseinwirkungen aufweisen.

3. Selbstbestimmung als Menschenwürdekern der allgemeinen Handlungsfreiheit

Die engen Bezüge zwischen der Menschenwürdegarantie aus Art. 1 Abs. 1 GG und der allgemeinen Handlungsfreiheit aus Art. 2 Abs. 1 GG sind vielfach tiefgehend ausgearbeitet: Wo Art. 1 Abs. 1 GG die unantastbare menschliche Würde des Einzelnen als Fundament der Rechtsordnung legt, ist die in Art. 2 Abs. 1 GG gewährte allgemeine Handlungsfreiheit ein zentraler Bestandteil eben dieser Würde. Nur wenn jeder Mensch in seinem Handeln frei ist und sich so verhalten kann, wie er es kraft eigener Entscheidung für richtig hält, kann er seine individuelle Persönlichkeit frei entfalten. Oder umgekehrt: Ohne die Freiheit von Entscheidungen und Handlungen des Einzelnen bliebe die Garantie der Menschenwürde eine leere Hülle.[2]

Mit Blick auf Predictive Analytics ist zu konstatieren, dass derartige Verfahren in der Lage sind, die Schutzgehalte beider Garantien zu berühren. Erschließen lässt sich dies über die Heranziehung der Objektformel des Bundesverfassungsgerichts (BVerfG) einerseits, und der Betrachtung der Zielwerte der Würde- und Freiheitssicherung andererseits.

Mit seiner Objektformel verweist das BVerfG auf die Verbindung der Menschenwürde mit dem sozialen Wert- und Achtungsanspruch des Einzelnen, welcher es verbiete, dass der Mensch zum bloßen Objekt des Staates gemacht oder einer Behandlung ausgesetzt wird, „die seine Subjektqualität prinzipiell in Frage stellt".[3] Auch wenn das BVerfG die Objektformel zuletzt in ihrer allgemeinen Anwendbarkeit eingeschränkt hat, so bleibt es bei einer Verletzung der Menschenwürde jedenfalls dort, wo eine Maßnahme „Ausdruck der Verachtung des Wertes, der dem Menschen kraft seines Personseins zukommt, also in diesem Sinne eine ‚verächtliche Behandlung'" ist.[4] Starck konkretisiert diese Sicht auf Art. 1 Abs. 1 GG zu einem Schutz des Menschen davor, „dass er durch den Staat oder durch seine Mitbürger als bloßes Objekt, das unter vollständiger Verfügung eines anderen Menschen steht, als Nummer eines Kollektivs, als Rädchen im

---

2 Di Fabio, U. (2001). Kommentierung zu Art. 2. In T. Maunz & G. Dürig (Hrsg.), *Kommentar zum Grundgesetz* (39. Lieferung, Rn. 1). München: Beck.
3 Entscheidungen des Bundesverfassungsgerichts (BVerfGE) 87, 209, 228 – Tanz der Teufel; s.a. BVerfGE 45, 187, 227 f. – Lebenslange Freiheitsstrafe.
4 BVerfGE 30, 1, 25 f. – Abhörurteil.

Räderwerk behandelt und dass ihm damit jede eigene geistig-moralische oder gar physische Existenz genommen wird".[5]

Mit Blick auf die Zielrichtung von Menschenwürdegarantie und allgemeiner Handlungsfreiheit wird diese Negativdefinition erweitert um normative Gehalte der Freiheitsgewährleistung: Im Kern von Würde und Autonomie steht die Selbstbestimmtheit des Einzelnen, und zwar in Abgrenzung zu Formen der (übermäßigen) Fremdbestimmung durch Dritte. Jeder soll die Möglichkeit haben, seine eigenen Lebensverhältnisse selbst zu gestalten. Selbstbestimmung, Selbstverantwortung und Eigenständigkeit stehen damit im Zentrum der grundgesetzlichen Zielvorstellung. Die Big-Data-basierte, individualisierte Berechenbarkeit von Wahrscheinlichkeiten zukünftigen menschlichen Verhaltens, individuellen Interessenprognosen und der Vorhersage von zukünftigen Vorlieben und Präferenzen weist vor diesem Hintergrund in vielfältiger Weise Objektformel- und Zielerreichungsrelevanz auf.

3.1 Relevanz des eingegebenen Datenbestands

Bei Predictive Analytics dienen in erster Linie die Daten *anderer* Personen als Ausgangsbasis für die Berechnungen. Dritte sind die (Haupt-)Erzeuger der Daten für die Prognosemodelle, die dann mit den Daten des Einzelnen zusammengeführt werden und in einer Wahrscheinlichkeitsaussage münden. Damit entscheidet die Qualität des Datenbestands für die Prognosemodelle über die Qualität der errechneten Vorhersage – und die Absehbarkeit möglicher sozialer Diskriminierung (s.u.). Allein in der ungenügenden umfassenden Zusammenstellung oder einer diskriminierenden Auswahl von Wissensbeständen bzw. Trainingsdaten, auf deren Grundlage sich leicht objektive Fehleinordnungen oder Fehlentscheidungen ergeben können, kann aufgrund der Nähe zum Willkürverbot – nichts anderes wäre eine risikobasierte Softwareentscheidung auf Basis nicht reliabler Daten – bereits eine Menschenwürdeberührung zu erkennen sein. Selbst bei validen Daten, die einem automatisierten Entscheidungssystem als Grundlage dienen, kann die Auswahl und Zusammenstellung der zur Verfügung stehenden Variablen zu einem inhärenten Bias- bzw. Diskriminierungsrisiko

---

5 Starck, Ch. (2010). Kommentierung zu Art. 1. In H. v. Mangoldt, Ch. Starck & F. Klein (Hrsg.), *Kommentar zum Grundgesetz* (6. Aufl., Rn. 16). München: Beck.

führen. Wenn als Personenvariablen Alter, Geschlecht und Herkunft zur Verfügung stehen, werden sich in der Regel auch wahrscheinlichkeitsbezogene Indikatoren entlang dieser Variablen bilden.[6]

3.2 Relevanz der Berechnung zukünftigen Verhaltens generell

Ein zentraler Aspekt der Würde- und Freiheitsgarantien aus der Perspektive von softwarebasierten Vorhersagen ist deren Zukunftsgerichtetheit. Wo informationelles Selbstbestimmungsrecht, wie etwa beim Anlegen von Persönlichkeitsprofilen, vor allem auf den Status quo des Menschseins abzielt, richten Predictive Analytics ihren Blick auf zukünftiges Verhalten bzw. zukünftige Interessen. Ihre Grundannahme, dass menschliches Verhalten berechenbar ist, verweist im extremen Fall auf die Negierung eines freien Willens generell, in abgeschwächter Form aber jedenfalls darauf, dass sich viele Menschen mit ähnlichen Attributen in ähnlichen Situationen vergleichbar verhalten. Die Akzeptanz des Individuums mit unzähligen Persönlichkeitsfacetten, Biografien und Sozialisationen gerät so aber in den Hintergrund. Auch bewegen sich Predictive-Analytics-Verfahren damit in einem Nexus des Noch-Nicht-Geschehenen, Noch-Nicht-Entschiedenen, Noch-Nicht-Gedachten. In der Vorwegnahme des systemisch offenen Entscheidungshorizonts durch Software allein kann bereits die Negierung der Selbstbestimmung des Einzelnen gesehen werden: Wenn Vorhersagesoftware darüber entscheidet, wie ein Einzelner in Zukunft entscheiden wird, dann ist das Individuum systematisch seiner Selbstbestimmung und Eigenständigkeit beraubt, oder jedenfalls in seiner ansonsten freien Entscheidung[7] bereits durch das Vorhersageergebnis geprägt bzw. begrenzt.

---

6 Zu diskutieren wäre hier, inwieweit nicht bereits im Auswählen der Datenkategorien eine Schutzbereichsberührung der allgemeinen Handlungsfreiheit zu erblicken ist oder ob sich dadurch erst ein grundrechtsbezogenes Risiko ergibt, das sich in der automatisierten Entscheidung gegenüber dem Einzelnen realisiert. Die grundrechtsdogmatische Einordnung von System-Bias in Systemen automatisierter Entscheidungen bleibt die Rechtswissenschaft bislang schuldig.
7 Man muss keinen Hehl aus den Forschungsergebnissen machen, die darauf deuten, dass die Freiheit der Entscheidung bereits durch eine Vielzahl kognitiver Verzerrungen vermindert ist. Diese psychologisch und verhaltensökonomisch determinierten Grenzen vor allem rationaler Entscheidungen aber stammen aus just dem biologi-

Die Schwere dieser Entscheidungsabnahme hängt freilich davon ab, wie schwer oder einfach es für den Betroffenen ist, sich über die prognostizierte Entscheidung hinwegzusetzen. Je stärker Software die eigentlich selbstbestimmte Entscheidung determiniert, desto eher gerät die Vorhersage in den Bereich des Absprechens einer eigenen Lebensgestaltung.

3.3 Relevanz des Lebensbereichs des Prognoseeinsatzes

Daneben hat die persönliche Sphäre der von Predictive Analytics vorgenommenen Prognosen Einfluss auf die grundrechtliche Bewertung: Je nach Anwendungsfall können Vorhersagen höchstpersönliche Lebensbereiche wie etwa die Gesundheit, einen Kinderwunsch oder sexuelle Vorlieben betreffen. Auch Berechnungen zukünftigen Fahrverhaltens, zukünftiger Gewalttätigkeiten oder der wahrscheinlichen Zahlungsmoral weisen bereits sehr persönliche – wenn auch keine intimen – Bezüge auf. Aufgrund des breiten möglichen Einsatzes vorhandener Daten für automatisierte Vorhersagen ist im Vorhinein nicht klar, auf welche Kontexte diese Verfahren und die ihnen zugrunde liegenden Daten letztlich im Einzelfall angewandt werden. Aber allein die Möglichkeit, dass jeder Mensch im Rahmen von Predictive Analytics prinzipiell einer mathematischen Zukunftsaussage seiner gesamten, auch intimen Persönlichkeitsfacetten unterliegt, weist Achtungsdefizite auf.[8] Diejenigen Persönlichkeitssphären, die durch eine Prognose tangiert werden, haben damit ebenfalls Relevanz für die Einschätzung aus Menschenwürdesicht: Je intimer bzw. höchstpersönlicher die Aussagen von Vorhersageentscheidungen sind, desto eher wird von einer Berührung der Menschenwürde auszugehen sein.[9]

---

schen System, dem die Handlungsfreiheit zusteht, während die Vorhersagen von Predictive-Analytics-Systemen von außen oktroyiert werden.

8 BVerfGE 27, 1, 6 – Mikrozensus I: „Mit der Menschenwürde wäre es nicht zu vereinbaren, [...] den Menschen zwangsweise in seiner ganzen Persönlichkeit zu registrieren und zu katalogisieren [...] und ihn damit wie eine Sache zu behandeln, die einer Bestandsaufnahme in jeder Beziehung zugänglich ist."

9 S. in diese Richtung gehend auch BVerfGE 109, 279, 321 f. – Großer Lauschangriff.

3.4 Relevanz einzelner prognosebasierter Entscheidungen im Bereich wirtschaftlicher Handlungsfreiheit

Insbesondere im Bereich personalisierter Marketingmaßnahmen sowie bei Online-Werbung und Produktempfehlungen weisen Entscheidungen auf Grundlage von Predictive Analytics keinen hohen Determinismusgrad auf: In erster Linie sollen hier mathematisch-wahrscheinlich bestehende Konsumwünsche vorausgeahnt und dann durch kommerzielle Kommunikationen im Sinne einer entsprechenden Konsumentscheidung befriedigt werden. Ein Überprägen des Kundenwillens wird damit regelmäßig nicht einhergehen, sondern die Wirtschaftlichkeit solcher Verfahren basiert auf der Hoffnung einer möglichst hohen Kohärenz von Berechnungsergebnis und der tatsächlichen Kaufentscheidung des Kunden. Aus der Perspektive der normativen Selbstbestimmung des Einzelnen verweist der Kohärenzgedanke auf die Paradoxie von Vorhersage und Verhalten: Es wird für immer unklar bleiben, ob sich ein Kunde ohnehin für ein prognostiziertes Produkt entschieden hätte oder ob erst die prognosebasierte Bewerbung zu einer Kaufentscheidung geführt hat. Predictive Analytics haftet in diesen Kontexten der Makel der sich selbst bestätigenden Vorhersagen an („self-fulfilling prophecies").[10] Jedenfalls nicht ausgeschlossen bei Predictive-Analytics-Aussagen im Bereich wirtschaftlicher Handlungsfreiheit erscheint so die softwarebasierte Verringerung des individuellen Optionenraums und die Verkleinerung des potentiellen kognitiven Handlungs- und Entscheidungspotentials. Ein kurzer Verweis auf eine mögliche Verletzung des sozialen Geltungsanspruchs durch die Kommerzialisierung des menschlichen Daseins[11] darf an dieser Stelle ebenfalls nicht unterbleiben.

3.5 Relevanz der Unabsehbarkeit der Folgen des eigenen Verhaltens für Vorhersagen

Eine indirekte Autonomierelevanz kann sich zudem aus der Ungewissheit und Unkontrollierbarkeit der Vorhersageergebnisse – insbesondere aus

---

10 Dieser Gedankenansatz darf im Umkehrschluss nicht dazu führen, dass die Grundrechtsrelevanz von Prognoseverfahren abhängig von der Qualität der berechneten zukünftigen Entscheidung ist. Es gilt gerade nicht: „Je besser die Prognose, desto weniger schlimm die Vorhersageentscheidung."
11 BVerfGE 96, 375, 399 f. – Kind als Schaden.

dem Blickwinkel des Rechts auf informationelle Selbstbestimmung als Teil des allgemeinen Persönlichkeitsrechts aus Art. 2 Abs. 1 i.V.m. Art. 1 Abs. 1 GG – ergeben. Zielrichtung dieser Ausprägung („Wer weiß was wann über mich?") ist die Ermöglichung der oben beschriebenen Dualität von Menschenwürde und Autonomie. Wenn aber Dritte das zukünftige Verhalten des Einzelnen antizipieren, seine zukünftigen Wünsche berechnen und seine nächsten Interessen vorhersagen können, bevor er diese selbst (a) gedacht oder (b) nach außen getragen hat, ist der Zielgehalt der Autonomie systematisch beschnitten. Verstärkt wird diese Gefährdung dadurch, dass durch sekundäre Beobachtung auch Teile der Intimsphäre berührt sein können. Nicht aktive Äußerungen, sondern gegebenenfalls unbewusst preisgegebene Informationen erlauben die Berechnung zukünftiger Verhaltensaspekte, Interessen oder Persönlichkeitszustände. Das heißt, der Einzelne hat systematisch keine bewusste Kontrolle über diejenigen Daten, die in Predictive-Analytics-Verfahren einfließen. Das ermöglicht gegebenenfalls auch Vorhersagen in Bezug auf Eigenschaften, die der Betroffene bei Kenntnis derartiger Vorhersagemöglichkeit lieber für sich behalten hätte.[12]

Sind dem Betroffenen solche Beobachtungs- und Vorhersagemöglichkeiten Dritter bewusst, so können sich daraus ergebende Selbstbeschränkungen („chilling effects") bezüglich des aktuellen Handelns und Verhaltens außerhalb vermeintlicher Sozialadäquanz ergeben. Auch in diesen Fällen wäre die normativ erwünschte Verwirklichung individueller Selbstbestimmung gehemmt.

4. Mittelbare Grundrechtsgeltung beim Einsatz von Vorhersageverfahren durch Private

Die beschriebenen Grundrechtsberührungen werden bei staatlichem Einsatz von Predictive-Verfahren unmittelbar relevant. Anders sieht es dagegen bei der Nutzung entsprechender Verfahren durch Private aus. Mit der mittelbaren Drittwirkung ist hier – jedenfalls im deutschen Recht – ein Konstrukt eingeführt, das auf die Berücksichtigung der Grundrechte auch zwischen Privaten etwa bei gerichtlichen Entscheidungen gerichtet ist. Da-

---

[12] „Die Gedanken sind frei. Keiner kann sie erraten. Außer, man nutzt lange genug das Internet.".

mit schlagen etwaige Relevanzen für Würde- und Freiheitsgarantien frühestens erst nach einer zivilrechtlichen Klageerhebung durch. Dann gilt es, entgegenstehende Grundrechte der Nutzerinnen und Nutzer von Predictive Analytics ebenso zu berücksichtigen. Besonders in kommerziellen Kontexten kommt diesen aber regelmäßig ein legitimes Interesse an einer Risikoeinschätzung *vor* dem Vertragsschluss mit einem Kunden zu (Art. 12 GG, Art. 14 GG, Art. 2 Abs. 1 GG – Grundsatz der Privatautonomie). Bei der rechtlichen Bewertung der Zulässigkeit des Einsatzes durch Private wird es also absehbar auf die Bewertung des Einzelfalls ankommen.

5. Ausblick

Soweit Predictive-Analytics-Verfahren als Ansatz der Berechnung von zukünftigen Verhaltenswahrscheinlichkeiten bereits jetzt grundrechtsrelevante Entscheidungen treffen, stellt sich die Frage der mittelbaren Drittwirkung mit Blick auf die Menschenwürde und ihre objektiv-rechtlichen Gehalte. Gegebenenfalls ist hier der Gesetzgeber – ähnlich wie etwa beim Gendiagnostikgesetz – aufgerufen, zu starke deterministische Konsequenzen oder den Einsatz in höchstpersönlichen Lebensbereichen zu begrenzen oder jedenfalls zu ordnen. Daneben gilt es, mittelbare Konsequenzen softwarebasierter Vorhersagen im Auge zu behalten (s.o.), wo mögliche Schutzbereichsberührungen erst auf die menschliche Interpretation der Vorhersagen und damit erst auf Entscheidungen der Vorhersagennutzer und nicht direkt auf die Softwareentscheidung zurückgehen. Erwähnenswert sind an dieser Stelle die Verfahren der „Prescriptive Analytics", die nicht nur zukünftiges Verhalten, sondern bereits auch das entsprechend erfolgreichste Reaktionsverhalten prognostizieren können; hier potenzieren sich möglicherweise die oben genannten Aspekte der Grundrechtsrelevanz.

Rechts(durch)setzung durch Informationsintermediäre: Big Data als Entscheidungs- und Handlungsressource

Markus Oermann

Aus der alltäglichen Kommunikationspraxis sind intermediäre Informationsdienste wie soziale Netzwerke, Kurznachrichten- und Instant-Messaging-Dienste oder Foto- und Videosharingplattformen kaum noch wegzudenken. Schnell und ohne Aufwand sind mithilfe dieser Dienste die neuesten Erlebnisse geteilt, die jüngsten Ereignisse im Leben der Anderen nachvollzogen. Alle diese kommunikativen Akte hinterlassen auch über den Moment hinaus Spuren – zwar nicht zwingend bei den Nutzerinnen und Nutzern, aber doch bei den Anbietern der Dienste in Form von stetig wachsenden Datenbeständen, in denen das Kommunikationsverhalten und die Eigenschaften der Nutzerinnen und Nutzer festgehalten werden. Diese Big Data Pools werden für verschiedene Zwecke automatisiert ausgewertet, etwa um Inhalte passend zu den Vorlieben und Interessen der Nutzerinnen und Nutzer auszuwählen, zu sortieren oder vorzuschlagen oder um im Rahmen der Nutzungsumgebungen der intermediären Dienste abgestimmt auf den Nutzungskontext und die Person der Nutzerin oder des Nutzers Werbung auszuspielen. Aber auch für darüber hinausgehende Entscheidungen können aus diesen Beständen relevante Informationen und hilfreiches Wissen vom Diensteanbieter oder von Dritten gewonnen werden. Und teilweise werden die Datenbestände auch zur Umsetzung der Entscheidungen genutzt.

Als Beispiele für diese Funktion von Big Data als Handlungs- und Entscheidungsressource werden im Folgenden Konstellationen näher betrachtet, in denen Big Data von Informationsintermediären zur Rechts(durch)setzung genutzt werden. Nachdem sich in der Debatte um die Rolle von Informationsintermediären für die von ihnen vermittelte Kommunikation eine Trendwende erkennen lässt (1.), finden sich vermehrt (rechts-)politische Initiativen, die Anbieter intermediärer Dienste stärker in die Verantwortung nehmen wollen (2.). Den normativen Hintergrund dieser Initiativen bilden die aktuellen Strukturen des unionsrechtlichen Haftungsregimes (3.). Mit einer weiteren Ausdifferenzierung dieser Strukturen und der Veränderung der Rolle von Informationsintermediären werden allgemein rechtsstaatliche und grundrechtliche Fragen virulent (4.).

1. Entwicklungen der Debatte über die Rolle von Informationsintermediären

Internet- respektive Informationsintermediäre stehen derzeit im Fokus verschiedener öffentlicher Debatten.[1] Nachdem zunächst die deliberativen und partizipativen Potentiale dieser Internetdienste im Diskurs über das „Web 2.0" oder „Social Web" betont wurden[2], sind in jüngerer Zeit zunehmend kritische Töne zu hören. Seit sich immer deutlicher abzeichnet, welche Bedeutung die Dienste im Alltag großer Teile der Bevölkerung gewonnen haben, in welchem Umfang Daten über das Nutzungsverhalten bei den Anbietern dieser Dienste anfallen, und sich erkennen lässt, dass die Märkte zur Konzentration auf wenige international tätige Unternehmen tendieren, werden Fragen laut, ob und wie der hiermit verbundenen Machtakkumulation begegnet werden sollte. Daneben hat sich auch die Bewertung der kommunikativen Funktionen, Wirkungspotentiale und Nutzungspraktiken teilweise gewandelt. Informationsintermediäre stehen als Arenen für die unlizensierte Verbreitung urheberrechtlich geschützter Werke, Angriffe gegen einzelne Personen oder Gruppen (Stichwort „Hate Speech"), Propaganda terroristischer Organisationen oder verdeckt agierender politischer Kräfte und zur Distribution von absichtlich verfälschten Nachrichten („Fake News") im Zentrum kritischer Debatten. Wie weit geht die Verantwortlichkeit der Anbieter der intermediären Dienste für die von ihnen vermittelte Kommunikation von Dritten – von individuellen, privaten Nutzerinnen und Nutzern bis zu professionellen Inhalteanbietern? Welche Rolle sollen die Intermediäre spielen, wenn mit der Kommunikation verbundene Interessen und individuelle und kollektive Rechtsgüter koordiniert und entsprechende Konflikte gelöst werden müssen? Diese Fragen bestimmen die derzeitigen rechtlichen und politischen Diskurse.

---

1 Zum Begriff „Informationsintermediär" s. Schulz, W., Dankert, K. (2016). *Die Macht der Informationsintermediäre*. Bonn: Friedrich-Ebert-Stiftung, S. 15 ff.
2 Ein Beispiel einer frühen Analyse der Nutzungspraktiken und Potentiale von Web 2.0/Social Web ist Schmidt, J. (2009). *Das neue Netz*. Konstanz: UVK.

2. Aktuelle Initiativen zur Verantwortlichkeit der Anbieter

Mehrere aktuelle rechtspolitische und regulatorische Initiativen auf nationaler und europäischer Ebene streben an, dass Anbieter von intermediären Diensten eine weiter gehende Verantwortung für die von ihnen vermittelte Kommunikation übernehmen sollen.

So sieht beispielsweise der Vorschlag der EU-Kommission für eine Richtlinie über das Urheberrecht im digitalen Binnenmarkt vom 14. September 2016 vor, dass Diensteanbieter, die große Mengen von ihren Nutzerinnen und Nutzern hochgeladener urheberrechtlich geschützter Werke speichern oder der Öffentlichkeit zugänglich machen, geeignete und angemessene Maßnahmen ergreifen, um die Einhaltung von Lizenzverträgen und -bestimmungen zu gewährleisten. Im entsprechenden Art. 13 Abs. 1 Urheberrechtsrichtlinie-E wird hierzu auf Inhaltserkennungstechniken verwiesen.[3] Dies zielt auf die Implementation von Analysesystemen auf Foto- und Videoplattformen, die auf der Grundlage von Datenbanken, in denen charakteristische Muster urheberrechtlich geschützter Audio- und Videoinhalte als sog. ID-Files hinterlegt werden, neu eingestellte Beiträge automatisch daraufhin überprüfen, ob diese gespeicherte Muster enthalten. Wird eine Übereinstimmung festgestellt, können die in der Datenbank verzeichneten Rechtsinhaber informiert werden und entsprechend reagieren. Prominentes Beispiel eines solchen Systems ist „Content ID" auf der Videosharingplattform *Youtube*. Hier haben die Rechtsinhaber nach einer Meldung die Möglichkeit, das Video zu blockieren, die Abrufzahlen zu verfolgen oder Werbung zu einem Video hinzuzufügen.[4] Es existieren aber auch Angebote externer Dienstleister wie *Audible Magic,* auf die Plattformbetreiber zurückgreifen können, wenn ihnen etwa die Kompetenzen und Ressourcen zur Entwicklung eigener Systeme zur automatischen Inhalteerkennung fehlen.[5]

---

3 Vorschlag für eine Richtlinie [...] über das Urheberrecht im digitalen Binnenmarkt vom 14.9.2016, COM (2016) 593 final. Abgerufen am 20. Dezember 2016 von http://eur-lex.europa.eu/legal-content/EN/TXT/?uri=COM:2016:0593:FIN.
4 S. Youtube über Content ID. Abgerufen am 20. Dezember 2016 von https://support.google.com/youtube/answer/2797370?hl=de.
5 S. About Audible Magic. Abgerufen am 23. August 2017 von http://www.audiblemagic.com/about.

Auch zu den Stichworten „Hate Speech" und „Terrorpropaganda" finden sich einschlägige Initiativen:[6] So sieht etwa auch der Vorschlag der EU-Kommission für eine Reform der Richtlinie über audiovisuelle Mediendienste vom 25. Mai 2016 vor, dass den Nutzerinnen und Nutzern von Videoplattformen die Möglichkeit gegeben werden soll, jugendgefährdende oder zu Gewalt und Hass aufstachelnde Inhalte bei den Anbietern zu melden. Die Anbieter sollen entsprechende Klauseln in ihre Geschäftsbedingungen aufnehmen und Bewertungsmechanismen einrichten, Art. 28a Abs. 2a, b, d Richtlinie über Audiovisuelle Mediendienste-E. Dies wird ergänzt um Vorschläge für eine Förderung von Maßnahmen der Ko- und Selbstregulierung durch Kodizes, Art. 28b Abs. 3 i.V.m. Art. 4 Abs. 7 AVMD-E.[7]

Darüber hinaus hat die EU-Kommission große internationale Anbieter intermediärer Dienste wie *Facebook, Google/Youtube, Twitter* und *Microsoft* auf dem „EU Internet Forum" u.a. mit dem Ziel zusammengeführt, die Verbreitung von Terrorpropaganda einzudämmen. In diesem Rahmen haben sich die Unternehmen darauf geeignet, eine für alle Anbieter zugängliche Datenbank einzurichten, in der – ähnlich wie beim bereits dargestellten Content-ID-System – charakteristische Muster von als „terroristisch" bewerteten Bildern oder Videos eingestellt werden sollen. Dies soll den Anbietern erlauben, gleiche oder vergleichbare Inhalte in ihren Diensten mittels Inhaltserkennungstechniken schneller zu identifizieren und so zu verhindern, dass diese über mehrere Dienste hinweg weiterverbreitet werden.[8] Daneben wurde auf selbigem Forum ein „Code of Conduct" zwischen den beteiligten Unternehmen verabredet, der die Maßnahmen der

---

6 Für einen Überblick s. die Mitteilung der Kommission [...] zum Umgang mit illegalen Online-Inhalten – Mehr Verantwortung für Online-Plattformen vom 28. September 2017, COM (2017) 555 final. Abgerufen am 16. Oktober 2017 von https://ec.europa.eu/transparency/regdoc/rep/1/2017/DE/COM-2017-555-F1-DE-MAIN-PART-1.PDF, 2 ff., dort zugleich auch zu Maßnahmen im Bereich Online-Handel.
7 Vorschlag für eine Richtlinie [...] zur Änderung der Richtlinie 2010/13/EU zur Koordinierung bestimmter Rechts- und Verwaltungsvorschriften der Mitgliedstaaten über die Bereitstellung audiovisueller Mediendienste im Hinblick auf sich verändernde Marktgegebenheiten vom 25.5.2016, COM (2016) 287 final. Abgerufen am 20. Dezember 2016 von https://ec.europa.eu/transparency/regdoc/rep/1/2016/DE/1-2016-287-DE-F1-1.PDF.
8 Europäische Kommission, Pressemitteilung vom 8.12.2016. Abgerufen von http://europa.eu/rapid/press-release_IP-16-4328_en.htm.

Anbieter gegen „Hate Speech" koordinieren und vor allem anbieterseitige Melde- und Löschprozesse beschleunigen soll.⁹

Der deutsche Gesetzgeber ist kürzlich mit dem viel beachteten „Gesetz zur Verbesserung der Rechtsdurchsetzung in sozialen Netzwerken (Netzwerkdurchsetzungsgesetz [NetzDG])" über die bloße Koordination von Selbstregulierungsmaßnahmen hinausgegangen und hat u.a. prozedurale Vorgaben für den Umgang mit Beschwerden von Nutzerinnen und Nutzern über in sozialen Netzwerken vermittelte Inhalte, die im Hinblick auf einen festgelegten Katalog von Straftatbeständen relevant erscheinen, festgelegt.¹⁰

Diese jüngeren Initiativen entsprechen einem seit Längerem beobachtbaren Trend, dass immer häufiger die Anbieter intermediärer Dienste entscheiden und vertragliches oder hoheitlich gesetztes Recht durchsetzen und hierzu auch bewusst von Seiten des Staates eingespannt werden, wenn durch diese Dienste vermittelte Kommunikate Konflikte auslösen.

---

9 EU Internet Forum. *Code of Conduct on illegal online hate speech.* Abgerufen am 20. Dezember 2016 von http://ec.europa.eu/justice/fundamental-rights/files/hate_s peech_code_of_conduct_en.pdf. Auch auf nationaler Ebene gibt es mit der „Taskforce ‚Umgang mit rechtswidrigen Hassbotschaften im Internet'" eine in der Zielsetzung dem EU Internet Forum vergleichbare Initiative, s.: Bundesministerium der Justiz und für Verbraucherschutz (BMJV). *Die Taskforce – Zusammenschluss von Unternehmen und Organisationen.* Abgerufen am 20. Dezember 2016 von http://www.bmjv.de/WebS/NHS/DE/Home/home_node.html#initiative.

10 *Bundesgesetzblatt (BGBl.) I Nr. 61,* 3352 ff. S.a. Bundesratsdrucksache 536/17 sowie Bundestagsdrucksache (BT-Drucks.) 18/1303 beruhend auf BT-Drucks. 18/12356. Auf die umfassende Kritik an diesem Gesetz aus unions- und verfassungsrechtlicher Perspektive sowie auch vereinzelt in regulierungswissenschaftlicher Hinsicht sei an dieser Stelle hingewiesen, ohne dass sie hier im Einzelnen gewürdigt werden könnte, vgl. hierzu etwa nur Ladeur, K.-H. & Gostomzyk, T. (2017). Das Netzwerkdurchsetzungsgesetz und die Logik der Meinungsfreiheit. *Kommunikation und Recht, 6,* 390; Holznagel, B. (2017). Dringlich überarbeiten – Gutachterliche Stellungnahme im Auftrag der OSZE. *epd medien Nr. 24* vom 16. Juni 2017, 24; Schulz, W. (2017). Bemerkenswerte Eile – Das NetzDG gefährdet die Kommunikationsfreiheiten. *epd medien Nr. 19* vom 12. Mai 2017, 3; Hain, K.-E., Ferreau, F. & Brings-Wiesen, T. (2017). Nicht der Weisheit letzter Schluss – Eine Alternative zum NetzDG. *epd medien Nr. 25* vom 23. Juni 2017, 3; Hain, K.-E (2017). Facts – stupid or stubborn things? *promedia, 20 (8),* 24.

3. Strukturen des kommunikationsrechtlichen Haftungsregimes

Den Hintergrund für diesen Trend bilden die unionsrechtlich geprägten Strukturen des kommunikationsrechtlichen Haftungsregimes für Anbieter intermediärer Dienste: Im Ausgangspunkt sieht im Anwendungsbereich des EU-Rechts die sog. eCommerce-Richtlinie 2000/31/EG (eCommerce-RL) in ihren Art. 12–14 für Anbieter von Diensten der Informationsgesellschaft, zu denen Informationsintermediäre regelmäßig zählen, nur eine beschränkte Verantwortlichkeit für die von ihnen vermittelten Informationen vor.[11] Die Mitgliedstaaten haben danach ihr Recht so zu gestalten, dass eine rechtliche Verantwortlichkeit der Anbieter für rechtsverletzende Kommunikate der Nutzerinnen und Nutzer unter bestimmten Voraussetzungen ausgeschlossen ist, beispielsweise wenn der Anbieter eines Speicherdienstes keine Kenntnis von der Rechtsverletzung durch von den Nutzerinnen und Nutzern eingegebene Informationen hat oder unverzüglich tätig wird, sobald er Kenntnis erlangt (vgl. Art. 14 Abs. 1 eCommerce-RL). Vor allem schließt Art. 15 Abs. 1 eCommerce-RL allgemeine gesetzliche Verpflichtungen der Anbieter zur Überwachung übermittelter Informationen oder zur aktiven Nachforschung nach Hinweisen auf rechtswidrige Tätigkeiten aus. Diese Beschränkungen der Verantwortlichkeit erfassen grundsätzlich sowohl die zivilrechtliche Schadensersatzhaftung (auch bei Verletzung von Immaterialgüterrechten wie Urheber- oder Markenrechten) als auch die Verantwortlichkeit nach Ordnungs- und Strafrecht.[12]

---

11 S.a. Erwägungsgrund 42 der eCommerce-RL, der deutlich macht, dass nur für solche Tätigkeiten von Informationsintermediären die Ausnahmen von der Verantwortlichkeit nach den Art. 12–14 greifen sollen, die „rein technischer, automatischer und passiver" Art sind, „was bedeutet, dass der Anbieter [...] weder Kenntnis noch Kontrolle über die weitergeleitete oder gespeicherte Information besitzt". Vgl. hierzu auch Europäischer Gerichtshof (EuGH). Urteil v. 23.3.2010, C-236/08 u.a., Rn. 115 ff. – *Google/Louis Vuitton*; sowie EuGH. Urteil v. 12.7.2011, Rs. C-324/09, Rn. 112 ff. – *L'Oréal/eBay*.

12 Das deutsche Ordnungs- und Strafrecht sowie das zivilrechtliche Schadensersatzhaftungsrecht entsprechen diesen Vorgaben (vgl. §§ 7 ff. Telemediengesetz). Die Art. 12–14 eCommerce-RL enthalten in ihren dritten Absätzen allerdings jeweils Klarstellungen dahingehend, dass den Mitgliedstaaten die Möglichkeit verbleibt, im nationalen Recht vorzusehen, dass ein Gericht oder eine Verwaltungsbehörde vom Anbieter verlangen darf, eine Rechtsverletzung abzustellen oder zu verhindern respektive Verfahren zur Entfernung einer Information oder Sperrung des Zugangs zu ihr einzurichten. Jedoch wird ein Anbieter eines intermediären Dienstes von deutschen Zivilgerichten auch auf Beseitigung respektive Unterlassung seines

Damit wird dem Anbieter regelmäßig die Möglichkeit gegeben, nach einer Meldung durch einen Betroffenen oder Dritten zunächst zu prüfen, ob Rechtsverletzungen vorliegen, und weitere Schritte einzuleiten, also etwa den Äußernden zu einer Stellungnahme aufzufordern und im Fall des Falles Kommunikate zu sperren oder zu entfernen, bevor er sich in gerichtliche Verfahren verwickelt sieht. Man spricht hier anschaulich vom „Notice and Action"-Modell. Anders gewendet wird der Anbieter hierdurch aber auch dazu angehalten, entsprechende organisatorische Vorkehrungen zu treffen, personelle und finanzielle Ressourcen vorzuhalten und prozedurale und materielle Richtlinien zu entwickeln und diese in die mit den Nutzerinnen und Nutzern vereinbarten Nutzungsbedingungen aufzunehmen, um die Prüfungs- und Entscheidungsverfahren durchführen zu können und sich nicht weiter gehend haftbar zu machen.

Mit seinem Urteil vom 13. Mai 2014 in Sachen „Google Spain"[13] hat der Europäische Gerichtshof (EuGH) für einen speziellen Typ von Informationsintermediären, nämlich Internetsuchmaschinen, dann ein zusätzliches, von der Rechtmäßigkeit der von ihnen auffindbar gemachten Quelle unabhängiges datenschutzrechtliches Haftungsregime auf der Grundlage der Datenschutzrichtlinie 95/46/EG etabliert. Jeder natürlichen Person erwachse allein durch Zeitablauf grundsätzlich ein datenschutzrechtlicher Anspruch darauf, dass Einträge von Ergebnislisten zu Suchen nach ihrem Namen entfernt werden – unabhängig davon, ob die verlinkte Quelle vorher oder gleichzeitig gelöscht wird und gegebenenfalls auch dann, wenn die Veröffentlichung dieser Quelle als solche rechtmäßig ist.[14] Dieser Anspruch kann sowohl außergerichtlich gegenüber dem Anbieter als auch parallel dazu oder unabhängig hiervon unmittelbar gerichtlich geltend ge-

---

„vermittelnden" Beitrags zur Rechtsverletzung, etwa durch Entfernen oder Sperren von Nutzerinhalten, die beispielsweise Persönlichkeits- oder Immaterialgüterrechte von Dritten verletzten, grundsätzlich nur verpflichtet, wenn der Anspruchssteller, also etwa eine Nutzerin oder ein Nutzer, der sich durch ein Kommunikat eines Anderen in seinem allgemeinen Persönlichkeitsrecht verletzt sieht, oder auch ein Dritter zuvor den Anbieter über die behauptete Rechtsverletzung in Kenntnis gesetzt hat, sofern im Einzelfall nicht besondere Voraussetzungen gegeben sind. S. hierzu näher Elsaß, L. (2016). Haftung der Verbreiter von Distributed Content für Persönlichkeitsrechtsverletzungen. *Kommunikation und Recht, 10,* 654 f.

13 EuGH. Urteil v. 13.5.2014, C-131/12 – *Google Spain/González.*
14 Das Urteil wird vor diesem Hintergrund teilweise, in mehrfacher Hinsicht irreführend, auch als „Right to be forgotten"-Entscheidung bezeichnet.

macht werden.[15] Nach dem Urteil des EuGH sahen sich (auch) die Anbieter von Suchmaschinen gezwungen, Prozeduren und Organisationseinheiten für diese Fälle einzurichten und vor allem aus den vom EuGH vorgegebenen Prinzipien Entscheidungsregeln und -kriterien für die Behandlung von Einzelfällen abzuleiten.

Als gesetzliche Ausgestaltung und nähere Strukturierung des Verfahrens von „Notice and Action" für die Betreiber sozialer Netzwerke kann dann das kürzlich verabschiedete deutsche NetzDG verstanden werden.[16]

In den hier in aller Kürze skizzierten außergerichtlichen Verfahren wachsen die Anbieter intermediärer Dienste somit im Zuge der Entwicklung des kommunikationsrechtlichen Haftungsregimes in eine hybride Rolle als „Rechtsetzer", „Rechtsprecher" und „Rechtsdurchsetzer".

4. Der Rollenwandel von Informationsintermediären vor dem Hintergrund ihrer Handlungs- und Entscheidungsressourcen

Eine ökonomische Betrachtung erklärt plausibel, warum Anbieter intermediärer Dienste in dem nach dem vorgestellten Ansatz gestalteten Regime dennoch nicht auf jede Meldung hin grundsätzlich löschen oder sperren, um Haftungsrisiken zu vermeiden. Nur solange sie möglichst vielfältige Informationen verfügbar halten, bleiben sie für Nutzerinnen und Nutzer und damit auch für die Nachfrager auf dem Werbemarkt attraktiv. Da aber auch möglichst keine Nutzerinnen und Nutzer abgestoßen werden sollen, streben vor allem international agierende Anbieter an, ihre Kommunikationsumgebungen so zu gestalten, dass die vielfältigen sozialen Normen verschiedener Kulturkreise nicht verletzt werden. Weil diese Anbieter sich zudem den kommunikationsbezogenen rechtlichen Vorgaben unterschiedlicher Rechtsordnungen ausgesetzt sehen, stehen sie vor der Herausforderung, möglichst alle diese Anforderungen miteinander in Einklang zu bringen. Dazu stehen ihnen zum einen die Nutzungsbedingungen, zum anderen die Gestaltung der technisch-funktionalen Elemente, der Oberflächen, Schnittstellen und Algorithmen ihrer Dienste als Instrumente zur Verfü-

---

15 Anders als nach dem allgemeinen zivilrechtlichen „Notice and Action"-Modell werden hier außergerichtliches und gerichtliches Verfahren also nicht koordiniert.
16 S. hierzu im Einzelnen bereits oben, Fn. 10.

gung.[17] Hier liegt die Definitions- und Ausgestaltungsmacht schwerpunktmäßig bei ihnen.[18]

Zentrale Entscheidungs- und Handlungsressource sind neben Oberflächen, Schnittstellen und Algorithmen die bei ihnen anwachsenden Big Data Pools, in denen das kommunikative Verhalten und die Eigenschaften der Nutzerinnen und Nutzer in Form von Daten gespeichert werden. Diese können automatisiert ausgewertet werden, etwa um das Nutzungserlebnis zu optimieren, respektive die der einzelnen Nutzerin oder dem einzelnen Nutzer vermittelten Inhalte zu personalisieren – inklusive der an die Nutzerin oder den Nutzer adressierten Werbung. Zugleich stellen sie für jede Form des regulatorischen Zugriffs auf die von Intermediären vermittelten Kommunikationsprozesse ein mögliches Medium dar, über welches Entscheidungen umgesetzt werden können. Dies kann grundsätzlich, wie im Fall der auf dem EU Internet Forum vereinbarten geteilten Datenbank zu Terrorpropaganda oder von datenbankbasierten Analysetechniken, mit denen urheberrechtlich geschützte Inhalte identifiziert werden können, nach einer ersten Beurteilung für Folgefälle automatisiert und über mehrere Dienste hinweg geschehen.

Diese besonderen, Big-Data-basierten Entscheidungs- und Handlungsressourcen und die Schnittstellenposition von Intermediären in Kommunikationsprozessen machen verständlich, warum rechtspolitische Diskurse aktuell dahin tendieren, ihnen über das aktuelle Haftungsregime hinaus mehr Verantwortung für die von ihnen vermittelte Kommunikation zuzuschreiben. Vor allem zwei Aspekte erscheinen in diesem Zusammenhang abschließend bedenkenswert:

Zum einen sind Anbieter intermediärer Dienste als privatrechtlich verfasste Wirtschaftsunternehmen regelmäßig nicht unmittelbar an Grundrechte gebunden. Werden sie staatlicherseits in Formen von Co-Regulierung oder regulierter bzw. koordinierter Selbstregulierung eingebunden, lässt sich somit oft kritisch fragen, ob hierdurch nicht engere staatliche Bindungen umgangen werden. Ruft man sich ins Bewusstsein, dass die Begründung einer entsprechend starken Bindung von Privaten sehr viel

---

17 Für den zuletzt genannten Faktor hat sich in der regulierungswissenschaftlichen Debatte die Chiffre „Code" etabliert, s. hierzu Oermann, M., Lose, M., Schmidt, J.-H. & Johnsen, K. (2014). *Approaching Social Media Governance*. Abgerufen am 20. Dezember 2016 von http://papers.ssrn.com/sol3/papers.cfm?abstract_id=2498552, 10 ff.
18 Ebd.

aufwendiger und juristisch nicht unumstritten ist, so drängt sich diese Frage vor allem dort auf, wo wie im Falle von automatisiert arbeitenden, eventuell diensteübergreifenden Inhaltsanalysetechniken Maßnahmen schon die Veröffentlichung von Kommunikaten und damit auch jede Anschlusskommunikation verhindern können. Bisher scheint es hier schließlich vor allem bei den von staatlicher Seite nur koordinierten selbstregulatorischen Initiativen wie der gemeinsamen Terrorpropagandadatenbank an Sicherungsmechanismen gegen Fehlentscheidungen und zu weit gehende Blockierungen etwa durch falsche Datenbankeinträge wie Transparenzmaßnahmen und Beschwerdeverfahren zu fehlen.[19]

Zum anderen geht mit den dargestellten Veränderungen der Regelungsstrukturen einher, dass den Anbietern von Informationsintermediären weitgehende Entscheidungs- und Handlungsbefugnisse in Bezug auf Rechts(durch)setzung zugeschrieben werden, womit sich diese in meist geschlossene, nicht gewaltenteilig organisierte, durch Verfassungsrecht in vielfacher Hinsicht gebundene und demokratisch legitimierte Wirtschaftsorganisationen verschiebt.[20] In Verbindung mit ihren Entscheidungs- und Handlungsressourcen und ihrer Schnittstellenfunktion wird hierdurch die Machtposition der Intermediäre im Hinblick auf die von ihnen vermittelten Kommunikationsprozesse institutionalisiert.

Für die mit diesen Erkenntnissen zugleich aufgeworfene Frage danach, wie in solchen komplexen institutionellen Regelungsarrangements allgemeine rechtsstaatliche Prinzipien sowie materielle und prozedurale grundrechtliche Gewährleistungsgehalte trotz abgeschichteter Verantwortlichkeiten im Hinblick auf die Setzung allgemeinverbindlicher Regeln und deren Durchsetzung im Einzelfall abgesichert werden können, bedarf es

---

19 Die Europäische Kommission scheint einen entsprechenden Bedarf solcher Mittel zur Einhegung und Kontrolle mittlerweile erkannt zu haben. So fordert sie jüngst entsprechende Maßnahmen von den Betreibern von Online-Plattformen in ihrer – allerdings rechtlich unverbindlichen – Mitteilung [...] zum Umgang mit illegalen Online-Inhalten vom 28. September 2017, COM (2017) 555 final, 19 ff.
20 S. hierzu ausführlich Mast, T., Oermann, M. & Schulz, W. (2016). *Doing Internet Governance: Constructing Normative Structures inside and outside of Intermediary Organisations*. Abgerufen am 20. Dezember 2016 von http://api.ning.com/files/a4JBf1Z8ExYD5b52KKNQkaIzaGrjYx9ivBSOpelrumL8IjbN3XW0KnVxx*anR69V2kslH6K3v 1aBys50CKtR3JLSZQUczJVK/MastOermannSchulz_DoingInternetGovernance.pdf.

dann neuer Antworten.[21] Notwendige Bedingung für eine Gewährleistung rechtsstaatlicher Standards ist aber auch, dass sich die Regulierer, seien es nun der Gesetzgeber, Einrichtungen der regulierten Selbstregulierung, aufgrund von gesetzlicher Finalprogrammierung mit eigenen Spielräumen tätig werdende Regulierungsbehörden oder auch die Informationsintermediäre selbst, über solche Interdependenzen ihrer Initiativen mit den soziotechnischen und ökonomischen Entwicklungen, den etablierten kommunikationsrechtlichen Regelungsstrukturen und den hiermit verkoppelten Verteilungen von Macht, wie sie hier skizziert wurden, bei ihren Entscheidungen systematisch immer wieder bewusst werden. Dabei können gelegentlich „Friendly Reminder" durch Wissenschaft und Zivilgesellschaft nicht schaden.

---

21 Vgl. hierzu die Überlegungen von Eifert, M. (2017). Rechenschaftspflichten für soziale Netzwerke und Suchmaschinen. *Neue Juristische Wochenschrift*, 1450; sowie Suzor, N. (2016). *Digital Constitutionalism: Using the Rule of Law to Evaluate the Legitimacy of Governance by Platforms*. Abgerufen am 16. Mai 2017 von https://papers.ssrn.com/abstract=2909889.

Verfälschung von Datenbeständen durch Social Bots

Kevin Dankert

1. Veränderung des Meinungsklimas im Social Web

Durch internetgetriebene Konvergenz- und Mediatisierungsentwicklungen verschwimmen die Grenzen von Privatheit und Öffentlichkeit zunehmend.[1] Eine Triebfeder dieses Prozesses ist das Social Web, in dem gesellschaftliche Akteure aller Couleur privat, aber auch öffentlich sichtbar in jeder denkbaren thematischen Ausrichtung kommunizieren können. Im Rahmen dieser Kommunikationshandlungen entstehen massenhaft Daten („Big Data").[2] Diese können feingranular analysiert und durch Bildung von Korrelationen dazu genutzt werden, künftiges Verhalten zu antizipieren.[3] Vor allem wirtschaftliche Akteure nutzen derartige Verhaltensanalysen, um ihren Umsatz zu steigern, beispielsweise indem bestimmte Produkte offensiv beworben werden, deren Erwerb nach Analyse des bisherigen Kaufverhaltens eines Kunden wahrscheinlich erscheint.

Darüber hinaus gewinnt die Analyse von Big Data aber auch im journalistischen und politischen Bereich an Relevanz, etwa zur Vorhersage von Wahl- oder Abstimmungsverhalten.[4] Die Beobachtung findet derzeit insbesondere auf Facebook oder Twitter statt. Auf diesen Social-Media-Portalen werden massenhaft Datenspuren hinterlassen, die Rückschlüsse auf

---

1 Vgl. etwa Schmidt, J. H. (2012). Persönliche Öffentlichkeiten im Social Web. *Ästhetik und Kommunikation, 42 (154/155),* 79–85.
2 Allgemein zur sog. „Datafizierung" Mayer-Schönberger, V. & Cukier, K. (2013). *Big Data: A Revolution That Will Transform How We Live, Work, and Think.* Boston: Houghton Mifflin Harcourt, S. 73 ff.
3 Tiefergehend zu „Predictive Analytics" Dreyer, S. (2017, i.d.B.). Predictive Analytics aus der Perspektive von Menschenwürde und Autonomie; sowie Hermstrüwer, Y. (2017, i.d.B.). Die Regulierung der prädiktiven Analytik: Eine juristisch-verhaltenswissenschaftliche Skizze.
4 Hackenberg, W. (2016). Teil 16.7. In T. Hoeren, U. Sieber & B. Holznagel (Hrsg.), *Handbuch Multimedia-Recht* (43. Ergänzungslieferung, Rn. 29). München: Beck; Hegelich, S. (2016). Invasion der Meinungs-Roboter. *Analysen & Argumente, 221,* 1–9 (3).

das Meinungsklima der Bevölkerung hinsichtlich bestimmter Themenöffentlichkeiten ermöglichen. Analysen dieser Daten können – trotz ihres zuletzt behaupteten Manipulationspotentials durch sog. Microtargeting im US-Wahlkampf 2016[5] – auch deliberatives Potential aufweisen: Die Beobachtung von Online-Verhalten kann auch ein Baustein für die Stärkung öffentlicher Diskurse durch datengetriebenen Journalismus[6] und eine informierte Politik sein.

Diese optimistische Perspektive wird getrübt durch das Phänomen der „Social Bots": Social Bots sind Computerprogramme, die typischerweise in Social-Media-Portalen eingesetzt werden. Regelmäßig handelt es sich um Profile, die denen natürlicher Personen ähneln. In sozialen Netzwerkdiensten können Social Bots Anweisungen ausführen und teilautonom agieren mittels netzwerktypischer Handlungsformen (Nachrichten teilen, „liken", „retweeten" etc.). Auch hybride Formen sind denkbar, in denen Nutzerinnen und Nutzer bestimmte Kommunikationshandlungen automatisieren, wiederum andere selbst vornehmen.[7]

Nehmen Social Bots am Online-Diskurs teil, kann dies nicht nur per se die individuelle und öffentliche Meinungsbildung durch die Erzeugung von scheinbaren Mehrheitsmeinungen verfälschen.[8] Vielmehr können die Kommunikationsaktivitäten dieser teilautonomen „digitalen Claqueure"[9],

---

5 Statt vieler vgl. Ebbinghaus, U. (20. Dezember 2016). Wer bändigt Big Data in der Politik? *Frankfurter Allgemeine Zeitung*. Abgerufen von http://www.faz.net/aktuell/feuilleton/debatten/die-digital-debatte/digitale-waehlerbeeinflussung-wer-baendigt-big-data-in-der-politik-14578115.html.
6 Instruktiv Loosen, W., Reimer J. & de Silva-Schmidt, F. (2016). Wenn aus Daten Journalismus wird. *Arbeitspapiere des Hans-Bredow-Instituts Nr. 39*. Hamburg: Hans-Bredow-Institut. Abgerufen von https://www.hans-bredow-institut.de/uploads/media/default/cms/media/bf98f868b04f4fc91bba71b6ac758e72242a322d.pdf.
7 Vgl. Chu, Z., Gianvecchio, S. & Wang, H. (2010). Who is tweeting on Twitter: human, bot, or cyborg? In *Proceedings of the 26th Annual Computer Security Applications Conference* (S. 21–30 [28 f.]). New York: ACM. Abgerufen von http://dl.acm.org/citation.cfm?id=1920265.
8 Ausführlich m.w.N. Dankert, K. & Dreyer, S. (2017). Social Bots – Grenzenloser Einfluss auf den Meinungsbildungsprozess? *Kommunikation und Recht*, 73–77.
9 Claqueure sind Theaterbesucher, die gegen Bezahlung applaudieren und so reguläre Besucher zum Applaus bewegen, vgl. Beer, O. F. (14. Mai 1953). Abschied vom großen Claque-Chef. *Zeit Online Archiv*. Abgerufen von http://www.zeit.de/1953/20/ein-mann-klatscht-in-die-haende.

die menschliches Verhalten imitieren können,[10] auch fehlerhaft in großen Datenbeständen abgebildet werden. Die Gefahr der Verzerrung setzt sich aufgrund zweier Eigenschaften von Big Data unmittelbar in solchen Datenbeständen fort: Zum einen mögen die Social Bots, die für gewöhnliche Nutzerinnen und Nutzer zum Teil schon kaum als solche zu identifizieren sind, noch weitaus schwieriger in riesigen Datenbeständen zu identifizieren sein.[11] Zum anderen sorgen die allgemeine Euphorie und „Datengläubigkeit"[12] hinsichtlich Big Data dafür, dass die Verzerrungen öffentlicher Diskurse Verstärkungseffekten unterliegen können. Ein Mehraufkommen an Daten kann statistisch betrachtet zwar zu genaueren Ergebnissen führen. Wenn die Datengrundlage jedoch Verzerrungen durch Social-Bot-Kommunikation beinhaltet, kann Big Data auch die Hochskalierung dieser Bias bedeuten. Wird den Kommunikationshandlungen von Social Bots die Relevanz der Handlungen natürlicher Personen zugemessen, kann dies zu falschen Entscheidungsgrundlagen führen. Unabhängig davon, ob diese verfälschten Datengrundlagen wirtschaftlich, journalistisch oder politisch genutzt werden, dient eine derartige Desinformation durch Social Bots in den allermeisten Fällen ausschließlich Partikularinteressen.

Dass durch derartige Desinformation auf zwei verschiedenen Ebenen Verzerrungen der öffentlichen Kommunikation zur Entstehung gelangen können, lässt sich am Beispiel journalistischer Berichterstattung verdeutlichen: Wenn Journalistinnen und Journalisten etwa das Meinungsklima auf Twitter zu einem spezifischen Thema analysieren, sind zum einen Verzerrungseffekte durch Berichterstattung zu befürchten, die eine Teilnahme von Social Bots am Diskurs nicht oder nicht hinreichend würdigt. Werden zur Recherche Tools der Big-Data-Analyse eingesetzt, die vermeintlich aufgrund der schieren Datenmengen für akkurate Ergebnisse sorgen, setzen sich derartige Analysefehler fort. Angesichts des hohen Vertrauens, das klassische, journalistisch-redaktionelle Medienformate genießen,[13] können sich nicht zu unterschätzende Gefahren für die freie öffentliche

---

10 Hegelich, S. & Janetzke, D. (2016). Are Social Bots on Twitter Political Actors? Empirical Evidence from a Ukrainian Social Botnet. In *Proceedings of the Tenth International AAAI Conference on Web and Social Media (ICWSM 2016)* (S. 579–583 [581 f.]).
11 Ähnlich argumentiert Hegelich, S. (vgl. Fn. 4).
12 Statt vieler Mayer-Schönberger, V. & Cukier, K. (Fn. 2), S. 151.
13 Hölig, S. & Hasebrink, U. (2017). Reuters Digital News Report – Ergebnisse für Deutschland. *Arbeitspapiere des Hans-Bredow-Instituts Nr. 42*. Hamburg: Hans-Bredow-Institut, S. 25. Abgerufen von https://www.hans-bredow-institut.de/uploa

Kommunikation entfalten. Weiteres Gewicht kann derartiger Berichterstattung zukommen, wenn Journalistinnen und Journalisten sich dazu hinreißen lassen, etwa „die Netzgemeinde" als Metapher für Twitter zu verwenden,[14] obwohl nur Bruchteile der deutschen Bevölkerung dort aktiv sind.[15]

Dieser Beitrag geht im Folgenden der Frage nach, ob bestehende rechtliche Regeln hilfreich sind, um dieses Problem zu erfassen, und inwieweit dieser Gefahr darüber hinaus begegnet werden kann.

2. De lege lata: insbesondere Kennzeichnungspflichten und ihre Zweckrichtung

Im Wesentlichen können Kennzeichnungs- und/oder Erkennbarkeitspflichten für zwei zu differenzierende Kommunikationsformen von Social Bots entstehen: Werden Social Bots auf Portalen tätig, die gesteigerte individuelle Gestaltungsmöglichkeiten hinsichtlich der Profilseiten der Nutzerinnen und Nutzer enthalten (etwa Twitter oder Facebook), handelt es sich auch bei Profilseiten der Nutzerinnen und Nutzer um eigenständige Telemedien.[16] Diese können nach § 5 Abs. 1 Telemediengesetz (TMG) und § 55 Abs. 1 Rundfunkstaatsvertrag (RStV) impressumspflichtig sein. Während § 5 Abs. 1 TMG für wirtschaftlich motivierte Telemedien greift, geht § 55 Abs. 1 RStV weiter: Diese Kennzeichnungspflicht greift dann, wenn Telemedien „nicht ausschließlich persönlichen oder familiären Zwecken dienen". Das heißt, damit ein Telemedium keiner Impressumspflicht unterfällt, muss die persönliche Nutzung angebotsprägend sein.[17] Unter § 55

---

ds/media/Publikationen/cms/media/2d87ccdfc2823806045f142bebc42f5f039d0f11.pdf.

14 Heimann, A. (22. Februar 2017). *Medienforscher: „Angst vor der Filterblase ist übertrieben"*. Abgerufen von https://www.heise.de/newsticker/meldung/Medienforscher-Angst-vor-der-Filterblase-ist-uebertrieben-3632255.html.
15 S. Hölig, S. & Hasebrink, U. (Fn. 13), S. 43 ff.
16 Für Facebook etwa Oberlandesgericht Düsseldorf. (2014). *Computer und Recht, 4,* 264; speziell zu den Gestaltungsmöglichkeiten bei Twitter Schwenke, T. (10. April 2014). *Neue Twitterprofile: Keine Entschuldigung mehr für ein fehlendes Impressum*. Abgerufen von http://rechtsanwalt-schwenke.de/neue-twitterprofile-impressumspflicht/. Sogar ein Xing-Profil wurde als eigenständiges Telemedium beurteilt, so Landgericht München. (2014). *MultiMedia und Recht,* 677; und Landgericht Stuttgart. (2014). *MultiMedia und Recht,* 674 (675).
17 Lent, W. (2016). § 55. In H. Gersdorf & B. Paal (Hrsg.), *Beck'scher Online-Kommentar Informations- und Medienrecht* (14. Ed., Rn. 4). München: Beck.

Abs. 1 RStV kann also auch politische Kommunikation gefasst sein, soweit der Zweck der Kommunikation in der Herstellung von Öffentlichkeit liegt.[18] Der Einsatz eines (oder mehrerer im Kontext agierender) Social Bots ist jedenfalls ein starkes Indiz dafür, dass ein solches Telemedium nicht bloß zu privaten Zwecken genutzt wird. Ist ein werblicher Zweck oder die Verfolgung einer politischen Agenda festzustellen, müssen die Profilseiten von Social Bots bestimmte Angaben (insbesondere Namen und Anschrift) bereitstellen, die die Identifikation eines Verantwortlichen ermöglichen.

„Kleinstkommunikate", also partizipative Wortmeldungen auf Portalen, die keine eigenständigen Telemedien darstellen (etwa Kommentare auf einem Blog oder einer Nachrichten-Website), werden vom Erkennbarkeitsgebot des § 6 Abs. 1 TMG umfasst. Ein Impressum ist hier nicht erforderlich. Das Erkennbarkeitsgebot verlangt aber die Offenlegung des Kommunikationsmotivs und des Auftraggebers, wenn kommerzielle Kommunikationen vorliegen.[19]

Unterzieht man die Pflichten einer kritischen Analyse, so ist festzustellen, dass diese die eingangs beschriebene Problemlage kaum abmildern: Eine gesetzliche „Lücke" besteht nur bei politisch motivierten Kleinstkommunikaten, die allerdings aufgrund der Pflichten aus § 55 Abs. 1 RStV nicht allzu schwer wiegen dürfte.[20] Der Gesetzeszweck der einschlägigen Kennzeichnungs- und Erkennbarkeitspflichten ist – sowohl im Regelungsbereich des Rundfunkstaatsvertrags als auch des Telemediengesetzes –, natürlichen Personen die Identifikation eines Verantwortlichen zu ermöglichen,[21] indem dazu verpflichtet wird, dessen Namen und Anschrift offenzulegen. So sind jedenfalls theoretisch die Gefahren der Verzerrung des Kommunikationsprozesses zu mildern, da Nutzerinnen und Nutzer anhand eines Impressums immerhin den wahren Kommunikator hinter einem Social-Bot-Kommunikat „enttarnen" könnten. Technische Datenerhebungs- und Analysetechniken werden jedoch mangels einheitlich gestalteter Transparenzpflichten nicht angesprochen, zumal sich die bestehenden

---

18 Heilmann, S. (2013). *Anynomität für User-Generated Content.* Baden-Baden: Nomos, S. 334.
19 S. Dankert, K. & Dreyer, S. (Fn. 8), 76.
20 S. Dankert, K. & Dreyer, S. (Fn. 8).
21 Micklitz, H.-W. & Schirmbacher, M. (2015). RStV § 55. In G. Spindler & F. Schuster (Hrsg.), *Recht der elektronischen Medien* (3. Aufl., Rn. 7). München: Beck.

Pflichten nicht auf den Kommunikationsmodus mittels Social Bots beziehen. Es muss nur gekennzeichnet werden, *wer* verantwortlich ist, aber nicht, mit *welchem Mittel* kommuniziert wird.

Die darüber hinausgehenden Regeln des Gesetzes gegen den unlauteren Wettbewerb (UWG) können nur dann abhelfen, wenn sich der Einsatz von Social Bots als geschäftliche Handlung darstellt,[22] betreffen also nicht genuin den Bereich, in dem es um politische Meinungsbildung geht.

3. De lege ferenda: Regelungsadressaten und materieller Inhalt

Trotz der vielfachen Bezugnahme auf Big Data handelt es sich keinesfalls nur um ein Datenschutzproblem.[23] Die beschriebenen Gefahrenpotentiale entstehen nicht im Bereich der informationellen Selbstbestimmung des Einzelnen, sondern im Bereich einer durch die teilautomatisierte Kommunikation verzerrten Datenerhebung und -auswertung. Wird diese journalistisch verarbeitet oder in politische Entscheidungsprozesse eingestellt, ist nicht der datenschutzrechtliche Grundsatz der Richtigkeit betroffen. Die Richtigkeit der Daten in § 35 Abs. 1 Bundesdatenschutzgesetz (BDSG) und auch Art. 5 Abs. 1d Datenschutz-Grundverordnung (DSGVO) bezieht sich etwa immer nur auf personenbezogene Daten. Löschansprüche können bei gesellschaftlich relevanten fehlerhaften Datensätzen (z.B. fehlerhafte Stimmungsbilder hinsichtlich politischer Themen) nicht geltend gemacht werden. Vielmehr ist die Freiheit des öffentlichen Kommunikationsprozesses gefährdet. Bestehende Kennzeichnungspflichten sind zwar nützlich, helfen aber den spezifischen Risiken innerhalb von Big-Data-Analysen nicht ab. Eine Erkennbarkeit von Social-Bot-Kommunikation durch technische Verfahren wird durch diese Kennzeichnungs- und Erkennbarkeitspflichten – wie oben bereits ausführlich dargestellt – nicht sichergestellt.

---

22 S. Dankert, K. & Dreyer, S. (Fn. 8), 77.
23 Gegen eine reflexhafte Heranziehung des Datenschutzrechts bei Big Data auch Hackenberg, W. (2016). Teil 16.7. In T. Hoeren, U. Sieber & B. Holznagel, (Hrsg.), *Handbuch Multimedia-Recht* (43. Ergänzungslieferung, Rn. 10). München: Beck. Zudem stellt sich auch die Frage, ob der zentrale Anknüpfungspunkt des Personenbezugs in Zeiten von Big Data noch hilfreich ist.

Lösungen sind nicht allein durch rechtliche Regulierung zu erreichen. Recht kann – neben sozialen Normen, Verträgen und Code[24] – nur ein Steuerungsfaktor sein, um möglichen Risikoszenarien zu begegnen, gegebenenfalls indem technische oder soziale Entwicklungen angestoßen und/ oder begleitet werden. Das gesellschaftliche Problem einer Perpetuierung von Verzerrungen im Bereich Big Data ist derart komplex, dass pauschale Lösungen nicht abhelfen. Im Übrigen schließen sich Verbote auch schon aus verfassungsrechtlicher Perspektive aus, da die Kommunikation durch Social Bots trotz ihrer denkbaren Sozialwidrigkeit verfassungsrechtlichem Schutz unterliegen kann.[25]

Ob es sinnvoll ist, soziale Netzwerkdiensteanbieter unmittelbar zu verpflichten, Profile oder die Kommunikate von Social Bots zu kennzeichnen, ist zweifelhaft: Zwar erscheint es zunächst politisch opportun, die Social-Media-Anbieter mangels Erreichbarkeit der Social-Bot-Betreiber als Regulierungsadressaten in die Pflicht zu nehmen. Letztlich ist es aber auch absehbar, dass ein derartiger Kniff zu ähnlicher Kritik führt wie beim Netzwerkdurchsetzungsgesetz,[26] weil Verantwortung von staatlichen Institutionen hin zu privaten Akteuren verschoben wird. Überobligatorische Praktiken der nach ökonomischen Rationalitäten handelnden Social-Media-Anbieter zulasten der Meinungsfreiheit können kaum ausgeschlossen werden, insbesondere, wenn Profile teilautomatisiert werden oder schlicht schwierig als Social Bot erkennbar sind. Hinzu kommt, dass es bereits jetzt im ökonomischen Interesse dieser Akteure liegt, Social Bots von der Nutzung ihrer Angebote auszuschließen, was sie im Übrigen bereits durch technische Maßnahmen und vertragliche Ausschlussklauseln tun. Darüber hinaus sind weitere negative Folgeeffekte durch „harte" Verpflichtungen

---

24 Code meint hier nicht den Quellcode, sondern die verhaltenssteuernden Implikationen von Software, vgl. Dankert, K. (2015). Normative Technologie in sozialen Netzwerkdiensten – Neue Machtstrukturen als Anreiz für einen Paradigmenwechsel der Kommunikationsregulierung? *Kritische Vierteljahresschrift für Gesetzgebung und Rechtswissenschaft, 98 (1),* 49–73 (53); das Vier-Faktoren-Modell in dieser Form geht zurück auf Oermann, M., Lose, M., Schmidt, J.-H. & Johnsen, K. (2014). Approaching Social Media Governance. *HIIG Discussion Paper Series, 05,* 8 ff. Abgerufen von https://papers.ssrn.com/sol3/papers.cfm?abstract_id= 2498552 und originär auf Lessig, L. (1998). The New Chicago School. *The Journal of Legal Studies, 27 (52),* 661–691 (664).
25 Vgl. Dankert, K. & Dreyer, S. (Fn. 8).
26 Statt vieler Guggenberger, N. (2017). Das Netzwerkdurchsetzungsgesetz – schön gedacht, schlecht gemacht. *Zeitschrift für Rechtspolitik,* 98–101.

nicht auszuschließen: Es ist durchaus auch möglich, dass sich die technologisch besten Social Bots durchsetzen und dann wiederum durch eine Nicht-Kennzeichnung einen Glaubwürdigkeitsgewinn erfahren – sowohl auf erster Ebene der Partizipation in Social Media, als auch zweiter Ebene in großen Datensätzen als Grundlage für journalistische Berichterstattung oder politische Entscheidungen.

Im Steuerungsgeflecht aus Recht, Verträgen, sozialen Normen und Code sind Interdependenzen vorhanden, d.h., Recht könnte – etwa mittels einer Anreizregulierung für Anbieter sozialer Netzwerkdienste – dazu beisteuern, dass zweifelhafte Profile, die (teil-)autonom agieren, eindeutige Datensignaturen erhalten, die für technische Analysesysteme auslesbar sind. Umgesetzt werden könnten etwa Systeme, in denen die Nutzerinnen und Nutzer der Portale verdächtige Profile markieren.[27] Auch die Entwicklung plattformübergreifender offener Datenbanken und interoperabler Standards zur besseren Erkennbarkeit kann durch Recht und staatliche Institutionen begleitet werden.[28]

Zum anderen ist denkbar, auf verschiedenen Ebenen für das geschilderte Phänomen zu sensibilisieren: Nicht nur Nutzerinnen und Nutzer sollten hinsichtlich der Gefahren der Verzerrung bestimmter „Hashtag-Öffentlichkeiten" durch Social Bots aufgeklärt werden (Stichwort: Medienkompetenz). Auch und insbesondere politische Akteure sowie Journalistinnen und Journalisten sollten mit besonderer Sorgfalt agieren, wenn Big Data eine Informationsbasis ihrer Handlungen darstellt. Auch dieser Prozess der Anpassung kann normativ begleitet werden, indem für diese Akteure explizit Sorgfaltsmaßstäbe kodifiziert werden (z.B. im Pressekodex), die eine grundsätzliche Wachsamkeit gegenüber Verzerrungen durch Social Bots vorschreiben. Die Konstruktion medialer Öffentlichkeiten auf Basis verzerrter Big-Data-Analysen ist gegenüber einer bloßen Teilnahme der Bots in sozialen Netzwerkdiensten als schwerwiegendere Gefahr für den freien Meinungsbildungsprozess zu qualifizieren. Dies ist zum einen mit dem erhöhten Vertrauen der Bevölkerung in klassische Medienformate zu

---

27 Dies ist nur eine denkbare technische Möglichkeit, auch der Einsatz von Human-Assisted Machine-Learning-Methoden ist möglich. Das Wechselspiel aus der Weiterentwicklung von Social Bots und Erkennungstechnik wird letztlich wohl zu einem vergleichsweise hohen Anteil von Social-Bot-Kommunikation auf sozialen Portalen führen, s. Hegelich, S. (Fn. 4), 7.
28 Zu diesen Prozessen vgl. Oermann, M. (2017, i.d.B.). Rechts(durch)setzung durch Informationsintermediäre: Big Data als Entscheidungs- und Handlungsressource.

begründen,[29] zum anderen mit dem immer noch geringen Gewicht von Social Media für die öffentliche Meinungsbildung.[30] Die beteiligten Akteure unterliegen hier besonderer Verantwortung, Strategien zu entwickeln, um diesem Problem unter Berücksichtigung der Steuerungsfaktoren und ihren Interdependenzen zu begegnen. Insbesondere, wenn Entwicklungsschübe bei Social Bots (z.B. durch künstliche Intelligenz) die Erkennung sprunghaft erschweren und sich so die Verzerrungen auf den aufgezeigten Ebenen verstärken,[31] ist Sorgfaltsanforderungen besonderes Gewicht zuzumessen.

---

29 S. Hölig, S. & Hasebrink, U. (Fn. 13).
30 S. Hölig, S. & Hasebrink, U. (Fn. 13).
31 Hegelich sieht dies als besondere Gefahr, s. Hegelich, S. (Fn. 4).

Big Data und Sicherheitsrecht

Mathias Bäcker

1. Tatsächliche Entwicklungen

Das Schlagwort Big Data steht für Analysen großer Bestände von Daten, die typischerweise unterschiedlichen Datentypen angehören und vielfach auch unterschiedlichen Datenquellen entstammen. Das Ziel der Analyse kann darin bestehen, mithilfe vorgegebener Such- oder Auswertungskriterien bestimmte Daten als Treffer aus dem Bestand auszusondern. Darüber hinaus kann die Analyse durch statistische Auswertungen Korrelationen zwischen Daten (und den durch sie repräsentierten Informationen) aufzeigen, ohne dass danach gezielt gesucht worden wäre. Gerade in diesem zweiten Ansatz liegt eine erhebliche Erweiterung des potentiellen Nutzens von Massendaten im Vergleich zu herkömmlichen Analysetechniken.

Big Data-Analysen sind für die Gewährleistung von Sicherheit von zunehmender Bedeutung. Hierzu tragen technische Entwicklungen sowohl auf der Ebene der Datenerzeugung als auch auf der Ebene der Datenanalyse bei. Auf der Ebene der Datenerzeugung hat die Digitalisierung zur Folge, dass immer mehr Lebensvorgänge Datenspuren hinterlassen, die grundsätzlich für Analysen zu Sicherheitszwecken verfügbar sind. Beispielhaft sei die zunehmende Durchdringung des Alltags mit vernetzten informationstechnischen Systemen und der damit einhergehende Wandel der Telekommunikation von einem funktional klar definierten Kommunikationsmedium zu einer omnipräsenten und multifunktionalen Basis-Infrastruktur genannt. Auf der Ebene der Datenanalyse führt der Fortschritt der Analysetechnik dazu, dass Sicherheitsakteure aus den verfügbaren Daten immer mehr und immer aussagekräftigere Informationen gewinnen können. Dementsprechend lässt sich bei zahlreichen Sicherheitsakteuren eine zunehmende Verwendung komplexer Analysetechnik zur Auswertung von Massendaten beobachten:

Für den Bereich der nachrichtendienstlichen Aufklärung wurde in jüngerer Zeit insbesondere die großflächige Erhebung und Auswertung von Kommunikationsdaten durch Dienste aus dem angelsächsischen Sprachraum im Zuge der Snowden-Enthüllungen diskutiert.[1] Die Aussagekraft von Kommunikationsdaten ist potentiell enorm. Bereits aus einzelnen Datenkategorien lassen sich weitreichende Schlüsse ziehen, etwa auf Eigenschaften und Interessen[2] oder auf den gewöhnlichen räumlichen Aktionsradius einer Person[3] sowie zur Rekonstruktion sozialer Netzwerke.[4] Werden unterschiedliche Datenkategorien und Auswertungsansätze miteinander verknüpft, lassen sich vielfältige Informationen über die Persönlichkeit des Einzelnen wie über seine sozialen Beziehungen erschließen.[5]

Auch Polizeibehörden setzen zunehmend auf komplexe Analysen großer Datenbestände, um ihre Aufgaben zu erfüllen. Unter dem Schlagwort Predictive Policing werden in der Bundesrepublik bislang vor allem kriminalgeografische Auswertungen polizeieigener Datenbestände diskutiert, mit deren Hilfe örtliche Kriminalitätsschwerpunkte – etwa von Wohnungseinbrüchen – erschlossen werden sollen.[6] Wie die bereits weiter fort-

---

1 Vgl. etwa Greenwald, G. (2014). *No Place to Hide*. London: Hamish Hamilton; Fidler, D. P. (2015). *The Snowden Reader*. Bloomington: Indiana University Press; aus deutscher Perspektive ist insbesondere der Abschlussbericht des NSA-Untersuchungsausschusses des Bundestags zu nennen, der besonderes Augenmerk auf die Beteiligung des Bundesnachrichtendienstes legt, BT-Drs. 18/12850.
2 Beispielsweise kann allein aus den „Gefällt mir"-Angaben von Nutzerinnen und Nutzern des sozialen Netzwerks Facebook mit hoher Wahrscheinlichkeit auf Eigenschaften wie Religionszugehörigkeit, sexuelle Ausrichtung, ethnische Herkunft und politische Einstellung geschlossen werden, vgl. Kosinski, M., Stillwell D. & Graepel, T. (2013). Private traits and attributes are predictable from digital records of human behavior. *Proceedings of the National Academy of Sciences (PNAS), 110,* 5802–5805.
3 Vgl. beispielhaft zur Prognose des Bewegungsverhaltens einer Person aufgrund von Mobilfunkdaten Song, C., Qu, Z., Blumm, N. & Barabási, A.-L. (2010). Limits of Predictability in Human Mobility. *Science 2010, 327,* 1018–1021.
4 Vgl. beispielhaft zur Analyse einer konkreten terroristischen „Zelle" in Australien anhand von Daten, die teils öffentlich verfügbar waren und im Übrigen vor allem durch Telekommunikationsüberwachungen gewonnen wurden, Harris-Hogan, S. (2012). Australian Neo-Jihadist Terrorism: Mapping the Network and Cell Analysis Using Wiretap Evidence. *Studies in Conflict & Terrorism, 35,* 298–314 (303 ff.).
5 Ein instruktives Auswertungsbeispiel findet sich bei Tokmetzis, D. (29. Juli 2014). Metadaten: Wie dein unschuldiges Smartphone fast dein ganzes Leben an den Geheimdienst übermittelt [Web Log Eintrag]. Abgerufen von https://netzpolitik.org/2014/metadaten-wie-dein-unschuldiges-smartphone-fast-dein-ganzes-leben-an-den-geheimdienst-uebermittelt..
6 Vgl. Gluba, A. (Februar 2014). Predictive Policing – eine Bestandsaufnahme [Web Log Eintrag]. Abgerufen von https://netzpolitik.org/wp-upload/LKA_NRW_Predictive_Policing.pdf..

geschrittene US-amerikanische Praxis zeigt,[7] sind aber auch bei der Polizei Datenauswertungen vorstellbar, die nicht (rein) örtlich ansetzen, sondern mit deren Hilfe gefahrträchtige Situationen oder gefährliche Personen erkannt werden sollen.[8]

Schließlich können grundsätzlich auch nicht-hoheitliche Stellen komplexe Analysetechnik nutzen, um Sicherheitsziele zu erreichen. Hierbei geht es insbesondere um Maßnahmen zur Eigensicherung, da Private zu einer umfassenden Sicherheitsgewähr nicht berufen und – soweit diese mit Freiheitseinbußen Dritter einhergeht – grundsätzlich auch nicht berechtigt sind. Ein viel diskutiertes Beispiel bildet der Einsatz „intelligenter" Videoüberwachungstechnologie, mit deren Hilfe etwa schadensträchtige Situationen automatisch identifiziert werden sollen.[9] Auf die Ergebnisse solcher Analysen können wiederum Sicherheitsbehörden zugreifen.[10]

2. Sicherheitsrechtliche Implikationen

Die damit angerissenen Möglichkeiten einer informationstechnisch unterstützten Mustererkennung (in einem weiten Sinn) in großen, teils sehr heterogenen Datenbeständen bilden derzeit einen blinden Fleck des Sicherheitsrechts. Grund hierfür ist, dass das gegenwärtige Sicherheitsrecht die

---

7 Vgl. etwa Perry, W. L., McInnis, B., Price, C. C., Smith, S. C. & Hollywood, J. S. (2013). *Predictive Policing: The Role of Crime Forecasting in Law Enforcement Operations.* Santa Monica, CA: RAND Corporation; Miller, K. (2014). Total Surveillance, Big Data, and Predictive Crime Technology: Privacy's Perfect Storm. *Journal of Technology Law and Policy, 19,* 106–145; Ferguson, A. G. (2017). Policing Predictive Policing. *Washington Law Review, 94,* 1115–1195.
8 Eine polizeirechtsdogmatische Analyse findet sich nunmehr bei Rademacher, T. (2017). Predictive Policing im deutschen Polizeirecht. *Archiv des öffentlichen Rechts, 142,* 366–416 (372 ff.).
9 Vgl. im Überblick Bäcker, M. (2015). *Kriminalpräventionsrecht.* Tübingen: Mohr Siebeck, S. 417 ff.
10 Gerade im Bereich der Videoüberwachung zeigt sich im Übrigen exemplarisch, dass die Grenze zwischen öffentlichen und privaten Belangen faktisch wie auch regulatorisch zunehmend verschwimmt. So setzt die Deutsche Bahn als privatisiertes Unternehmen in weitem Umfang Überwachungstechnik ein, deren Planung maßgeblich von der Bundespolizei in ihrer Funktion als Bahnpolizei betrieben wird. Auch bei der Auswertung der übertragenen Überwachungsbilder wird die Bundespolizei von vornherein beteiligt, vgl. etwa https://www.bfdi.bund.de/DE/Datenschutz/Themen/Sicherheit_Polizei_Nachrichtendienste/SicherheitArtikel/VideoueberwachungBahnhoefe.html.

Datenanalyse im einzelnen sicherheitsbehördlichen Verfahren als unselbstständigen nachgelagerten Bestandteil der Datenerhebung konzipiert. Die materiell-rechtlichen Anforderungen an die Anlässe und Ziele der sicherheitsbehördlichen Tätigkeit setzen ebenso bei der Datenerhebung an wie die flankierenden prozeduralen Schutzvorkehrungen. Dürfen Daten erhoben werden, so darf die erhebende Behörde die Daten im Rahmen des Erhebungszwecks mit beliebigen Mitteln auswerten.[11] Besonders reguliert werden erst wieder die über das Anlassverfahren hinausgehende Verarbeitung und Nutzung der erhobenen Daten, insbesondere ihre Bevorratung für weitere, noch nicht konkret absehbare Verfahren.[12] Diese Regelungen tragen jedoch zur rechtlichen Bewältigung komplexer Analysen von Massendaten selbst bei verfahrensübergreifenden Verarbeitungen kaum bei, weil die gegenwärtigen Bevorratungsregelungen primär auf Datenspeicherungen und Datennutzungen in strukturierten polizeilichen Dateien und nicht auf die Bevorratung unstrukturierter Datenbestände zur späteren Auswertung zugeschnitten sind.

Der hergebrachte Ansatz, die Auswertungsstufe regulatorisch als unselbstständige Folge der Datenerhebung zu erfassen, bedarf angesichts der heutigen Analysemöglichkeiten einer kritischen Überprüfung. Komplexe Analysen können im Vergleich zu herkömmlichen Datennutzungen weit gewichtigere Persönlichkeitsgefährdungen bewirken und daher ein erhebliches eigenständiges Eingriffsgewicht aufweisen. Datenerhebungsermächtigungen, die von einer an herkömmlichen Nutzungen orientierten Eingriffsintensität ausgehen, bilden dies nicht ab. Andererseits würde angesichts der sehr unterschiedlichen denkbaren Auswertungsmethoden der sicherheitsbehördliche Befugniskreis unnötig restriktiv zugeschnitten, wenn alle Erhebungsermächtigungen an der maximal eingriffsintensiven Auswertung ausgerichtet würden. Es liegt daher nahe, die Auswertungsstufe zumindest für komplexere Analyseverfahren eigenständig rechtlich zu erfassen. Da (automatisierte) Auswertungs- und Analyseverfahren nicht

---

11 Vgl. zur begrenzenden Wirkung des Verfahrenszusammenhangs Bäcker, M. (s. Fn. 9), S. 475 ff.; diesen Zusammenhang nunmehr für das Verfassungsrecht teilweise auflösend Bundesverfassungsgericht (BVerfG), Urteil v. 20. April 2016 – 1 BvR 966/09, 1 BvR 1140/09 – Gesetz über das Bundeskriminalamt (BKAG), Rn. 278 ff., mit der unklaren Rechtsfigur der „weiteren Nutzung".

12 Die hierzu entwickelten Regelungsmuster sind allerdings zumindest bislang weitgehend unspezifisch gefasst und darum rechtsstaatlich bedenklich, eingehend Bäcker, M. (s. Fn. 9), S. 494 ff.

fehlerfrei arbeiten, ist in diesem Rahmen auch ein rechtsverträglicher Umgang mit Fehlerwahrscheinlichkeiten zu finden.[13] Schließlich stellen sich bei weitreichenden Verarbeitungstechnologien auch Probleme der Beweiseignung des analysierten Materials (im Bereich der Strafverfolgung) sowie der Zulässigkeit von statistischen Verhaltensprognosen, soweit diese individualisierbare Personen betreffen (bei der Gefahrenabwehr).[14]

Dieser Befund sei an einem Beispiel illustriert: Nach der Rechtsprechung des Bundesverfassungsgerichts steht es Behörden grundsätzlich frei, öffentlich zugängliche Daten unter denselben Bedingungen wie jeder andere zur Kenntnis zu nehmen. Die Erhebung solcher Daten greift daher grundsätzlich nicht in das Grundrecht auf informationelle Selbstbestimmung ein.[15] Auf der Grundlage dieser Rechtsprechung führen Polizeibehörden ohne besondere Ermächtigung oder allenfalls aufgrund der in den Polizeigesetzen und der Strafprozessordnung enthaltenen Generalklauseln zur Datenerhebung „Internet-Streifen" durch, in deren Rahmen sie öffentlich zugängliche Inhalte im Netz auf Anhaltspunkte für drohende oder begangene Straftaten etwa aus dem extremistischen Spektrum sichten.[16]

Gegenwärtig wird daran gearbeitet, diese „Streifengänge" informationstechnisch aufzurüsten. Mithilfe spezieller Software, welche die Programmierschnittstellen sozialer Medien (wie Twitter und Facebook) nutzt, sollen mittels dieser Medien veröffentlichte Inhalte und deren Metadaten (wie Ort und Zeit der Veröffentlichung) automatisch ausgewertet werden. Die Auswertung kann Erkenntnisse etwa über bevorzugte Themen, örtliche Kommunikationsschwerpunkte oder die sozialen Vernetzungen von Kommunikationsteilnehmerinnen und -teilnehmern erbringen. Obwohl eine derartige Analyse über die kognitiven Fähigkeiten eines menschlichen Auswerters, der die Inhalte sichtet, offenkundig erheblich hinaus-

---

13 Allgemein zu der Bedeutung von Prognoserisiken für die Eingriffsintensität polizeilicher Ermittlungen Bäcker, M. (s. Fn. 9), S. 270 ff.
14 Die letzten beiden Sätze stammen aus einem von mir zusammen mit Alexander Dix und Gerrit Hornung zur Vorbereitung eines Gutachtens für das Büro für Technikfolgenabschätzung beim Deutschen Bundestag verfassten Arbeitspapier; sie wurden von Gerrit Hornung formuliert.
15 Entscheidungen des Bundesverfassungsgerichts (BVerfGE) 120, 274 (344 f.); 120, 351 (361 f.); differenzierend Bäcker, M. (2009). Die Vertraulichkeit der Internetkommunikation. In H. Rensen & S. Brink (Hrsg.), *Linien der Rechtsprechung des Bundesverfassungsgerichts* (S. 99–136 [133 f.]). Berlin: De Gruyter.
16 Kritisch etwa Oermann, M. , Staben, J. (2013). Mittelbare Grundrechtseingriffe durch Abschreckung? *Der Staat, 52,* 630–661.

geht, wird sie von Polizeipraktikern als bloße Beschleunigung der Auswertungstätigkeit beschrieben – eine Haltung, die der gegenwärtige Rechtszustand begünstigt.[17]

---

17 Für eine gesetzliche Regulierung solcher Analysen im strafrechtlichen Ermittlungsverfahren nunmehr Rückert, C. (2017). Zwischen Online-Streife und Online-(Raster-)Fahndung. Ein Beitrag zur Verarbeitung öffentlich zugänglicher Daten im Ermittlungsverfahren. *Zeitschrift für die gesamte Strafrechtswissenschaft, 129,* 302–333.

Big Data und Kriminalität

Jan C. Joerden

Jeder soziale Bereich wird immer mit einer gewissen Kriminalitätsbelastung zu rechnen haben. Da bildet das Internet keine Ausnahme. Gleichwohl stellt sich die Frage, ob bereits genug für eine Kriminalitätsprävention im Internet getan wird oder ob hier nicht das sprichwörtliche Scheunentor für kriminelle Übergriffe (und damit die in aller Regel massivsten Beeinträchtigungen von Privatheit) weit offen steht. Zumindest die in den ersten Jahren des Internets verbreitete Forderung nach einem Internet als „rechtsfreien Raum" ist inzwischen zwar der Ernüchterung gewichen; aber es bleibt die Frage, ob die Kriminalitätsgefahren, die sich über das Internet ergeben können, schon zutreffend eingeschätzt werden und ihnen adäquat begegnet und vorgebeugt wird. Dazu nachfolgend einige Schlaglichter (ohne Anspruch auf Vollständigkeit).

1. Für (private) Informationen über Personen interessieren sich nicht nur Firmen, die prima facie wohlmeinend die Bürgerin oder den Bürger vor allem mit individualisierten Werbeangeboten überschwemmen wollen. Informationen über Personen sind vielmehr auch für Kriminelle und für kriminelle Organisationen von erheblichem Interesse; durch die Möglichkeiten der Verknüpfung von Metadaten im Rahmen von Big Data sind die Informationen noch besser verwertbar, etwa in folgenden Zusammenhängen.

1.1 Zur Ausspähung von Personen und deren Lebensgewohnheiten. Meist kann man ohne größere Schwierigkeiten Informationen über die berufliche Orientierung, die Wohnsituation, die Abwesenheit einer Person von ihrem Zuhause etc. mithilfe des Internets in Erfahrung bringen und dann für kriminelle Zwecke nutzen. Das früher umständliche „Ausbaldowern" einer Tatgelegenheit vor Ort (etwa für Einbrüche) lässt sich mehr und mehr durch eine Internetrecherche (z.B. über Google Earth oder Google Street View) vom eigenen Schreibtisch aus erledigen.[1] Darüber hi-

---

[1] Vgl. etwa Werner, H. (26.3.2009). *Googles „Street View" macht Nutzer zu Voyeuren.* Abgerufen von https://www.welt.de/wirtschaft/webwelt/article3447207/Goog-les-Street-View-macht-Nutzer-zu-Voyeuren.html.

naus sind in nicht unerheblichem Ausmaß Datensammlungen über die private Situation von Personen zugänglich, wenn auch zumeist nicht öffentlich, aber doch für technisch begabte Internetnutzerinnen und -nutzer durchaus nicht immer wirksam verschlossen. Es mag dabei sein, dass (noch) nicht jeder Kleinkriminelle die technischen Fähigkeiten dazu hat – kriminelle Großorganisationen jedoch werden Hacker einstellen und die zumeist für Fachleute recht schwachen Sicherheitsvorkehrungen der Systeme überwinden können. Es kommt hinzu, dass verstärkt Überwachungsanlagen in privaten Bereichen eingesetzt werden, beispielsweise im Bereich des Wohnungseigentums bzw. -besitzes, insbesondere zu dessen Management und Sicherung. Die für Kriminelle zu überwindende Sicherheitsbarriere ist dabei oft wesentlich niedriger als in anderen Bereichen. Hierdurch könnten besonders genaue und einfach zu erlangende Informationen über die Gewohnheiten der Bewohnerinnen und Bewohner eingeholt werden, wenn diese beispielsweise auf dem privaten PC ohne besonders effektive Sicherheitsvorkehrungen gespeichert sind.[2]

1.2 Private Informationen über Personen lassen sich ausgezeichnet für Erpressungsdelikte[3]*, Stalking und Mobbing etc. nutzen, insbesondere Informationen über Krankheiten, frühere Gefängnisaufenthalte, Steuerhinterziehungen, private Eskapaden aller Art etc.* Sie lassen sich gegebenenfalls mit Handydaten (Bewegungsprofile etc.) verknüpfen und auf diese Weise verifizieren oder allererst ermitteln. Google verwendet etwa die Funktion „Google Maps Timeline"; wenn die Nutzerin oder der Nutzer (zumeist arglos) zugestimmt hat, werden über diese Funktion die Bewegungsdauer und -art, die Aufenthaltsorte und die Dauer des Aufenthalts sowie die Bezeichnung des betreffenden Ortes gespeichert.[4]

1.3 Da kaum noch eine große Organisation, die mit persönlichen Daten ihrer Kunden befasst ist (Versicherungen, Arbeitgeber, Banken, Gewerkschaften, Parteien, Polizei, Passbehörden etc.), auf die digitale Sammlung dieser persönlichen Daten verzichtet, sind die Daten trotz Schutzvorkeh-

---

2 Vgl. etwa Brink, S. (2013). Videoüberwachung in WEG-Anlagen. *Zeitschrift für Wohnungseigentumsrecht*, 73.
3 Martin-Jung, H. (29.11.2015). *Wie Hacker Ihre Daten kidnappen können*. Abgerufen von http://www.sueddeutsche.de/wirtschaft/virtuelle-erpressung-daten-in-geiselhaft-1.2757294.
4 Vgl. Chip (22.7.2015). *Google Maps Timeline: Google speichert Ihr Bewegungsprofil – so löschen Sie es*. Abgerufen von http://www.chip.de/news/Google-Maps-Timeline-Google-speichert-Ihr-Bewegungsprofil-so-loeschen-Sie-es_81310080.html.

rungen prinzipiell für Kriminelle erreichbar. Dass nicht einmal Schweizer Banken vor Datendiebstahl sicher waren und sind[5], sollte ein deutlicher Hinweis auf diese Risiken sein, da es ja keinesfalls gesichert ist, dass diese und ähnliche Daten nur in die Hände von (deutschen) Staatsorganen gelangen. Früher hätte eine Mitarbeiterin oder ein Mitarbeiter in einer großen Organisation Tonnen von Akten stehlen oder kopieren müssen, um Informationen in dem Umfang zu erhalten, die er heute via USB-Stick in Sekunden und meist, ohne Spuren zu hinterlassen, entwenden kann.

2. Die Möglichkeiten von Sabotageakten gegen wesentliche öffentliche[6] und private Infrastruktur sind sprunghaft gestiegen, seit diese Infrastrukturen verstärkt auf Big-Data-Anwendungen setzen. Wer es nur auf Schädigung abgesehen hat, ohne selbst (materielle) Vorteile erzielen zu wollen, kann bei geschicktem technischem Vorgehen ganze Stadtviertel und Fabrikanlagen durch Schadsoftware lahmlegen. Das wird wieder nicht jeder Laie können, aber es gibt hinreichend viele versierte Personen, die Schadsoftware – grundsätzlich schon im Rahmen des Aufladens eines Handys über USB-Kontakt – erfolgreich in einen Firmencomputer einschleusen können. Was vor einiger Zeit im Iran wohl nur der US-amerikanische oder israelische Geheimdienst konnten (Stichwort: „Stuxnet"), wird bald auch eine kriminelle Organisation (Terroristen etc.) können. Ähnliche Risiken entstehen in verstärktem Maße, wenn die Industrie sich zur Industrie 4.0 wandeln wird. Schon im Jahr 2015 warnte etwa Kaspersky vor einer Digitalisierung des Verbrechens: So sind nach seiner Ansicht bald auch Flugzeuge, Kraftwerke, Flughäfen usw. mögliche Ziele von Verbrechern bzw. Terroristen. Im Jahr 2014 wurde etwa ein Hochofen in einem Stahlwerk außer Kontrolle gebracht und massiv beschädigt; im gleichen Jahr wurden mit Kokain gefüllte Container ferngesteuert in den Sicherheitsbereich des Hafens von Antwerpen verfrachtet; es bedarf nicht allzu vieler Phantasie, um sich vorzustellen, was geschehen könnte, wenn ein solcher Container mit Sprengstoff gefüllt wäre.

3. Der Zugriff auf Daten, die im öffentlich-rechtlichen Sektor gespeichert werden, ist allem Anschein nach besonders einfach. Man

---

5 Vgl. nur den Fall Julius Bär in der Schweiz. Zu weiteren Ermittlungen wegen des Verkaufs von Steuer-Daten an staatliche Organe: Schweiz: Weitere Ermittlungen wegen Verkaufs von Steuer-Daten. *Zeitschrift für Datenschutz-Aktuell 2012*, 03255.
6 Erinnert sei nur an den Internetangriff auf Estland im Jahr 2007: Wikipedia. *Internetangriffe auf Estland 2007*. Abgerufen am 1.8.2017 von https://de.wikipedia.org/wiki/Internetangriffe_auf_Estland_2007.

denke etwa an den Hackerangriff auf den Deutschen Bundestag, aber auch daran, dass die Deutsche Rentenversicherung Presseberichten zufolge noch immer mit Windows XP arbeitet, für das Microsoft bekanntlich keine Sicherheitsupdates mehr liefert.[7] Man kann sich nur ausmalen, welche Vorteile jemand zur Umsetzung des „Enkeltricks" in allen seinen Varianten hat, wenn ihm der Zugriff auf alle Daten von Rentenbezieherinnen und -beziehern offensteht. Anscheinend läuft der öffentliche Sektor deshalb so sehr hinter der technischen Entwicklung her, weil entweder kein Geld für die Beschaffung neuer Programme vorhanden ist oder es an dem erforderlichen (Un-)Sicherheitsbewusstsein fehlt. Besonders drastisch entwickelte sich dies im Hinblick auf den kürzlich erfolgten Angriff mittels des Programms *WannaCry*, bei dem es mehr als 250 000 Betroffene in 150 Ländern gab.[8] Ähnlich wie schon zuvor durch Verwendung der Schadsoftware *Chimera* wurden bei *WannaCry* Daten durch aufgezwungene Verschlüsselung gewissermaßen in Geiselhaft genommen und dann wird den Dateninhaberinnen und Dateninhabern nahegelegt, diese Daten durch Geldzahlungen auf ein anonymes Bitcoin-Konto wieder freizukaufen. Wesentlich erleichtert wurde den Angreifern die Ausführung auch hier durch die veralteten Betriebssysteme der betroffenen Rechner, für die Microsoft die Sicherheitsupdates zum Teil schon seit 2014 eingestellt hat. Aufgrund des enormen Ausmaßes des Angriffs sah sich der Konzern (erst jetzt) gezwungen, die Lücken in den veralteten Betriebssystemen durch Sicherheits-Patches zu schließen.[9] Wie es um die Datensicherheit bei Versicherungen, Banken etc. wegen mangelnder Aktualität der Software steht, kann dabei nur vermutet werden. (Immer wieder meldet die Presse, dass bei Banken „Millionen von Daten der Bankkunden" entwendet worden seien.) Dass jüngst auch große Konzerne, wie die Deutsche Bahn und Telefónica, von

---

7 Golem.de. *Noch 40.000 Windows-XP-Rechner bei der Rentenversicherung.* Abgerufen am 1.8.2017 von http://www.golem.de/news/it-sicherheit-noch-40-000-windows-xp-rechner-bei-der-rentenversicherung-1505-113948.html; PC Magazin. *Deutsche Rentenversicherung noch mit 40.000 XP-Rechnern.* Abgerufen am 1.8.2017 von http://www.pc-magazin.de/news/windows-xp-deutsche-rentenversicherung-kontraste-sicherheitsluecke-risiko-3055486.html.
8 BBC. (14.5.2017). *Ransomware cyber-attack threat escalating – Europol.* Abgerufen von http://www.bbc.com/news/technology-39913630.
9 Heise online. (13.5.2017). *WannaCry: Microsoft liefert Sicherheits-Patches für veraltete Windows-Versionen.* Abgerufen von https://www.heise.de/newsticker/meldung/WannaCry-Microsoft-liefert-Sicherheits-Patches-fuer-veraltete-Windows-Versionen-3713417.html.

der erwähnten Ransomware *WannaCry* betroffen waren, lässt diesbezüglich wenig Zuversicht aufkommen.

4. Die Möglichkeiten zur Vernetzung und Verknüpfung illegal (oder legal) gewonnener Daten über Personen lässt sich ausgezeichnet dafür nutzen, Menschen in der (Internet-)Öffentlichkeit in Misskredit zu bringen. Das ist zwar grundsätzlich auch mit erfundenen Informationen möglich; oftmals wird man aber erst bei der Sammlung von – partiell kompromittierenden Daten – auf die wirksamsten Ideen zur Zerstörung des Rufes einer Person kommen. Dass auf diese Weise schon Personen in den Suizid getrieben worden sind, kann als bekannt vorausgesetzt werden. Etwas plakativ: Man wird sich fragen müssen, wie lange z.B. anonyme Alkoholikerinnen und Alkoholiker wohl noch anonym bleiben werden. Ähnliche Probleme werden Gesichtserkennungssoftware und die Möglichkeiten zur Herstellung manipulativer Fotos und Filme von Personen aufwerfen.

5. Eine wirksame Verfolgung der angedeuteten Delikte im Internet ist offenbar nur sehr eingeschränkt möglich. Zum einen gibt es für den Internet-versierten Fachmann vielfältige Möglichkeiten, die Spuren, die jede Nutzerin und jeder Nutzer an sich im Netz hinterlässt, zu verwischen, so dass sich inzwischen schon Wissenschaftlerinnen und Wissenschaftler mit der Notwendigkeit, aber auch begrenzten Möglichkeit der Internet-Forensik beschäftigen, die man zur Beweiserhebung und gegebenenfalls Beweissicherung einsetzen kann. Hinzu kommt, dass die Ausgangsorte krimineller Machenschaften sich verstärkt im Ausland befinden, in das polizeiliche Maßnahmen oftmals nicht reichen. Man denke nur an die vielen offenkundig zu Zwecken des Betruges oder der Geldwäsche versendeten E-Mails, die großartige Erbschaften oder Gewinnaussichten anbieten. Unter den Optionen von Big Data werden diese (vorläufig noch als solche leicht erkennbaren) Spams voraussichtlich mit gezielten Indiskretionen aus dem Lebensbereich des Adressaten aufwarten können und für ein Stillschweigen darüber die Zahlung eines Obolus erbitten. – Das Bundeskriminalamt (BKA) geht davon aus, dass sich im Jahre 2015 wohl fast 15 Millionen Fälle von Computer- und Internetkriminalität ereignet haben; tatsächlich registriert wurden allerdings nur ca. 45 000, da nur wenige Taten überhaupt angezeigt werden würden.[10]

---

10 Süddeutsche Zeitung. (27.7.2016). *Cyberkriminalität: BKA geht von fast 15 Millionen Taten aus.* Abgerufen von http://www.sueddeutsche.de/news/panorama/kriminalitaet-cyberkriminalitaet-bka-geht-von-fast-15-millionen-taten-aus-dpa.urn-ne

Jan C. Joerden

Es sei abschließend betont, dass kein Grund zur Hysterie besteht, aber auch nicht zur Verharmlosung. Morde, Totschlagsdelikte, Vergewaltigungen etc. lassen sich nach wie vor noch nicht unmittelbar via Internet begehen; wenn man einmal von direkten und indirekten Beteiligungsformen an solchen Taten wie dem Induzieren von Suiziden durch Mobbing und Shitstorms, der Ermöglichung der Lieferung von Waffen, Rauschgift, gefälschten Medikamenten und der ungehinderten Verbreitung von Plänen zum Bombenbauen u.Ä. absieht. Jedenfalls bieten das Internet und Big Data für alle Arten von Delikten gegen die Person und gegen das Vermögen, die auf Informationen und deren Verknüpfung angewiesen sind, formidable Chancen, insbesondere für kriminelle Organisationen und auch für Geheimdienste von solchen ausländischen Staaten, die wir keinesfalls zu den Rechtsstaaten zählen würden. Es könnte dabei der Eindruck entstehen, dass unter dem Einfluss übersteigerter Digitalisierungsverliebtheit dieser Entwicklung nicht genügend Prävention – auch nicht durch angemessene technische Vorkehrungen – entgegengesetzt wird.[11]

---

wsml-dpa-com-20090101-160726-99-826157. Eine informative Übersicht zur Entwicklung des Internetstrafrechts in den Jahren 2014/15 bietet etwa Gercke, M. (2015). Die Entwicklung des Internetstrafrechts 2014/2015. *Zeitschrift für Urheber- und Medienrecht, 59 (10)*, 772–778.

11 Für hilfreiche Hinweise zu diesem Text danke ich meiner studentischen Hilfskraft, Herrn *Vladyslav Rak*.

Big Data und Strafverfolgung

Tobias Singelnstein

Möglichkeiten und Herausforderungen, die die unter dem Begriff Big Data zusammengefassten Entwicklungen mit sich bringen, machen auch vor der Strafverfolgung nicht halt. Dabei sind problematische, zum Teil grundlegende Veränderungen zu erwarten, die bereits sichtbar werden und eine rechtliche Einhegung verlangen. Anders als in vielen anderen, vor allem zivilrechtlich geprägten Bereichen, stellen sich dabei aus verfassungsrechtlicher Sicht weniger konzeptionelle Fragen. Angesichts des staatlichen Handelns gegenüber Bürgerinnen und Bürgern ist die klassische abwehrrechtliche Funktion der Grundrechte adressiert. Die Probleme bestehen hier vielmehr in der Durchsetzung eines angemessenen Grundrechtsschutzes sowohl durch den Gesetzgeber als auch auf der Ebene der Strafverfolgungsbehörden.

1. Ermittlungsmaßnahmen

Auf einer konkreten Ebene zeigen sich die angesprochenen Probleme im Bereich der strafprozessualen Ermittlungsmaßnahmen. Die zunehmende Bedeutung gespeicherter Daten führt hier dazu, dass solche Eingriffe eine wesentlich größere Intensität aufweisen. Zum einen können viel mehr Daten erhoben und so Informationen gewonnen werden, beispielsweise durch die Beschlagnahme von Computern oder die Auswertung von Smartphones, als dies früher der Fall war. Zum anderen erlauben neue Möglichkeiten der Datenverarbeitung es, einmal erhobene Daten in stärkerem Maße auch zu weiteren Zwecken zu nutzen, was die Eingriffstiefe verstärkt.[1] Mit den zur Verfügung stehenden Mitteln können die Strafverfolgungsbehör-

---

[1] Schwabenbauer, T. (2013). *Heimliche Grundrechtseingriffe*. Tübingen: Mohr Siebeck, S. 163 ff.; Singelnstein, T. (2012). Möglichkeiten und Grenzen neuerer strafprozessualer Ermittlungsmaßnahmen – Telekommunikation, Web 2.0, Datenbeschlagnahme, polizeiliche Datenverarbeitung & Co. *Neue Zeitschrift für Strafrecht,* 593 ff., 605 f.

den heute Informationen aus praktisch allen Lebensbereichen einer Person beschaffen.

Die insofern bestehenden Möglichkeiten wurden gerade 2017 nochmals erheblich ausgeweitet. Die neu eingeführte Online-Durchsuchung im Strafverfahren nach § 100b Strafprozeßordnung (StPO)[2] gestattet die heimliche Infiltration informationstechnischer Systeme – beispielsweise Smartphones, Tablets oder Computer – und die Erhebung von gespeicherten Daten aus diesen Systemen. War diese Maßnahme bisher dem Bundeskriminalamt (BKA) für den Bereich der Abwehr von Gefahren des internationalen Terrorismus vorbehalten, ist mit der Neuregelung die erforderliche[3] Ermächtigungsgrundlage für den Einsatz durch die Strafverfolgungsbehörden geschaffen worden. Angesichts der Vielzahl und Vielgestaltigkeit an persönlichen Daten, die auf diese Weise erhoben werden können, lassen sich so ohne Kenntnis des Betroffenen potentiell umfassende Persönlichkeitsprofile fertigen.[4]

Mit diesen Entwicklungen können die bisherigen Formen einer rechtsstaatlichen Begrenzung entsprechender Eingriffe nicht mithalten. Sie finden teilweise in der Praxis keine ausreichende Umsetzung; zum Teil verlaufen die Veränderungen auch quer zu den etablierten Rechtsinstituten. Die rechtliche Eingrenzung strafprozessualer Eingriffe wurde im Strafverfahrensrecht bislang vor allem über die restriktive Auslegung tatbestandlicher Voraussetzungen der jeweiligen Eingriffsgrundlagen umgesetzt. Mit den beschriebenen Entwicklungen nimmt indes die Bedeutung allgemeiner Prinzipien und übergreifender Begrenzungen erheblich zu, wie etwa der Grundsatz der Verhältnismäßigkeit.[5] Während das Bundesverfassungsgericht (BVerfG) die Anforderungen im Bereich des Gefahrenabwehrrechts bereits stärker herausgearbeitet hat,[6] bedürfen diese allgemeinen

---

2 Gesetz zur effektiveren und praxistauglicheren Ausgestaltung des Strafverfahrens v. 17.8.2017. *Bundesgesetzblatt (BGBl.) I Nr. 58,* 3202 ff.
3 Bundesgerichtshof (BGH). Urteil v. 31.1.2007. Entscheidungen des Bundesgerichtshofes in Strafsachen (BGHSt) 51, 211 ff.
4 Singelnstein, T. & Derin, B. (2017). Das Gesetz zur effektiveren und praxistauglicheren Ausgestaltung des Strafverfahrens. *Neue Juristische Wochenschrift,* 2946.
5 Singelnstein, T. & Putzer, M. (2015). Rechtliche Grenzen strafprozessualer Ermittlungsmaßnahmen – Aktuelle Bestandsaufnahme und neue Herausforderungen. *Goltdammer's Archiv für Strafrecht,* 564.
6 Z.B. im Rahmen der Überprüfung des Bundeskriminalamtgesetzes (BKAG), Bundesverfassungsgericht (BVerfG). Urteil v. 20.4.2016. Entscheidungen des Bundesverfassungsgerichts (BVerfGE) 141, 263 ff.

Prinzipien im Strafverfahrensrecht hingegen dringend einer stärkeren Konturierung.[7]

2. Datensammlungen

Auf einer zweiten, darüber liegenden Ebene gewinnen übergreifende Datensammlungen und deren Auswertung kontinuierlich an Bedeutung. Dies meint nicht mehr nur die bekannten polizeilichen Datenbanken und neuere Verbundmodelle wie die Anti-Terror-Datei. Vielmehr führen die Möglichkeiten der Speicherung, Zusammenführung und Auswertung von Daten dazu, dass an ganz verschiedenen Punkten im Bereich der Strafverfolgung Datensammlungen angelegt und genutzt werden. So stellen diverse Softwareanbieter heute Programme zur Verfügung, die ganz verschiedene Formen von Daten für die Auswertung in einem Strafverfahren zusammenführen, aufbereiten, verknüpfen und auswerten. Auf diesem Weg ist aber natürlich auch die Verarbeitung von Daten aus verschiedenen Verfahren, etwa für Strukturermittlungen, möglich. Bei der Polizei werden zahlreiche Vorgänge im Bereich der Strafverfolgung mittels IT abgewickelt und dementsprechend Daten gespeichert.[8]

Diese Entwicklung der polizeilichen Datenverarbeitung spiegelt sich auch im neu gefassten Bundeskriminalamtgesetz (BKAG)[9] wider, dem auch für die Datenverarbeitung zu Zwecken der Strafverfolgung zentrale Bedeutung zukommt. Während bisher eine Speicherung von Daten über das ursprüngliche Verfahren hinaus für Zwecke zukünftiger Verfahren getrennt nach unterschiedlichen Zwecken erfolgte (§§ 8, 7 Abs. 11 und 34 BKAG i.V.m. der jeweiligen Errichtungsanordnung), sieht das neue BKAG einen einheitlichen Informationsbestand vor.[10] Unter der durchaus nachvollziehbaren Prämisse, eine bessere Vernetzung bestehender Daten

---

7 Wolter, J. (2011). Wider das systemlose Abwägungs-Strafprozessrecht. In M. Heinrich u.a. (Hrsg.), *Strafrecht als Scientia Universalis – Festschrift für Roxin* (S. 1245–1268). Berlin/New York: De Gruyter.
8 Vgl. König, S. & Voigt, L. (2016). Datenverarbeitung im Strafverfahren in Zeiten der „E-Akte". In F. Herzog u.a. (Hrsg.), *Rechtsstaatlicher Strafprozess und Bürgerrechte – Gedächtnisschrift für Weßlau* (S. 181–192). Berlin: Duncker & Humblot.
9 Gesetz zur Neustrukturierung des BKAG v. 1.6.2017. *BGBl. I Nr. 33,* 1354 ff., das aber erst zum 25.5.2018 in Kraft tritt.
10 Bundestagsdrucksache (BT-Drucks.) 18/11163, 75 ff.

zu erreichen, wurde dadurch eine verfassungsrechtlich bedenklich weite Möglichkeit zur nahezu unbegrenzten Speicherung personenbezogener Daten im Rahmen der Aufgaben des BKA geschaffen.[11] Dies ist umso problematischer, als die Eingriffsintensität durch die Vernetzung der Daten noch gesteigert wird. Zudem muss sich noch zeigen, ob sich das Versprechen effektiverer datenschutzrechtlicher Kontrolle und effektiverer Ausübung von Betroffenenrechten, das die Gesetzesbegründung macht,[12] in der Praxis tatsächlich einlösen lässt.

Das Bestehen der genannten technischen und tatsächlichen Möglichkeiten führt dazu, dass diese in der Praxis auch eingesetzt werden. Die Ermittlungsbehörden sind bestrebt, möglichst viele Daten zu erheben und zusammenzuführen, um sie dann mit den neueren technischen Möglichkeiten einer differenzierten Auswertung zuzuführen. Ein anschauliches Beispiel hierfür ist die massenhafte Erhebung von Mobilfunkdaten durch zahlreiche Funkzellenabfragen im Kontext eines Versammlungsgeschehens in Dresden im Februar 2011.[13]

Diese tatsächlichen Entwicklungen drängen die bestehenden verfassungsrechtlichen Anforderungen für die Verarbeitung und Verwendung personenbezogener Daten im Strafverfahren in den Hintergrund. Insbesondere die Grundsätze der Zweckbindung und der Datensparsamkeit finden so im Strafverfahren keine ausreichende Beachtung. An dieser Stelle wäre es zum einen dringend erforderlich, differenziertere Rechtsgrundlagen zu schaffen, die detaillierte Vorgaben für die Verarbeitung, Zweckumwidmung und Verwendung personenbezogener Daten schon auf gesetzlicher Ebene treffen und dies nicht mittels generalklauselartiger Regelungen der Praxis überlassen. Zum anderen sollten Kontrollmechanismen in der Praxis ausgebaut werden. Bislang sind hier fast ausschließlich die Datenschutzbeauftragten aktiv, die aber nur sehr punktuell tätig werden können. Nicht zuletzt sollte eine praxiswirksame Stärkung der Rechtsschutzmöglichkeiten im Bereich der Datenverarbeitung und -verwendung erfolgen, was auch entsprechende Benachrichtigungspflichten einschließt.

---

11 Vgl. dazu Bäcker, M. (2017). Der Umsturz kommt zu früh: Anmerkungen zur polizeilichen Informationsordnung nach dem neuen BKA-Gesetz. *Verfassungsblog 2017/6/08.* DOI: 10.17176/20170608-215340.
12 U.a. BT-Drucks. 18/11163, 76.
13 Singelnstein, T. (2012). Verhältnismäßigkeitsanforderungen für strafprozessuale Ermittlungsmaßnahmen – am Beispiel der neueren Praxis der Funkzellenabfrage. *Juristenzeitung,* 601 ff.

3. Elektronische Akte im Strafverfahren

In nochmals gesteigertem Maße gilt das vorstehend Gesagte nach der Einführung der elektronischen Akte im Strafverfahren.[14] Mit der elektronischen Aktenführung entsteht ein immenser Datenbestand, der technisch besehen umfassend durchsucht und ausgewertet werden kann.[15] Zur Umsetzung der insofern bestehenden verfassungsrechtlichen Anforderungen, insbesondere des Zweckbindungsgrundsatzes, bedarf es detaillierter gesetzlicher Regelungen und entsprechender Kontroll- und Sicherungsmechanismen, die die Zugriffsmöglichkeiten auf diesen Datenbestand auf das verfassungsrechtlich zulässige Maß begrenzen.

Diesbezüglich wird sich erst noch zu zeigen haben, ob die 2017 vom Gesetzgeber eingeführten Regelungen in der Praxis tatsächlich zu einer wirksamen Begrenzung führen werden. Der Gesetzgeber hat die sehr grundsätzlichen datenschutzrechtlichen Probleme der systematischen Auswertbarkeit elektronischer Akten zwar erkannt, diese aber nur im Grundsatz und nicht besonders detailliert reguliert.[16] Zudem ist fraglich, inwiefern die damit vorgesehenen Begrenzungen gegenüber den Bedürfnissen der Praxis tatsächlich auf lange Sicht Bestand haben werden.

4. Präventive Kriminalintervention

Mittelfristig werden die Möglichkeiten von Big Data zu einer grundlegend anderen Form der Wahrnehmung und Bearbeitung von Kriminalität durch Behörden und Gesellschaft führen. Die Möglichkeiten der Sammlung und Auswertung von Massendaten erlauben auch in diesem Bereich statistische Berechnungen und damit Prognosen über das zukünftige Auftreten abweichenden Verhaltens.[17] Hierdurch entstehen nicht nur neue Formen von Wissen, sondern auch der Intervention. Während solche Techniken in den USA und Großbritannien schon in sehr verschiedenen Formen zum

---

14 Gesetz zur Einführung der elektronischen Akte in der Justiz und zur weiteren Förderung des elektronischen Rechtsverkehrs v. 5.7.2017. *BGBl. I Nr. 45,* 2208 ff.
15 BT-Drucks. 18/9416, 69 f.; dazu König, S. & Voigt, L. (Fn. 8).
16 Vgl. König, S. & Voigt, L. (Fn. 8).
17 Vgl. zu den Vorhersagemethoden aus grundrechtlicher Perspektive auch den Beitrag von Stephan Dreyer i.d.B.

Einsatz kommen, ist vor allem das sog. Predictive Policing in Deutschland erst seit einigen Jahren ein Thema.[18]

Der gesellschaftliche Umgang mit Kriminalität erfährt einen Paradigmenwechsel, der sich bereits seit den 1980er Jahren abzeichnet. Er ist von dem Bestreben gekennzeichnet, Straftaten präventiv zu verhindern, anstatt sie nachträglich zu verfolgen.[19] Nachdem eine präventive Intervention gegen abweichendes Verhalten bislang nur in Ansätzen möglich ist, da eine Prognose von Straftaten methodisch höchst anspruchsvoll und bislang kaum zuverlässig möglich ist, versprechen die Techniken der Massendatenauswertung, dies zu ändern und so zu einem zentralen Markstein in der Entwicklung einer präventiven Bearbeitung von Straftaten zu werden.

Eine solche präventiv in Gang gesetzte, vorausschauende Kriminalintervention bringt erhebliche Probleme und Gefahren mit sich. Zum einen verschiebt sich mit der präventiven Intervention der Blick von Polizei und Gesellschaft auf das Vorfeld. Statt begangener Straftaten werden Risikofaktoren problematisiert. Der Wunsch nach mehr Sicherheit führt auf diesem Weg zu einer stärkeren Verunsicherung.

Zum anderen führt die präventive Intervention aufgrund von solchen Prognosen zu noch stärkeren Verzerrungen in der Wahrnehmung von Kriminalität als ohnehin bereits bestehen. Dies gilt nicht nur, weil diese Techniken musterbasiert arbeiten und daher vor allem für mustergeprägte Formen abweichenden Verhaltens geeignet sind, die so in den Vordergrund geraten. Die Ergebnisse solcher Techniken erscheinen auch als besonders objektiv und valide. Indes sind sie nur so objektiv wie die Programmiererinnen und Programmierer, die sie geschaffen haben, wie die kriminologischen Annahmen, die ihnen zugrunde liegen, und wie die Daten, derer sie sich bedienen.[20] Wir nehmen Kriminalität durch die Brille der Algorithmen wahr, die aber nur einen spezifischen Ausschnitt, nur bestimmte Formen abweichenden Verhaltens in der Gesellschaft erfassen. Zugleich ver-

---

18 Gless, S. (2016). Predictive policing und operative Verbrechensbekämpfung. In F. Herzog u.a. (Hrsg.), *Rechtsstaatlicher Strafprozess und Bürgerrechte – Gedächtnisschrift für Weßlau* (S. 165–180). Berlin: Duncker & Humblot; ausführlich zum Ganzen Singelnstein, T. (2018). Predictive Policing: Algorithmenbasierte Straftatprognosen zur vorausschauenden Kriminalintervention. Neue Zeitschrift für Strafrecht, 1–9.
19 Kunz, K. & Singelnstein, T. (2016). *Kriminologie – eine Grundlegung* (7. Aufl.). Bern: Haupt, § 22, Rn. 10 ff.
20 Singelnstein, T. (Fn. 18), 4.

stehen die Algorithmen Kriminalität dabei als Phänomen an der Oberfläche – soziale Verhältnisse und Zusammenhänge blenden sie aus.[21]

Aus rechtlicher Sicht können Interventionen aufgrund solcher Prognosen nur in Grenzen zulässig sein, die die Qualität und Unsicherheit solcher Prognosen berücksichtigen. Dies bedeutet auch, dass die den Prognosen zugrunde liegenden Algorithmen einer rechtlichen Kontrolle bedürfen und entsprechend offengelegt werden müssen.[22] Nur so lässt sich ermitteln, welche Qualität die darauf basierenden Prognosen aufweisen.

---

21 Legnaro, A. & Kretschmann, A. (2015). Das Polizieren der Zukunft. *Kriminologisches Journal,* 98 ff.
22 Benett Moses, L. & Chan, J. (2016). Algorithmic prediction in policing: assumptions, evaluation, and accountability. *Policing And Society,* 12 ff. DOI: 10.1080/10439463.2016.1253695.

Big Data und Zivilrecht

Thomas Hoeren

Neben den in den vorhergehenden Kapiteln vorrangig auf das öffentliche Recht und das Strafrecht bezogenen Themen wirken sich die Digitalisierung und die damit verbundenen Möglichkeiten des Umgangs mit Big Data auch in erheblichem Maße auf das Zivilrecht aus. Der folgende Abschnitt verdeutlicht beispielhaft die Vielfalt der betroffenen Regelungsfelder. Freilich kann dahingehend nur ein kursorischer Überblick gegeben werden, doch sei angemerkt, dass die Digitalisierung häufig zu rechtlich erheblichen Fragen führt, die jenseits der traditionellen Disziplingrenzen der Rechtswissenschaft liegen. Dementsprechend haben mehrere der hier angesprochenen Themenfelder auch Berührungspunkte zu anderen Rechtsgebieten als dem Zivilrecht.

1. Daten im Rechtsverkehr

Daten stellen den Privatrechtsverkehr sowohl in sachenrechtlicher als auch schuldrechtlicher Hinsicht vor große Herausforderungen: Praktisch können sie Gegenstand vertraglicher Vereinbarungen sein, vielfach werden sie wie Sachen „gehandelt" und kommerzialisiert. Rechtlich sind die Anknüpfungspunkte für den alltäglichen Umgang mit Daten aber alles andere als selbstverständlicher Natur.

Zunächst ist sachenrechtlich völlig unklar, ob und inwieweit Ausschließlichkeitsrechte an Daten begründet werden können. Das bürgerliche Recht gibt in dieser Frage allenfalls partielle Hinweise. Im Hinblick auf das Eigentum, das an die Sachverkörperung nach §§ 903 S. 1, 90 Bürgerliches Gesetzbuch (BGB) anknüpft, dürfte eine eigenständige physische Existenz von Daten ausscheiden.[1] Auch eine analoge Anwendung der sachenrechtlichen Vorschriften wirft die Problematik auf, ob und inwie-

---

1 Statt vieler Stresemann, C. (2015). §§ 90–103. In F. J. Säcker, R. Rixecker, H. Oetker & B. Limperg (Hrsg.), *Münchener Kommentar zum BGB* (§ 90 BGB, Rn. 25). München: Beck.

fern Prinzipien wie Publizität und Bestimmbarkeit von Daten gewährleistet sind. Insbesondere ist fraglich, ob Daten – verstanden als Informationsgrundlage – eine exklusive Zuordnung erlauben. Hierfür streiten etwa §§ 398, 413 sowie 453 BGB, die die Einräumung und Übertragung von Rechtspositionen erlauben.[2] Versuche, eine ausschließliche Zuordnung von Datenrechten über §§ 950, 812 oder 823 BGB zu konstruieren, führen nur zu verhaltenen Ergebnissen.[3] Schließlich müsste im Rahmen dieser Ansprüche wiederum geklärt werden, in welche Rechtspositionen eingegriffen wird. Allenfalls Schnittpunkte mit dem Strafrecht und den dort vorgefundenen Vorschriften zum Schutz des Informations- und ökonomischen Interesses nach §§ 823 Abs. 2 BGB, 202a ff., 303a Strafgesetzbuch (StGB) können Anhaltspunkte der Zuweisung von Daten – wie etwa der Skripturakt – geben.[4]

Mit der vorgenannten Problematik geht die Einordnung von Daten als entgeltliche Leistung einher.[5] Als Wirtschaftsfaktor und Gegenleistung für im Übrigen unentgeltliche Internet-Dienstleistungen ist die Hergabe und Aufgabe der Datensouveränität ein zentrales Kennzeichen des digitalen Wandels. Dies könnte auf der schuldrechtlichen Ebene durch neuartige Vertragstypen und eine sekundärrechtliche Berücksichtigung – etwa bei der Rückabwicklung von Schuldverhältnissen – Relevanz entfalten. Es gilt insoweit auch, über Beteiligungs- und Lizenzmodelle für die Nutzung von Daten als Informationen nachzudenken.[6] Besondere Probleme können sich ferner mit Blick auf einzelne Bereiche der Rechtsgeschäftslehre wie etwa den Vertragsschluss mit Minderjährigen ergeben. Hier ist problematisch, ob die Hergabe von Daten in sozialen Netzwerken oder dergleichen nicht rechtlich nachteilhaft und daher ein Großteil der darunterfallenden Verträge unwirksam ist.

---

2 Vgl. Hoeren, T. (2013). Dateneigentum – Versuch einer Anwendung von § 303a StGB im Zivilrecht. *MultiMedia und Recht,* 486 (489).
3 S.a. Specht, L. (2016). Ausschließlichkeitsrechte an Daten – Notwendigkeit, Schutzumfang, Alternativen. *Computer und Recht,* 288 (289); Zech, H. (2015). Daten als Wirtschaftsgut – Überlegungen zu einem „Recht des Datenerzeugers". *Computer und Recht,* 137 (142 f.).
4 Hoeren, T. (Fn. 2), 486 (486 ff.).
5 Vgl. Westphalen, F. & Wendehorst, C. (2016). Hergabe personenbezogener Daten für digitale Inhalte – Gegenleistung, bereitzustellendes Material oder Zwangsbeitrag zum Datenbinnenmarkt? *Betriebs-Berater,* 2179 (2179).
6 Zu Datennutzungsrechten Buchner, B. (2006). *Informationelle Selbstbestimmung im Privatrecht.* Tübingen: Mohr Siebeck, S. 276 ff.

In schuldrechtlicher Hinsicht spielt schließlich auch das Thema Datenqualität eine gewichtige Rolle. Damit sind zwei Dimensionen gemeint: einerseits die technische Lesbar- sowie Verarbeitungsfähigkeit, andererseits die Richtigkeit der in den Daten abgebildeten Informationen. Dies ist beispielsweise bei Ankäufen von Datensätzen und der kaufvertraglichen Gewährleistung relevant. Es muss u.a. bestimmt sein, ob und wie die mittlere Art und Güte von Daten bestimmt werden kann, d.h., welche IT-Standards für die technische Verarbeitung der Daten zugrunde gelegt werden.

2. Wirtschaftsrechtliche Implikationen

Die rechtlichen Unklarheiten im Umgang mit Daten als Teil des Privatrechtsverkehrs setzen sich im wirtschaftsrechtlichen Kontext fort. Exemplarisch lässt sich dies am Beispiel des Insolvenz- und Kartellrechts aufzeigen.

So ist insbesondere die zunehmende Auslagerung von Services und Datenbeständen durch Privatpersonen, Behörden und Unternehmen in die Cloud ein spannendes Thema für Wirtschaftsjuristen. Bislang funktioniert dieses „Cloudsourcing" reibungslos, doch stellt sich mittelfristig die Frage: Was geschieht mit dem Datenbestand des Kunden im Fall der Insolvenz des Providers? Da es Daten – anders als klassischen Wirtschaftsgütern – an der für den sachenrechtlichen Eigentumsbegriff notwendigen Körperlichkeit mangelt (s.o.), birgt die Aussonderung der Daten nach § 47 Insolvenzordnung (InsO) besondere Herausforderungen, vor allem hinsichtlich ihrer Bestimmbarkeit. Gegenwärtig wird der „Dateneigner" seinen Herausgabeanspruch auf schuldrechtliche Positionen stützen. Für mehr Rechtssicherheit könnte ein quasidingliches Recht am Datum sorgen. Auch andere Ansätze, das Insolvenzrecht „digitalisierungsfest" zu machen, sind denkbar. So hat etwa Luxemburg jüngst einen dezidierten Herausgabeanspruch für Daten in der Insolvenz geschaffen, der klare Tatbestandsvoraussetzungen normiert (Art. 567 Abs. 2 Code de Commerce).[7]

Kartellrechtliche Herausforderungen ergeben sich aus den Geschäftsmodellen großer Unternehmen, die auf der Erhebung und Verarbeitung

---

7 Zur Thematik von Daten in der Insolvenz Jülicher, T. (2015). Daten in der Cloud im Insolvenzfall. Ein internationaler Überblick. *Kommunikation und Recht,* 448 (448 ff.); ders. (2015). Die Aussonderung von (Cloud-)Daten nach § 47 InsO. *Zeitschrift für Wirtschaftsrecht,* 2063 (2063 ff.).

von Daten – sowohl auf digitalen als auch auf nicht digitalen Märkten – beruhen und einen großen Umsatz generieren. Meist sind es die „Global Player", die marktübergreifend vielfältig strukturierte Daten erzeugen und zu komplexen Datensätzen zusammenführen können (sog. cross-usage). Hierdurch kann es in Gestalt nicht reproduzierbarer Datensätze zu einer erheblichen Machtakkumulation kommen (sog. Datenvorteil),[8] der mithilfe kartellrechtlicher Instrumentarien zu begegnen ist.[9] In diesem Zusammenhang wird es eine wichtige Aufgabe sein, einer mit der Entstehung von Machtkonzentration aufkommenden Datenknappheit entgegenzuwirken. Denn obwohl es sich bei Daten per se um ein unbegrenzt reproduzierbares, nicht rivalisierendes Gut handelt, sind die umfassenden und vielfältigen Datensätze in der Hand weniger marktmächtiger, weitreichend verzweigter Unternehmen und der Zugang hierzu exklusiv. Der Zugriff auf diese Datensätze ist für kleinere Marktteilnehmer in Anbetracht des damit verbundenen Kostenaufwands hingegen erschwert, sofern er überhaupt möglich ist.[10]

3. Zivilrechtlicher Schutz vor Diskriminierung

Diskriminierung ist ein Big-Data-Analysen immanentes Risiko. Durch die umfassende Auswertung vielfältiger personenbezogener Daten können aussagekräftige Prognosen gemacht werden, die eine immer dezidiertere Kategorisierung von Leistungsfähigkeit, Zuverlässigkeit, Gesundheitszustand und weiteren Eigenschaften und Anlagen der Betroffenen ermöglichen. Insbesondere bei Vertragsverhältnissen, in denen ein Subordinationsverhältnis zwischen den Parteien besteht – etwa in Beschäftigungs-, Kredit- oder Krankenversicherungsverhältnissen – droht die Gefahr einer sich weiter verfestigenden Machtasymmetrie durch die Profilerstellung

---

8 Zur Frage, inwiefern Wissen Marktmacht darstellt, Körber, T. (2016). „Ist Wissen Marktmacht?" Überlegungen zum Verhältnis von Datenschutz, „Datenmacht" und Kartellrecht. *Neue Zeitschrift für Kartellrecht,* 303 (303 ff.) und *Neue Zeitschrift für Kartellrecht,* 348 (348 ff.).
9 Etwa im Rahmen der kartellrechtlichen Fusionskontrolle Holzweber, S. (2016). Daten als Machtfaktor in der Fusionskontrolle. *Neue Zeitschrift für Kartellrecht,* 104 (108 ff.).
10 Differenzierend Nuys, M. (2016). „Big Data". Die Bedeutung von Daten im Kartellrecht. *Wirtschaft und Wettbewerb,* 512 (512).

(potentieller) Beschäftigter, Kreditnehmer[11] oder Krankenversicherter[12]. Beim wertenden Abgleich mit bereits erstellten Profilen erfolgreicher Arbeitnehmer, zuverlässiger Kreditnehmer oder gesunder Krankenversicherter (Scoring) besteht u.a. das Problem, dass die für den Algorithmus eingesetzten Unterscheidungsmerkmale als Geschäftsgeheimnis gelten und nicht offengelegt werden müssen. Dies verhindert eine Prüfung, ob Entscheidungen beispielsweise aus Gründen von nach dem Allgemeinen Gleichbehandlungsgesetz (AGG) verbotenen Unterscheidungsmerkmalen wie Geschlecht oder ethnischer Herkunft getroffen wurden. Andererseits kann der Einsatz von datengetriebenen, rationalen und sachlich nachvollziehbaren Beurteilungen – etwa hinsichtlich zukünftiger Vertragspartner – die Möglichkeit bieten, bestehende Probleme wie unbewusste oder verdeckte Diskriminierung einzugrenzen.

Im Einzelhandel besteht das Risiko der Preisdiskriminierung, wenn Waren nicht nur zu dynamischen, sondern zu individualisierten Preisen angeboten werden. Entscheidend hierbei ist, dass die Differenzierung auf der Grundlage subjektiver Kriterien erfolgt. Die Höhe des Kaufpreises ergibt sich folglich aus Faktoren, die in der Person des Kunden liegen und die – algorithmisch prognostiziert – auf seine Zahlungsbereitschaft bzw. -fähigkeit schließen lassen. Regulierungsbedarf hinsichtlich rechtsmissbräuchlicher Tendenzen der Preisgestaltung (§ 138 Abs. 1, 2 BGB) und der Verletzung arbeits- und zivilrechtlicher Gleichbehandlungs- und Verbraucherschutzgesetze besteht insbesondere in Bezug auf Transparenzvorschriften.[13]

4. Ausblick: BGB und Digitalisierung

Die Digitalisierung ist ein dynamisches Phänomen, das kontinuierlich neue Herausforderungen für das Recht und die Gesellschaft produziert. Um diesen Herausforderungen sachgerecht und technikneutral zu begeg-

---

11 Zum Scoring etwa Weichert, T. (2014). Scoring in Zeiten von Big Data. *Zeitschrift für Rechtspolitik,* 168 (168 ff.).
12 Im Detail Becker, D. & Schwab, E. (2015). Big Data im Gesundheitswesen. Datenschutzrechtliche Zulässigkeit und Lösungsansätze. *Zeitschrift für Datenschutz,* 151 (151 ff.).
13 Umfassend Moos, F. & Rothkegel, T. (2016). Nutzung von Scoring-Diensten im Online-Versandhandel. Scoring-Verfahren im Spannungsfeld von BDSG, AGG und DS-GVO. *Zeitschrift für Datenschutz,* 561 (561 ff.).

nen, liefert das Zivilrecht – insbesondere das bürgerliche Recht – in vielfacher Hinsicht ein geeignetes und bewährtes Instrumentarium, an das sich anknüpfen lässt. Es lässt aber zugleich auch viele Fragen offen. Spannende Entwicklungen liegen dahingehend etwa im Schnittfeld des Vertragsrechts, des Internet of Things (IoT) und des klassischen Haftungsrechts.

So gewinnt im Vertragsrecht die Verwendung von Smart Contracts zunehmend an Bedeutung. Hierunter werden automatisierte Protokolle verstanden, die nach passgenauen Algorithmen die Durchführung eines Vertrages (in Echtzeit) gewährleisten.[14] Im Optimalfall führt dies dazu, dass die Interessen der Vertragsparteien adäquat abgebildet sind, ohne dass es einer Mittlerstelle bedarf, die der jeweiligen Seite zur Durchsetzung der Vertragsbestimmungen verhilft. Gleichwohl müssten die Protokolle zur Schaffung einer synallagmatischen Parität transparent und ausgewogen die Interessen aller Parteien berücksichtigen.[15] Dies könnte einen Regulierungsbedarf erfordern, der Rechte und Pflichten bei der automatisierten Geschäftsdurchführung berücksichtigt.

Solche Formen der Automatisierung von Verträgen wirken sich insbesondere im industriellen Kontext und im Anwendungsbereich des Internet of Things aus.[16] Überträgt man Maschinen die Verantwortung zur „eigenverantwortlichen" Entscheidung und zur Interaktion mit anderen Geräten, wird die klassische Rechtsgeschäftslehre in Frage gestellt, wenn etwa Bestellungen oder Aufträge abgeschlossen werden, ohne dass eine menschliche Willenserklärung vorliegt. Braucht es im Fall einer solchen Machine-to-Machine(M2M)-Kommunikation möglicherweise ein neues Konstrukt neben den natürlichen und juristischen Personen des bürgerlichen Rechts (sog. E-Person)?

---

14 Kaulartz, M. & Heckmann, J. (2016). Smart Contracts – Anwendungen der Blockchain-Technologie. *Computer und Recht,* 618 (618 f.); Fries, M. (2016). PayPal Law und Legal Tech – Was macht die Digitalisierung mit dem Privatrecht? *Neue Juristische Wochenschrift,* 2860 (2862); Klein, D. (2015). Vernetztes Identity Management – Risiko oder Eröffnung neuer Geschäftsmodelle? In J. Taeger (Hrsg.), *Internet der Dinge – Digitalisierung von Wirtschaft und Gesellschaft, Tagungsband Herbstakademie 2015* (S. 429–440, [434]). Edewecht: Oldenburger Verlag für Wirtschaft, Informatik und Recht.
15 Boehm, F. & Pesch, P. (2014). Bitcoins: Rechtliche Herausforderungen einer virtuellen Währung. Eine erste juristische Einordnung. *MultiMedia und Recht,* 75 (76).
16 Instruktiv zu den rechtlichen Herausforderungen durch die Industrie 4.0 s. Bräutigam, P. & Klindt, T. (2015). Internet 4.0, das Internet der Dinge und das Recht. *Neue Juristische Wochenschrift,* 1137 (1137 ff.).

Zugleich fordert der Einsatz neuer Technologien wie Big-Data-Prognosen, selbstfahrender Autos oder intelligenter Industrieroboter das Haftungsrecht heraus. Wer haftet, wenn infolge falscher Entscheidungen autonomer Systeme und selbstlernender Algorithmen Schäden verursacht werden? Das Prinzip der Verschuldenshaftung stößt hier an seine Grenzen. Deshalb wird im Kontext des selbstfahrenden Autos gerne die verschuldensunabhängige Haftung nach § 7 Straßenverkehrsgesetz (StVG) herangezogen.[17] Jenseits des Straßenverkehrsrechts existieren aber keine vergleichbaren Gefährdungstatbestände. Sollte deshalb eine spezifische Gefährdungshaftung für autonome Systeme – etwa nach dem Vorbild von § 833 BGB – geschaffen werden?[18] Oder lässt sich die Problematik über die bewährten Zurechnungsregime des Zivilrechts lösen?

Die vorstehenden Themenbereiche zeigen, dass die Digitalisierung viele ungelöste Fragen mit sich bringt, die Stoff für reichlich Diskussion bieten. Hier sind Wissenschaft und Praxis gleichermaßen aufgerufen, sich zu beteiligen.

---

17 Zu Haftungsfragen beim autonomen Fahren jüngst etwa Borges, C. (2016). Haftung für selbstfahrende Autos. Warum eine Kausalhaftung für selbstfahrende Autos gesetzlich geregelt werden sollte. *Computer und Recht,* 272 (272 ff.); Jänich, V., Schrader, P. & Reck, V. (2015). Rechtsprobleme des autonomen Fahrens. *Neue Zeitschrift für Verkehrsrecht,* 313 (315 ff.); Kütük-Markendorf, M. E. & Essers, D. (2016). Zivilrechtliche Haftung des Herstellers beim autonomen Fahren. Haftungsfragen bei einem durch ein autonomes System verursachten Verkehrsunfall. *Multi-Media und Recht,* 22 (24 ff.); Lutz, L. (2015). Autonome Fahrzeuge als rechtliche Herausforderung. *Neue Juristische Wochenschrift,* 119 (119 ff.).
18 So Bräutigam, P. & Klindt, T. (Fn. 16), 1137 (1138 f.); Horner, S. & Kaulartz, M. (2016). Haftung 4.0: Rechtliche Herausforderungen im Kontext der Industrie 4.0. *Zeitschrift für Innovations- und Technikrecht,* 22 (25); Rempe, C. (2016). Smart Products in Haftung und Regress. *Zeitschrift für Innovations- und Technikrecht,* 17 (19).

Autoren

Andreas von Arnauld, Prof. Dr., Lehrstuhl für Öffentliches Recht, insbesondere Völker- und Europarecht am Walther-Schücking-Institut für Internationales Recht an der Christian-Albrechts-Universität zu Kiel

Matthias Bäcker, Prof. Dr., LL.M. Lehrstuhl für Öffentliches Recht und Informationsrecht, insbesondere Datenschutzrecht an der Johannes Gutenberg-Universität Mainz

Kevin Dankert, Diplomjurist, Referendar am Oberlandesgericht Hamburg, Junior Researcher Rundfunk & Regulierung am Hans-Bredow-Institut für Medienforschung an der Universität Hamburg

Stephan Dreyer, Dr., Senior Researcher Media Law & Media Policy am Hans-Bredow-Institut für Medienforschung an der Universität Hamburg

Yoan Hermstrüwer, Dr., Senior Research Fellow am Max-Planck-Institut zur Erforschung von Gemeinschaftsgütern in Bonn

Thomas Hoeren, Prof. Dr., Direktor des Instituts für Informations-, Telekommunikations- und Medienrecht (IMTR) – Zivilrechtliche Abteilung – der Westfälischen Wilhelms-Universität Münster

Wolfgang Hoffmann-Riem, Prof. Dr., LL.M., Affiliate Professor für Recht und Innovation an der Bucerius Law School, Hamburg; Em. Professor für Öffentliches Recht und Verwaltungswissenschaften der Universität Hamburg; Richter des Bundesverfassungsgerichts a.D.

Gerrit Hornung, Prof. Dr., LL.M., Lehrstuhl für Öffentliches Recht, IT-Recht und Umweltrecht sowie Direktor im Wissenschaftlichen Zentrum für Informationstechnik-Gestaltung (ITeG) der Universität Kassel

Jan C. Joerden, Prof. Dr. Dr. h. c., Lehrstuhl für Strafrecht, insbesondere Internationales Strafrecht und Strafrechtsvergleichung, Rechtsphilosophie an der Europa-Universität Viadrina (EUV) Frankfurt (Oder); Leiter des Interdisziplinären Zentrums für Ethik an der EUV

Autoren

Tobias Mast, Junior Researcher Rundfunk & Regulierung am Hans-Bredow-Institut für Medienforschung an der Universität Hamburg

Markus Oermann, Ass. iur., MA., Referent für Grundsatzfragen der Medien bei der Beauftragten der Bundesregierung für Kultur und Medien, zuvor Wissenschaftlicher Referent am Hans-Bredow-Institut für Medienforschung an der Universität Hamburg

Tobias Singelnstein, Prof. Dr., Lehrstuhl für Kriminologie an der Juristischen Fakultät der Ruhr-Universität Bochum

Stichwortregister*

Abschreckungseffekte 110 ff.
Abwehrrechte 27
Achtungsanspruch 137
Akkreditierte Stellen 57, 60
Alexa (Amazon) 42
Algorithmen 14, 21, 48, 59, 61, 97, 113, 153
– Input 48
– Algorithmenklage 64
– Kontrolle 113
– Maximen und Kriterien 48, 60
– Selektion und Steuerung von Verhalten 26

Allgemeine Geschäftsbedingungen 42 f.
– Kontrolle 43, 57

Anonymisierung von Daten 31, 55 f., 86, 93, 96, 104 ff., 118
Anti-Terror-Datei 181
Apps 22
Audiovisuelle Mediendienste 148
Aufsichtsbehörden 84
Auskunftsbegehren 88
Auskunftsrechte 47
Außergerichtliche Streitbeilegungsverfahren 64
Ausschließlichkeitsrechte 187
Ausspähung 173
Automated Decision Making 21
Automatische Inhalteerkennung 147
Autonomes Fahren 19, 24, 35, 53, 193
Autonomie 138
– Schutz von 40, 50, 62
– Gewährleistung von 31
– Privatautonomie 143

Automatisierte Verfahren 35

Banken 176
Beeinflussung
– von Einstellungen 21, 52
– von gesellschaftlichen Trends 59
– von Wahlverhalten 59

Begründungsdefizite als Regelungsproblem 102 ff.
Benchmarking 71
Bereichsspezifische Regeln 95
Beschwerdeverfahren 154
Best Practices 71, 121 f., 123
Betriebssystem 176
Betrug 177
Big Data 14 ff., 30 ff., 81 ff., 99 f., 118, 125 ff., 145 ff.
– Anwendungen 45, 90, 95, 102, 131, 134, 175
– Begriff 19, 126, 157
– Chancen und Risiken 13 f., 40, 45, 72, 99, 134, 178
– - Pools 145, 153

Big-Data-Analytik 20, 44 f., 159
Big-Data-Verbandsklage 64
„Big Five" 38
Buchdruck, Erfindung 12
Bundesamt für Sicherheit in der Informationstechnik 67
Bundesdatenschutzgesetz (BDSG neu) 29, 49, 162
Bundeskriminalamt (BKA) 71, 177

Chancengerechtigkeit 13
– Zugangschancengerechtigkeit 40

---

* Erstellt von Jakob Rehder.

Stichwortregister

„Chilling effects" 110 ff., 142
Chimera 176
Cloud Computing 13, 33, 52 f., 189
– dezentrale und in sich geschlossene Clouds 62

Code 163, 164
Codes of Conduct 69, 148 f., 164
Computerkriminalität 177
„Content ID" 147
„Cross-usage" 190
Cyberattacken 66 f.
Cyber-Sabotage 24
Cyber-Spionage 24
Cyberphysische Systeme 52
Cyber- und IT-Sicherheit 13, 66 f., 95, 130, 167 ff.

Data Analytics 13
Data Mining 20, 102
Daten
– als Rohöl moderner Gesellschaft 16 f.
– angemessene Gegenleistung 18
– Asymmetrien in den Möglichkeiten der Nutzung 18
– Begriff 16
– Benutzbarkeit 18
– Diebstahl von 175
– Digitale Daten 16
– Entstofflichung 18
– Kombination von personenbezogenen Daten mit anderen 46
– Markierung von 59
– Neubestimmung des Begriffs personenbezogener Daten 55
– Preisgabe von personenbezogenen Daten Dritter 42
– „Raffinerien" 17 f.
– Übertragbarkeit von 57
– Veredelung 18
– Vergleich digitaler Daten mit Rohöl 17 f.
– Weitergabe 44

Datenbankbasierte Analysetechniken 153
Datenbanken, polizeiliche 181

Datenbevorratung durch Sicherheitsbehörden 170
Datenbroker 44
Datenerhebung 18, 40 ff., 58, 82, 85, 104, 115, 134
– Regeln 111
– Verhältnis zur Datenauswertung 170

Datengetriebener Journalismus 158
Datengläubigkeit 159
Datenminimierung 45, 58, 86, 115
Datennutzungsverbote 61
Datenschutzerklärung 113
Datenschutz-Grundverordnung (DSGVO) 29, 31, 35 ff., 56, 60 ff., 82 ff., 99 ff., 112 ff., 162
Datenschutzbeauftragte 62, 96
Datenschutz-Managementsystem 93
Datenschutzrecht 29 f., 41, 54, 117-123
– Grundprinzipien 45, 82
– Neukonzeption von Prinzipien 58
– räumlicher Anwendungsbereich des europäischen 37

Datensparsamkeit und -vermeidung 58, 87 f., 96, 118, 182,
Datenvorteil 190
Deanonymisierung 31, 55 f., 104
– Techniken zur 55

Deep Learning 14, 135
Demokratische Ordnung 13
Desinformation 160
Deskriptive Analytik 20
Deutscher Juristentag 50
„Digitalagentur" 63
Digitale Transformation 12, 27
Digitalisierung 26, 31, 51, 59, 127, 167
– Begriff 12
– des Verbrechens 175

„Digitalminister" 63
Diskriminierung 14, 40, 61, 108, 138
Disparitäten in der Machtverteilung 64
Disruptive Innovation 13
Dokumentationspflichten 59 f.
„Drei V" 81

Drittwirkung der Grundrechte 28, 142 ff.
Due Diligence 121

E-Commerce-Richtlinie 2000/31/EG 150
EGMR 117, 119
E-Government 22, 126, 129
E-Government-Gesetz 126
E-Person 193
E-Privacy-Richtlinie 29 f.
e-Privacy-Verordnung 30, 37, 44, 54, 56
Eingriffsintensität sicherheitsbehördlicher Datenanalysen 170
Einwilligung in Datenverarbeitung 41 f., 43, 56 f., 83, 89, 95, 105 ff., 109 ff., 112
Einwilligungsverbot 115
Einwirkung auf gesellschaftliche Entscheidungsprozesse 52
Elektronische Akte 183
Energieversorgung 72
Entflechtung 65
Entgrenzungen 36 f.
Erkennbarkeitsgebot 161
Erkennbarkeitspflichten 161
Erlaubnisvorbehalt 95
Ermittlungsmaßnahmen 179
Erpressung 174
EU-Datenschutzrecht 29 f., 31, 35 ff., 54, 60 ff., 82 ff., 99 ff., 112 ff., 118, 120 ff., 162
„EU-Internet Forum" 148
EU-Regelungen 74
Europäische Menschenrechtskonvention 25, 29, 117
Explorative Datenanalysen 89
Externalitäten 100, 106, 112

Facebook 18, 23, 38, 52, 69, 75 ff., 103, 148, 157, 160
„Fake News" 53, 146
Filterung, von Informationen 44
Finanzmarkt 13
Folgenabschätzungen 65
– Datenschutzrecht 98

Folgenverantwortung 13
Freiheitsbeschränkung 26
Freiheitsrechte 25
Fremdbestimmung 138
Funkzellenabfragen 182

Gefährder 169
Geheimdienste 23, 49, 178
Geldbußen 90
Geldwäsche 177
Gemeinwohlbelang 13, 28, 40, 50, 54, 65, 69, 73, 100 ff., 112
Geschäftsgeheimnisse 60, 97
Geschäftsmodelle 12, 19, 26, 36, 43, 81, 86, 189
Gesellschaftliche Macht 90
Gesichtserkennungssoftware 177
Globalisierung 13
Google Earth 173
Google-Entscheidung (EuGH), siehe Grundrecht auf Vergessenwerden
Google Maps Timeline 174
Google Street View 173
Governance
– transnationale 75
– Mix 14, 74
– Modus 14
– Strukturen 72

„Group privacy" 92
„Grundrecht auf Gewährleistung der Vertraulichkeit und Integrität informationstechnischer Systeme" (IT-Grundrecht) 33
„Grundrecht auf informationelle Selbstbestimmung" 32 f., 82, 88, 90, 100, 105, 114, 117, 135, 171
„Grundrecht auf Vergessenwerden" 34, 105, 151
Grundrechtseinwirkungen 136
Grundrechtsinnovationen 31
Grundsätze für die Verarbeitung personenbezogener Daten 85

Hackerangriff auf den Deutschen Bundestag 176
Hacking 24, 174, 176

199

Stichwortregister

Haftung 42, 193
– kommunikationsrechtliches Haftungsregime 150

Handlungsfreiheit 136 f.
– allgemeine 32

Handydaten 174
„Hate Speech" 146, 148 f.
Hoheitliche Aufsicht 62
Horizontalwirkung des Freiheitsschutzes 13, 27 f.

In-camera-Verfahren 63
Industrialisierung 12
Industrie 4.0 24, 175
„Informationelle Gewaltenteilung" 91
Informationelle Selbstbestimmung 117 ff.
Informationen 88
Informationsasymmetrien 101, 110, 112
Informationsfreiheitsgesetz 129
Informationsintermediäre 38, 44, 72, 146
Informationspflichten 47, 112
Informationstechnische Systeme, Funktionsfähigkeit von 33
Informationsweiterverwendungsgesetz 126
Informationszugangsrechte 125
Innovation 13, 18, 26, 31, 45, 58, 73, 81, 97, 115, 126, 132
„Innovation Forcing" 59
Insolvenzrecht 189
Institutionalisierung 154
Interessen, kollektiv bedeutsame 58
Internet Access Provider 121
Internet der Dinge 5, 22, 192
Internet-Forensik 177
Internet-Kriminalität 177
Internet-Streife 171
Intransparenz 38
Impressumspflicht 160
INSPIRE-Richtlinie 132
Involvierte Logik 48
IT-Sicherheit, siehe Cybersicherheit

Journalistische Berichterstattung 164
Jurisdiktion 119 ff.

Kartellrecht 39 f., 65, 189
Kennzeichnungspflichten 160
Kommunikation als Verständigungshandeln 16
Konglomerateffekte 39
Konvergenz 36, 117, 157
Konzentrationsprozesse 38 f., 93 f., 146, 190
Konzeptprobleme 80
Koppelungsverbot 43, 57
Korrelation 20, 103, 106, 157
Kredit- und Kundenkarten 20
Kreditgewährung 24
Kriminalität 173 ff.
– neue Formen von 71
– Prävention von 173
– Schwerpunkte

Künstliche Intelligenz 14 f., 18, 35, 52, 102, 165

Legal Technology 23, 192
Lernende Systeme 14
Logistik 72
Löschungsfristen 59

Machine-to-Machine (M2M)-Kommunikation 192
Macht 27
– Konzentration von 96
– Missbrauch von 54

Machtasymmetrien
– Autonomieschutz 34
– Umgang mit 34

Marketing 141
Märkte, Mehrseitigkeit der 38
Marktmacht, Missbrauch von 39, 54
Marktversagen 100, 110, 112
Marktverschließung 39
Maschinelles Lernen (machine learning) 14, 102, 164
Mediatisierung 157
Medienkompetenz 164

200

Medizinische Diagnostik und Therapie 13, 53
- Tele-Diagnostik und -Therapie 35

Meinungsbildung, öffentliche 21, 40, 65, 158, 162, 165
Meinungsklima 157 ff.
Menschenrechte 117 ff., 122
Menschenwürdegarantie 26, 32, 135, 137 ff., 157
Metadaten 44, 128, 131, 171, 173
Microtargeting 158
Mobbing 174, 178
Monitoring 60, 73
Monopole 100

Monopolkommission, Sondergutachten „Herausforderung digitale Märkte" 51

Multi stakeholder governance 122 f.
Mustererkennung 136

Nachrichtendienste 110, 167
Nanotechnologie 72
Netze, dezentrale und in sich geschlossene 62
Netzeffekte 38
Netzneutralität 31
Netzwerk- und Internetökonomie 38, 43, 89, 189
Netzwerkdurchsetzungsgesetz 149, 163
Nichtregierungsorganisationen (NGO) 75
Nichttrivialität im Konsum 18, 38
„Notice and Action"-Modell 151
Nudging 100 f., 107

Oberflächen 153
Objektformel 137
Objektiv-rechtliche Gehalte von Grund- und Menschenrechten
- in nichtdeutschen Regelungen 29
- Schutzdimensionen 34

Ökonometrie 102
Oligopolisierung 65
Onlife-Welt 22, 35

Online-Durchsuchung 180
Online-Tracking 43 f., 54

Online-Werbung 136
- personalisierte 23 f.

„Open Government Data" 126

Paternalismus 100, 107
Personalisierte Selektion 46
- bei der Preisgestaltung 21

Personenbezogene Daten 54, 83
- Begriff 16, 55
- Neubestimmung des Begriffs 55
- Schutz von 30

Persönlichkeitsprofile 44, 48, 60, 105, 139, 174
Persönlichkeitsrecht 130, 151
- allgemeines 32, 42, 94
- Eingriffe gegenüber Dritten 42

Persönlichkeitssphären 112, 117, 140 ff.
Pluralität 40
Polizei 168
Prämissen
- Änderungen 26
- empirische 26
- - präskriptive 26

Prävention 178
Predictive Analytics (prädiktive Analytik) 92, 135
„Predictive Policing" 21, 71 f., 168, 136, 184
Prescriptive Analytics (präskriptive Analytik) 20, 92, 143
- Handlungsempfehlungen 21

Preisdiskriminierung und -differenzierung 24, 191
Preisgestaltung bei Onlinegeschäften 24
Pressekodex 164
Prinzipal-Agenten-Theorie 107
Privacy by default 99 ff., 114 ff.
Privacy paradox 110
Profilerstellung 191

Stichwortregister

Profiling 44, 48, 60, 105, 174
Prognosemodelle 138
Prospekthaftung 73
Pseudonymisierung 93 f., 96, 118, 135
PSI-Richtlinie 132

Recht
– Imperatives 74
– lernfähiges 74
– responsives 74

Rechtsfreier Raum 173
Rechtsschutz
– Ausbau von 63
– Möglichkeiten 42 f.

Rechtsstaatliche Grundsätze 13, 154
Regelungsstrukturen 73, 132, 154 f.
Regulierung 112 ff.
– Co- 68, 148
– Kritiker von 73
– Selbst- 68, 71, 148
– Schwierigkeiten erfolgreicher 36
– Widerstand gegenüber 37

Regulierungsrecht 73
Roboter 13, 35
Rundfunkstaatsvertrag 160

Sabotageakte 175
Sachverständigenrat für Verbraucherfragen 51
Sammelklagen 64
Schadsoftware (Malware) 33 f., 175 f.
Schnittstellen 153
Schutz kollektiver Freiheitsräume 34
Schutzbereich von Grundrechten 26, 29, 136, 139, 143
Schutzpflichten 29, 120 f.
Scoring 48, 60 f., 191
Segmentierung 136
Selbstbestimmung 13, 137 f.
Selbstbestimmungsrecht 139
Selbstregulierung, regulierte 68, 73 f., 155
Shitstorm 178
Sicherheit 13
– Vorkehrungen 174

Sicherheitsrecht 167 ff.
Sicherheitsupdates 176
Smart Contracts 192
Smart Home 20, 42, 52, 72
Smart Meter 20
Smart Mobility 20
Smartphone 52
Snowden, Edward 168
Social Bots 53, 157 ff., 162 ff.
Social Media 20, 153, 157 f., 163 ff.
Social Web 146, 157
Software Engineering 13
Soziales Dilemma 105 ff., 109
Speicherbegrenzung 86
Sperrfristen 59
Sprachassistenzsystem 42
Staatszielbestimmungen 35
Stalking 174
Standardvorgaben 61, 99 ff., 114 ff.
Steuerung
– unbewusste 3
– von Infrastrukturen 55
– von Produktionsprozessen 55

Strafverfolgung 179
Strafverfolgungsbehörden 179
Stuxnet 175
„Systemdatenschutz" 87
Systemischer Schutz 33, 61

Targeting 44
Technikgestaltung 38, 61
– Datenschutz durch 87, 95

Technische Einwilligungsassistenten 114 ff.
Teilautomatisierung 162 f.
Telekommunikation 28, 33, 82, 167, 179
Telekommunikationsgesetz (TKG) 30, 43, 82
Telemedien 160 f.
Telemediengesetz (TMG) 30, 41, 150, 160 f.
Telemedizin 72
Tracking, siehe Online-Tracking
Trainingsdaten 138

Transnationale Regelungsinstrumente, 74 f.
Transparenz 38, 47, 49, 88 ff., 95 ff., 126, 129, 154, 161, 191
– Ausbau von 59
– Defizite 47, 49
– Maßnahmen 154
– Problem 97

Transparenzgesetz 129
Twitter 157, 159 f.

Überwachung, hoheitliche 23, 49 f., 53, 63, 71, 111
– öffentlicher Räume 13

Überwachungsanlage 174
„Umgebungsintelligenz" (ambient intelligence) 22
Umverteilung 109
UN-Menschenrechtspakte 25
Unternehmenssitz, Wahl des 38
Urheberrechtsschutz 42
USB-Kontakt 175

Verbandsklage 64, 96
Verbraucherschutzverbände 57, 96
Vergleichsgruppen 94
Verhaltensanalyse 157
Verhaltensdaten 135
Verhaltensmuster 20
Verhaltensökonomik 101
Verhaltensregeln 70
Verhaltenssteuerung und -beeinflussung 23 f., 27, 52, 58 f.
Verhältnismäßigkeitsgrundsatz 58, 122, 180

Verkehrssystem, Steuerung 13
Vermachtung 18, 25, 95, 102
Versicherung 107, 110, 176
Vertragsparität, fehlende 41, 56 f., 143, 188
Videoplattformen 148
Videoüberwachung 169
Völkerrecht 37, 117-123
Volkszählungsurteil (BVerfG) 88
Vollzugsprobleme 83
Voreinstellungen
– datenschutzfreundliche 95
– rechtsschutzfreundliche 61

Vorsorge 99, 87, 115

Wahrscheinlichkeitsberechnung 136
WannaCry 176 f.
„Web 2.0" 146
„Wesentliche Dienste" 68
Werbeangebote 173
Widerrufsrecht 105
Widerspruchsrecht 101, 105
Willkürverbot 138
Windows XP 176
Wirtschaftliche und technologische Entwicklung 13

Zertifizierung 57, 60, 70, 73, 98
– Regelungen 98

Zivilrecht 187
Zukunftsaussage 140
Zweckbestimmtheit 45
Zweckbindung 45, 58 ff., 85, 105, 115

203